领导力就像美，它难以定义，但当你看到时，你就知道。

——沃伦·本尼斯

领导力的修炼

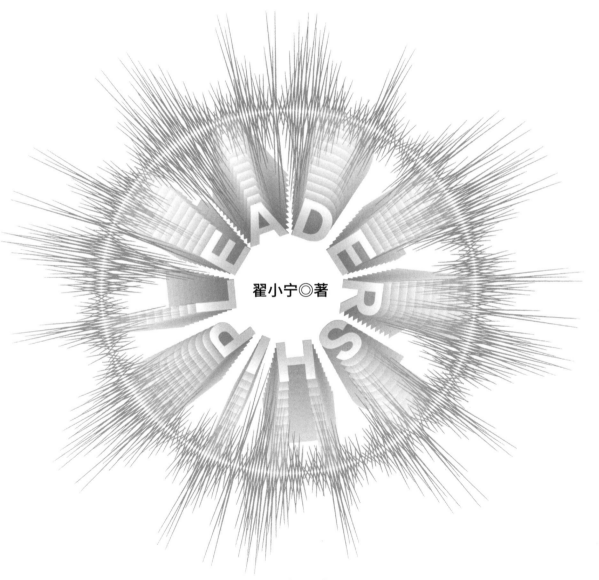

翟小宁◎著

新华出版社

图书在版编目（CIP）数据

领导力的修炼 / 翟小宁著 . -- 北京：新华出版社，
2024. 10. -- ISBN 978-7-5166-7680-6

Ⅰ . C933

中国国家版本馆 CIP 数据核字第 2024QY4394 号

领导力的修炼

作者：翟小宁

出版发行：新华出版社有限责任公司

（北京市石景山区京原路 8 号 邮编：100040）

印刷：河北鑫兆源印刷有限公司

成品尺寸：170mm×240mm 1/16 印张：21.25 字数：264 千字

版次：2025 年 1 月第 1 版 印次：2025 年 1 月第 1 次印刷

书号：ISBN 978-7-5166-7680-6 定价：80.00 元

微店

视频号小店

抖店

京东旗舰店

请加我的企业微信

扫码添加专属客服

微信公众号

喜马拉雅

小红书

淘宝旗舰店

一、领导力并不是奢侈品，而是每个人的必需品

什么是领导力？"领导力"（Leadership）常被界定为领导者在特定的情境中吸引和影响跟随者及利益相关者并持续实现群体以及组织愿景的能力。

领，就是领团队；导，就是导方向。领导力就是引领力、影响力和教育力。

领导力是一种特殊的人际影响力，包括思想力、思维力、学习力、洞察力、决策力、激发力、感召力、创新力等，是一种高维能力，是一个人综合素质的体现。领导力是确定使命、愿景、价值观的能力，是带领团队成员看见从未看见的风景、向着共同目标前进的能力，是影响并激励一群人一起探索未知领域、积极向上、和谐共进、心甘情愿为理想奋斗的能力，是成就自己的同时成就众人的能力，是人所具有的一种潜在的能力，是现代社会的一种重要能力。

美国管理学家哈罗德·孔茨认为："领导力是一种影响力，或叫作对人们施加影响的艺术过程，从而使人们心甘情愿地为实现群体或组织的目标而努力。"

现代管理学之父彼得·德鲁克（Peter Drucker）认为："领导力是使别人能够在你的指导下实现自己的潜力，而不仅仅是执行任务""领导力就是激发人的善意"。

约翰·C·麦考尔（John C. Maxwell）认为："领导力就是影响他人的能力，通过诚实和信任来激发团队成员的合作与创造力。"

威尔斯·迪尔尼·瓦伊（Wells Darnielley）认为："领导力是一种将愿景转化为现实的能力，通过激发和引导团队成员的才能来实现共同目标。"

领导力不同于管理力。管理是掌管并理顺，重在把事情做好；领导是引导并激励，首先是方向明确，做正确的事情。领导者只有明确方向，秉持正义，做正确的事情，才能使团队强起来、好起来，才能带领团队实现可持续发展，在遇到困难时能化解风险，走出困境，从胜利走向胜利。

什么是现代领导力？不同于传统领导力，现代领导力更加注重人际关系、跨文化沟通、创新思维和社会责任感。能够带领和影响一群人，心甘情愿地朝着共同的愿景前进，共同去探索未知的领域，看他们从未见过的风景，且在这个过程中，积极向上、和谐共进，使每个人都有收获和成长。

领导力的素养是与人为善，善加引导，善作善成：善于提升自己，增强自身影响力；善于了解每一个个体，增强人与人之间的信任度；善于凝聚人心，团结绝大多数人形成合力；善于识人用人培养人；善于发现问题，提出问题，解决问题；善于搭建舞台，让每一个成员积极发挥潜能。

本书提出领导力的"十力"模型：思想领导力、战略领导力、系统领导力、人格领导力、淬炼领导力、共生领导力、灵心领导力、创新领导力、超越领导力、教育领导力。

本书同时提出发挥领导力的八要素：启动、发动、行动、心动、榜样、挑战、信任、激励。领导力首先是启动使命、愿景、价值观。作为领导力来说，启动要共同启动，共同启动就要发动，发动之后是行动。领导力是一种行动力，光行动还不行，领导力最根本的是赢得人心，使人心动。为此，领导者必须以身作则，敢于挑战现状，挑战困难，赢得信任，并激励组织中的成员共同实现愿景。

二、领导力需修炼而成

王阳明说："人须在事上磨，方能立得住，方能静亦定、动亦定。"领导力需修炼而成，如何修炼领导力？

自身的能量对于领导力的形成十分重要，这种能量有天赋的成分，但可以经过修炼而获得。因此，学习力是领导力的元能力。领导者应该注重自主学习、终身学习，不断吸纳新知、提升心智。

激发力是领导力的原动力。你无法在他人心中激起水花，那自然无法引领他人。善于激发员工热情是领导力的显著特色。领导者必须拥有使命与热忱，充满自信心，同时对未来充满信心，以信心激发信心，以热忱激发热忱，以理想激发理想。

坚韧力是领导力的持久力。苏轼说："古之立大事者，不唯有超世之才，亦必有坚忍不拔之志。"作为领导者，要敢于承受压力，忍苦忍辱，耐劳耐烦，勇于负责，坚忍不拔。

领航力是领导力的高端力。将自己视为"首席导向官"。确定正确的航向，确立正确的目标，并将理想目标化为团队的共同追求，持之以恒，充满激情，通过各种方式进行宣传倡导：我们在哪里，我们往哪里去，我们应该做什么。

舍得力是领导力的智慧力。统筹兼顾，专注重点，科学规划，准确判断形势，明确工作的优先顺序和轻重缓急。善于作出明智选择，正确决定取舍。有时候，决定放弃什么比决定要什么更加重要。有所舍才能有所得，不舍不得，大舍大得。舍得之间，最具智慧。取舍之间，最具勇气。真正有智慧的人，一定懂得舍得之间的精妙。

文化力是领导力的影响力。要注重团队的文化建设，营造最佳工作场所，营造有营养的工作氛围。工作是人生的重要组成部分，即便不是生活的全部，也在生活中占据着重要地位。因此，领导者更应该让工作场所充满乐趣，充满温暖和关怀。

优势力是领导力的人设力。发挥自身优势，强化优势智能。每个人的性格不同，领导力风格也会不同，有雷厉风行型、有循循善诱型、有强势型、有温和型等。每个人在探究如何提升自身领导力时，首先要对自己的性格进行分析，对自己进行定位，进而形成人设，最后优势固化，从而提升自己的领导力。只要清楚自己的特点，发挥自己的优势，每个人都能有所作为。

凝聚力是领导力的人格力。领导力是一种心智力，要从心性上磨炼。要有利他思维。要懂得将心比心，换位思考，从领导方和被领导方的角度，探讨如何提升领导力。可以从被领导的角度看领导者的哪些能力更为重要：比如，被领导者需要被尊重；被领导者需要被关怀；被领导者需要被给予信心。信任是领导力的基础，团队成员必须相信领导者是值得信赖的，能够带领他们取得成功，那么团队的工作才能够更加高效顺利地开展。由此观之，领导者自己就要做一个尊重别人、关怀别人、给别人以信心的人。

总之，现代社会比以往任何时候都更需要领导力，只有注重提升自信心、抗压力、主动性、客观性、科学性、人际亲和性，注重发挥优势智能，做到换位思考，增强同理心和影响力，才能不断提升自己的领导力。

三、领导力的道法势术

领导力的本质是一个人的品质。领导力无关乎职位高低，而在于自身内在的道德品行、专业素养、领导本领。高阶领导力的修炼要有哲学智慧——尊德性而道问学，致广大而尽精微，极高明而道中庸，致中和而讲和谐，凝其心而聚其力。

尊德性而道问学。崇尚德性而求道问学。崇德修心，求道问学，弘道利生，善问善思，是人生的理想境界，也是领导力修炼的正确途径。

致广大而尽精微。心智广大而精益求精。致广大，就是以"九重云霄鹤精神"来开阔视野，融通中外，放眼未来，达到广大的境界。尽精微，就是以"万顷波涛鸥世界"来精益求精，在每项工作、每个环节、每个活动、每个细节中认真做好。所谓"天下大事必作于细，天下难事必作于易"。

极高明而道中庸。高明之境与中庸之道，追求一种高明的智慧，臻于至高无上的境界。高明的境界，就是恰到好处的境界、符合规律的境界、允执其中的境界、正确适合的境界。领导者不能折腾，不能故步自封，要遵循规律，行稳致远。"极高明"彰显了极高的思想境界，"道中庸"呈现了实在的智慧艺术。中国优秀文化思想中，意旨之一便是人生的思想价值与实践价值的有机统一。"极高明"是出神入化，有远见卓识；"道中庸"是实事求是，有和谐精神。前者是境界，后者是时宜。知行合一，方能善始善终，尽善尽美。"极高明"是实践"道中庸"

的修为所致；"道中庸"是基于"极高明"的人生智慧。真正的人生智慧，是既经世致用，又追求高明。极其高明的境界与极其圆融的智慧，辩证统一，有机结合，相辅相成，圆融无碍，神妙莫测。

致中和而讲和谐。矛盾无处不在、无时不有。因此，协调力是领导力的其中应有之义。面对复杂的形势，面对各种矛盾，拥有协调力，才能更好地驾驭局势。面向未来，协调各方，形成合力，创造和而不同的文化，形成和谐的环境、和美的氛围、融合的平台，是领导力的中和智慧。

凝其心而聚其力。凝心聚力要依靠道德和信念的力量。道德是一种深厚恒久的力量，信念可以征服世界上任何一座高山。相信道德的力量，相信信念的力量。怀着强烈的使命感，修炼人格魅力，坚定理想信念，自信、自立、自强，海纳百川，凝心聚力，心包太虚，量周沙界！

领导力的拥有不是天生的，领导力也不是靠短时间就可以构建起来的，但只要深刻领悟优秀领导力之"道、法、势、术"，并持之以恒，闻思修炼，定能逐步构建起自己的优秀领导力。

道，即志于道。探求领导力之道，修养领导力之德，具备优秀领导力的信念。心不唤物不至，自己要想拥有优秀领导力，要志于道，据于德，依于仁，游于艺。确立信仰，树立信念，增强信心。相信自己一定能够具备优秀领导力，敢于并善于领导他人，具有能带领团队达成目标的坚定信念。

法，即循于法。内修外学，持续精深。领导力的构建，要有开放的系统，在聚焦目标的前提下，不断提升自己的人格魅力、职业修养、专业能力，同时积极吸收外界能量，持续完善自己的系统。一个具备优秀领导力的人，一定是热爱学习、勇于实践的人。

势，即明于势。明势，顺势，借势，造势。顺应大势，因势利导，营造气势，顺势而为。只有顺势，才能成事。

术，即精于术。在实践中善于领导、成就团队、赋能于人。善于领导，就是围绕团队使命愿景，运筹帷幄，敢于对一切不利团队发展的人和事说"不"，勇于承担责任。成就团队，就是要带着团队从一个胜利走向新的胜利。团队成功有利于团队成员的成功，成功的团队会产生更多优秀的人才。赋能于人，就是以人为本，充分发挥每个人的积极性，支持人、发展人、培养人、成就人。

领导力的应用不局限于职场，在社会以及家庭中同样适用，只是因为面对的对象、场景的不同而不同，但其思想精髓是相通的。一个具备优秀领导力的人，职业发展必然会更顺畅，内心世界必然会更成熟，婚姻家庭必然会更和谐，人生必然更完美！

四、领导力的十项黄金法则

影响力法则、航标灯法则、利他性法则、信任力法则、吸引力法则、关键性法则、内驱力法则、洞察力法则、人本性法则、长期主义法则，是领导力的十项黄金法则。

影响力法则。真正的领导力，不是职位、不是头衔，而是影响力。没有影响力，就没有领导力。如果一个人只是暂时拥有权力，但却没有影响力，那就不能称之为真正的领导力。真正的领导地位是无法授予、指派或者委任的，因为影响力是无法任命的，只能靠自身的实力与努力去赢得。

航标灯法则。领导者要明确方向，设定航线，看得比别人远，在别人看到之前就料事如神。领导者首先要领导自己，提升自己，对自己要有更高的标准。因为，领导力的一个首要特质就是确定航向。

利他性法则。利他是重要的商业法则，更是重要的领导力法则。只有利他，才能利己。利己利人，守在利人，己欲立而立人，己欲达而达人。只有这样，才会赢得信任、赢得威望，才能发挥影响力。舍得，舍得，先"舍"后"得"。只有把自己给出去，才能赢得众人的拥戴。

信任力法则。没有诚信，就没有领导力。只有建立信任，才能凝聚人心。信任是领导力的根基。领导者不能失信于人，没有人愿意和自己不信任的人在一起。要建立信任，领导者就必须有德性、有品格、有诚信，人格是信任之根，信任是领导力之基。"得人心者得天下"，"顺天天意从，顺人人心悦"，民心为本。

吸引力法则。物以类聚，人以群分。人只能吸引相同的人，只有人生观、世界观和价值观高度一致，才可能走到一起，并能长久相守。只有志同道合，才能同心同德。所以，领导力实际上就是一种修炼力。修身齐家治国平天下，一切以修身为本。

关键性法则。"你能做我所不能，我能做你所不能，我们一起合作就可以成就大事业。"识人、选人、用人、培养人，是领导者必备的能力。而真正的关键少数，就是领导者核心圈的人。所以，领导者用人一定要慎重，选择合作者一定要慎重。要以奋斗者为本。

内驱力法则。领导者要有崇高的使命感，要有美好的愿景，自己要有正确的价值观。只有这样，才能激发人的内驱力。领导者要善于激励人，激励人为团队的共同目标而奋斗，激发内驱力，调动积极性。要有战略思维，为团队探索一条制胜之路。善于化危机为转机，在危急时刻更显示出自己的英雄本色，以此带领团队克服困难，争取胜利。

洞察力法则。洞察大势，则顺势而成；洞察先机，则抓住机遇；洞察人性，则心明眼亮；洞察本质，则抓纲务本。抓纲务本，则纲举目张。具有洞察力的领导者知道什么是最重要的。只要集中注意力做好最重要的那 20%，就能获得付出 80% 努力而得的回报。

人本性法则。领导者是统帅、教练和布道者。领导者既要提升自身能力，更要善于带领团队，打造出一支王牌队伍。领导者要做正确的事，定好方向，同时要善于赋能于人，任人唯贤。人才往往是自己冒出来的，领导者要慧眼识才。一线团队长是先锋，是特别重要的岗位，要具有很强的实战能力，有时候一个好的团队长就是一个精良的团队，要积极有为、想到做到，说到做到，知行合一。要让听得见炮声的人有决策权。如果一位领导者能够使团队在他不在现场的时候仍然顺利运转，取得成功，那就是创造出了领导力的典范。要做到这一点，就要注重人本性法则，以心为本，敬天爱人。

长期主义法则。高瞻远瞩，拥有远见卓识，富有前瞻性。领导团队前进，自己首先要有方向。如果你自己都不知道要去哪里，又怎能为众人指明方向？就像一场战役，如果你没有远见、没有战略，也没有任何战术，又如何能取胜呢？有了远见，有了明确的方向，知道要去向何处，才能具备领导力的基础。在前进的道路上，会遇到无数的诱惑。眼前的利益看得见，但未来的收益不确定。如何做选择？就要坚持长期主义法则。有长期主义的心态，才不会被短期利益蒙蔽，才能坚持做对未来有价值的事情。长期主义，是获得持续性胜利的重要法则。

汤姆·彼得斯说："领导者不创造历史的跟随者，他们只创造未来更多的领导者。"

领导力并不是奢侈品，而是每个人的必需品，领导力即人的本质力量，领导力的提升重在心性的修炼！

是为序。

翟小宁

目录

第一章
思想领导力

————

　　思想恒明。真正的领导力是信仰、信念和信心的结晶，是眼界、境界和格局的外化，是文化、素养和阅历的体现，蕴含着丰富的思想智慧，是大道而非小术，是在人生的磨砺、心灵的升华中淬炼而成。思想领导力既是一种理论，也是一种实践，只有理论与实践有机结合的时候才有意义。思想智慧是领导力之魂。

登高方识远，天地纳于心。领导力源于人的内心世界。领导力是不能被任命的，被任命的只是职务，不是领导力。领导力不是职衔与权势，而是一种影响力。从长远来看，真正的领导力是对世界的终极认知，是眼界和格局的体现，是思想和智慧的结晶。

思想和智慧源于思想者的思想和智慧者的智慧，是领导力之灵魂。使命、愿景和价值观，是思想智慧的花朵和果实，是领导力之灯塔。

思想领导力需要大智大勇。真正富有价值的思想，需要智慧的大脑、丰富的实践，同时需要革故鼎新的勇气。唯其如此，才能够引发持续的思想革新，开启理性认识世界的智慧大门。

思想领导力是一种大道，而非小术，其中蕴含了丰富的思想智慧、执政理念、价值导向、文韬武略、系统设计和领导艺术。

思想领导力是在人生的磨砺中炼成，炉火纯青的领导艺术往往要经过千锤百炼，百炼成钢，而且百炼钢化为绕指柔。思想领导力始终在生命的进化之中升华，从引导型向教导型转化，从知识型向智慧型进化。

思想领导力的进化，不能仅仅停留在普通制度型层面。未来的领导者将是教导型领导者，从迷惑于困局到实现成功破局进步，从威权向威望进化，从知识型向思想智慧型提升。

思想领导力的提升，来源于心智的提升和心灵的觉悟。领导力的意义和价值，在于正向而深远的影响力。这种影响力，必须是具有思想之光，而且具备正义与良知的火种；没有思想之光，没有正义与良知的火种，不仅无益于社会的进步，而且会造成秩序失衡。

正如古希腊思想家主张哲学家为王一样，真正的思想领导力应该具备正义与良知，并以此为火种，发出思想的光芒。只有这样，才能孕育出崇高的使命感。

已识乾坤大，犹怜草木青。历史的天空闪烁着熠熠的星辰。人类虽历经沧桑，但文化的血脉依然传承，并充满深厚而持久的力量。

随着时间的前进，人世间的一切辉煌终会成为故事，故事中蕴含着哲理，蕴含着无数人的生命体验，蕴含着治乱兴衰的丰富经验。

历史长河里无尽的故事，是人类宝贵的精神财富。故事里一定有你可以汲取的养分，而这养分又刚好温暖你迷茫困顿的心灵。

文化之泉流入时光的长河里，滋润充满希望的时代之心，于是，文化便成为最好的精神营养。从文化的精神中汲取营养，是使领导力更加厚重而丰富的最好途径。

一、生命与使命同行

一个有使命感的生命是世界上伟大的作品。使命感是生命源源不竭的动力。使命感是生命对自我天生属性的寻找与实现。一个有使命感的人，是有灵魂的人，是有激情和创造力的人。

一个人最大的幸福，莫过于在人生的道路上发现此生的使命并为之踔厉奋进，获得胜利。生命与使命同行，使命为生命赋能。

一个领导者，如果没有崇高的使命感，很难在困境中脱颖而出，更难在诱惑下云淡风轻。具有崇高使命感的领导者，内心无所畏惧，充满动力。这样的领导者是组织最坚强的支柱，因为只有这样的领导者，才能带出一支有使命感的卓越团队。

一个人所思考和所看到的未来的长度和高度，决定着一个人可以持续行动、不断发展的动力能量。使命感是确立目标和推动行为的深层次原因。

一个人来到世界上，上天赋予每一个人以自然的禀赋，人的禀赋，就是天赋其命。《中庸》开宗明义说："天命谓之性。"天命就是上天所赋予的性命，是包括人在内的万物的本性。上天赋予树以树的本性，这树就成了树。赋予银杏树、苹果树的本性，这树就成为各自所应该成为的树。银杏树就要活出银杏树的美，苹果树就要结出苹果树的果，这就是天命之性。率性谓之道，顺着天性，成就天性，这就是在完成天命之性，即实现人的天赋使命。

一个人如果依从天命之性，认识到自己的使命所在，让内心的使命感充分涌现出来，并能做到极致的深度，成为某个领域的王者，就是带给这个世界的最好的礼物。

一个人的使命是一种社会担当。这是社会所赋予的职业使命，如从教就要教书育人、立德树人，从政就要治国安邦、为民造福，从医就要救死扶伤、治病救人，这是人的社会角色所承担的使命。

一个人应该充分认识到使命的价值和意义。即使是做同一种工作，对于工作的意义理解不同，也会有不同的使命感。只有充分意识到工作的意义，拥有崇高的使命感，才会使人生价值最大化。

一个人遇见三个石匠正在做同样的工作，就问他们在做什么？第一个石匠说："我在凿石头。"第二个石匠说："我正在砌一堵墙。"第三个石匠说："我正在建一座大教堂。"同样是用石头来做建筑，建筑蓝图不一样，成就也不一样：只有心中有高远的理想和美好的愿景，才能建造宏大的"教堂"，成就伟大的事业。同样是石匠，格局和境界不一样，成果也不一样：第一种人只看到眼前具体的事；第二种人只有阶段性目标；第三种人是心中有美好的"教堂"，把自己的工作和崇高的使命联系在一起。

一个出色的领导者，可以使一个家庭走向繁荣幸福，一家公司走向财富增长，一个国家走向独立富强。领导者究竟拥有什么力量促进了这些改变，又是如何引导这些局面的走向？为什么能在茫茫人海中脱颖而出？是什么特质造就了领导者的与众不同，挽狂澜于既倒，扶大厦之将倾，从胜利走向胜利？

一个出色的领导者既是思想者，又是设计者。界定使命和愿景，是领导者的首要任务；激发活力、建立系统、设计蓝图、优化人力资源，是领导力的重要范畴。两者要有机结合，相辅相成。

一个出色的领导者，应该做到明智强大。有研究，有主张，明察秋毫，准确识别和判断趋势，谓之明；深思熟虑，未雨绸缪，运筹帷幄，顺应和推动趋势，谓之智；当机立断，雷厉风行，资源储备丰厚，机制科学合理，组织管理有方，造就和引领趋势，谓之强；视野开阔，胸襟博大，礼贤下士，海纳百川，人才济济，谓之大。明智强大，是检验一个人是否具有领导力的四字箴言。

思想是领导力的灵魂。大道至简，思想恒明。思想境界决定人生的高度。意义来自更高的维度，更深的思想，更大的理想，更美的愿景，更强烈的使命感。

玛丽·凯·阿什说："伸手抓星星，即使是一无所获，也不至于满手泥土。"人类精神与动物本能的区别在于，人类在生活和工作的同时，会产生思想，树立理想，萌发对于崇高而美好的事物的信念。

唤醒深藏心底的宝贵善意和与生俱来的创造潜力，需要学习理论，探究本原，建立自己的人生坐标系，这就是信仰、信念和价值观。

领导者要有正确的价值观。以正确的价值观引领团体的长远发展，确立团体的核心价值趋向，使团体价值观深入人心，成为团体的共同价值追求，是领导者最深刻而又厚重的使命。

领导者必须有清醒的头脑，善于反省，才能逐渐领悟真理，探索到一种境界，那种境界是源于生活而高于生活的，是引领人类不断前行的。

领导力的灵魂是思想，关键是体制机制，动力是不断创新，核心是人的发展，源头是文化价值观。文化治理是治理的高阶层次，文化治理最重要的是价值引领，领导者要注重文化价值观的引领。领导力首先是思想的领导，其次才是组织行政的领导。

提升思想领导力，要扎根中国、立足时代、不忘本来、面向未来，将传统文化与现代文明有机结合、中国文化与世界文明有机结合，站在古今中外的文化制高点上，融通思想，提升领导力水平。

思想孕育使命、愿景、价值观，使命、愿景、价值观决定领导力的格局和境界。有什么样的思想，就有什么样的信念。信念具有神奇的力量。

信念是领导力的源泉。信念 = 领袖。欲成大事业，精神更要大。信念对于领袖来说是极其重要的素质，有信念的领袖方能赢得大家的拥戴。

信念 = 我是我认为的我。人生最难打的一场战争就是战胜自我的战争。其实人的一生，外在的敌人都是弱小的，强大的敌人在自己的内心。

信念 = 山不转水转。人生中总会遇到不能及时解决又一定要面对的问题，不妨换个角度看事情：山不转水转。

信念＝信心。信念就是不达目的誓不罢休的必胜信心。成功来源于我要；我要，我就能；我一定要，我就一定能。

信念＝支撑。信念的世界有两种人：当有了正能量的信念，人就会成为命运的主人，就会掌控自己的人生，也就是吸引力法则。相反，失败的人会成为命运的奴隶，他们很容易被环境、情绪、困难打倒，因为他们没有强大的信念做支撑。

信念＝动力。红军长征是一次理想信念的伟大壮举，毛泽东以气势磅礴描写《长征》："红军不怕远征难，万水千山只等闲。五岭逶迤腾细浪，乌蒙磅礴走泥丸。金沙水拍云崖暖，大渡桥横铁索寒。更喜岷山千里雪，三军过后尽开颜。"

红军长征，四渡赤水、遵义会议、爬雪山、过草地……是一部大气磅礴的英雄史诗。正如毛泽东所言："长征是历史纪录上的第一次，长征是宣言书，长征是宣传队，长征是播种机。长征是以我们胜利、敌人失败的结果而告结束。"英国元帅蒙哥马利说：长征是在20世纪"一次体现出坚忍不拔精神的惊人业绩"。英国学者迪克·威尔逊说："长征已经在各大洲成为一种象征：人类只要有决心和毅力，就能达到自己的目的。"

长征的胜利，雄辩地证明信念力的巨大作用。领导者要具有崇高而坚定的信念，同时要将这种信念传达到每一个成员的心中，凝聚成磅礴的精神力量。崇高而坚定的信念，是提升领导力的强大动力！

二、大道之行与天地之德

究天人之际、通古今之变、融中外精华，是成就领导力的必经之路。

德国哲学家康德说："有两种事物，我越思索就越感到敬畏，那就是天上的星空和心中的道德律。"天上的星空，既指自然星空，又指文化星空。自然星空喻示自然律，文化星空喻示价值观。中华文明的宇宙观、世界观、人生观、价值观在世界文化史上具有深远的影响。在中华文明的浩瀚星空中，闪耀着深邃崇高的思想智慧之光：天人合一、道法自然、自强不息、厚德载物、上善若水、虚怀若谷、和而不同、大道至简、民为邦本、仁者爱人等。这些思想智慧之光，闪耀在历史的天空，照耀着人类的心灵，成为中华民族共同的文化人格。

大道之行。有一种宇宙力量，亘古恒存，精微深广，至大无外，至小无内，主导天地自然和世间万物。这是一种至高至伟的力量，是自然的真理，根本的规律，万物的法则。

这种力量在中国文化中叫作"道"。道先天地而生，博大精微，不以人的意志为转移，从根本上决定着万事万物的发展。这种力量非常神奇，无论是达官显贵，还是平民百姓，无论何种事情，何时何地，都要力求合道。合道就是合乎规律，顺应天地自然，合乎宇宙力量。

在遥远的古代，先哲在寂静的体悟中感受到了这种力量。《道德经》以生动而深奥的语言对"道"进行了描述：有物浑然而成，淳朴自然，先天地而生。寂兮寥兮，无声无形，独立长存，永不改变，循环运行，周而不息。世上一切事物，莫不靠它才能生生不息。它化育天地万物，可以为天地之母。这样玄妙的存在，实在不知其名，只好叫它为"道"，勉强给它起个名字叫"大"。大到没有极限，川流不息，永远运行，便不会消逝。没有消逝，才能行远。虽然行远，仍能自远而返，循环往复，有规律地运行。人法地，地法天，天法道，道法自然。自然而然，纯任自然，顺应大道，本来如是。

道是空灵的，而道的运用又无所穷尽。道是多么深远，就像是万物的宗主。道没有任何戾气，释解各种纠纷，和光同尘，似乎是有天地之前就已经存在。

道，常常是无可名状的，是那样质朴，虽然小，但天下没有谁能臣服它。侯王若能守住道，万物将自然归顺服从。天地相合，以降甘露，人们没有做什么指令而自然均匀。道创造了万物，万物兴作就产生了各种名利，有了名利，纷争也就跟着产生了，人不应舍本逐末、追名逐利，而应当知道适可而止。知道适可而止，可以远离危险，避免祸患，不至于失败。道之于天下人而言，犹如江海之于川谷。正如江海是百川的归宿一样，道是天下人的归宿。道无所不在，主导万物，人类广受其利，万物备受其泽。

《道德经》所描述的道是如此神奇，"道可道，非常道"，在老子看来，道是很难言说的，能用语言说出来的道就不是常道了。即使智慧如孔子，也说自己不能代表道，只是"志于道"，并且说"朝闻道，夕死可矣"，可见孔子对于道的推崇，由此也可看出道的深妙。

道是最根本的，恍兮惚兮，惚兮恍兮，为天下之母，左右着一切。中国人之谓道，有人道、地道、天道。人道为善，地道为厚，天道为上。中国人信道，即使受到不公道的对待，感觉人间已经没有公道可言，也相信天道，相信苍天有道。道是不以人的意志为转移的，无论富贵贫贱，循道而行者，就是得道之人；不循道而行者，就会受到道的惩罚。

道是最平常的，道不远人。人伦之道，血浓于水，天经地义。父母爱子女，养育子女；子女爱父母，孝敬父母。孝敬父母是人应该做的，养育子女也是人应该做的；父母应该有父母的样子，子女应该有子女的样子，这就是人伦之道。如果父母不像父母，子女不像子女，就不是应有的人伦之道了。道与人的生活密切相关。天热了穿单衣，天冷了穿棉衣，生活习惯要符合天气之道。道平易近人，在日常起居中。吃饭喝水要干净卫生，不能暴饮暴食，这就是饮食之道。劳逸结合，动静相生，这就是养生之道。修德就是修道，德要讲善，教育要立德树人，使人向善，还要为人赋能，这就是教育之道。常识中往往包含着深刻的道理，道既玄妙又平常，守常就是守道。

《道德经》说："人法地，地法天，天法道，道法自然。"《庄子》说："臣之所好者，道也。"庄子认为，道就是"依乎天理""因其固然"。可见，道就是天理，是宇宙的本原、运动的规律，是事物本来的样子。简言之，道就是自然。

中国文化中还有一个与"道"密切相关的哲学概念是"德"。德内涵深广。什么是德？合道即是德。自然之谓道，合道之谓德，合乎自然就是道，道是天地之规律，合乎道就是德，道和德是连在一起的。合乎天道谓之天德，合乎地道谓之地德，合乎人道谓之人德。合道之德是一种力量。德者，得也。训诂中道德之德亦即获得之得。合道之德，能使人获得力量、获得幸福。得道即有德，失道即无德。得道者多助，失道者寡助。有德就有力量，就能最终成功；无德就没有力量，也不可能真正成功。所以道德的力量非常伟大。

天地之德。乾坤朗朗，大宇浩瀚，天地人和，万邦咸宁。道是宇宙的本原，自然的本质，事物的规律，天地的真理。领导力的提升就是一个觉醒的过程，人的觉醒就是一个悟道的过程，是一个认识规律、觉悟真理的过程。

天地之道智慧觉醒。在遥远的古代，先哲仰则观象于天，俯则观法于地，观虫鱼鸟兽、花草树木，观河川之流、大地之宜。近则取之于身，远则观象于物，从自身的生命奥秘与万物的生长繁衍中，感悟天地之道、自然之理，淬炼出高深的智慧，提炼出规律性认识，以通神明之德，以类万物之情。

敬天爱人，以德配天。中国有一部博大精深的著作《周易》。《周易》探讨的是天地乾坤之道，被称为"群经之首、大道之源"。《易传》曰："天行健，君子以自强不息；地势坤，君子以厚德载物。"

日月经天，江河行地，春夏秋冬，四季更替。大自然的运行是永不止息的，她是那样的强健，又是那样的壮美。星汉灿烂，浩渺无边；朝晖夕阴，气象万千。君子应该效法自然，以自强而不息。只有自强才能不息，只有不息地自强，才能顺应自然，与时偕行，沛然刚健，生生不息，无穷无尽。

大地是宽厚仁慈的，她以宽阔的胸怀承载着一切，接纳着一切，包容着一切。不管风霜雨雪，不论污泥浊水，她都默默地容纳着，然后生长出庄稼，流淌出清泉，养育着人间万物。她从不言说，无怨无悔，她是那样的仁慈，默默地奉献着一切，涵养着一切。江河在她的胸中奔腾，高山在她的怀中耸立。她的胸怀之中有万般景致，无限风光。君子应该像大地那样，博大其胸怀，宽厚其道德，以厚德而载物。

自强不息，厚德载物，两者相辅相成，水乳交融，构成领导力的内在品质。

三、时空观念与养正鼎新

时空观念。探讨领导力的内涵，要有一个基本的时空观。就是在不同的时间和空间方位，我们的思想和实践，都要与时相谐，因地制宜，因应大势，顺势而为。

这样一个时空观，在中国传统文化中有深入阐述。其中阐述最深刻的是《易经》。

《周易》以"易"名之，含义有三：一者意为日月，即日月阴阳；二者意为变化，即阴阳互动；三者意为不变，即变中不变。不变的是什么呢？就是规律——道。

《易经》开始是乾坤两卦。"乾卦"是阳卦，"坤卦"是阴卦，阴阳分别代表着天和地。《易经》六十四卦，无时不在变化之中。就是说，不同的时间阶段和空间方位，情况是不一样的，人们应该采取的对待事物的态度、方法、路径也是不一样的。

"易"字上边是"日"，下边是"月"。日，太阳，代表阳；月，月亮，代表阴。这是阴阳。《易经》揭示了一个普遍规律，就是任何事物都有阴阳的互相对立统一，都是在阴与阳的相荡相激中不断变化的。《易经》的"易"还表示了一个深刻的观点，就是"变化""变易"。太阳不断地在转，月亮也是不断地在转。一天是由白天到夜晚，再由夜晚到白天；一年是春夏秋冬，四季更替。一切都在变化之中，唯一不变的准则就是变化。这是"易"的其中一个含义。

同时，由"变化"而来，"易"包含的一个更深的意义是什么呢？是"不变"。一切就都在变化之中，但变化之中又有不变，不变的是什么呢？比如，由白天到夜晚，再由夜晚到白天，昼夜交替，这个规律是不变的。不仅如此，大千世界，一切都是变与不变的辩证统一。变中有不变，不变中有变。变即不变，不变即变。茫茫宇宙，亘古恒常。

《易经》还有一个含义是什么呢？是简易，就是大道至简。纷繁的事物，我们如果认真研究的话，到最后可能是一种大道至简的认识。

《易经》三义，变易、简易、不易。对于领导力有深刻的启示。变易的启示是：战术行动要不断随机应变，机动灵活。简易的启示是：

战略意图要以简驭繁，提炼出最核心的要义和最清晰的思路，大道至简。不易的启示是：使命、愿景、价值观要坚定不移，稳如泰山。

研究互联网＋人工智能时代领导力的变革与坚守，要从《易经》的"易"来说起。变革就是不断革新以适应新的变化，坚守就是坚持规律以守正不变，变革与坚守是辩证的统一。变与不变，其中蕴含着一个天地永恒之真谛，就是道。大道至简，"道生一，一生二，二生三，三生万物"。

养正鼎新。《易经》的观念反映了宇宙人生之道。例如，蒙以养正、正位凝命、革故鼎新等。

蒙以养正。人生特别重要的是什么呢？是"养正"。"正"在《易传》中反复出现，养正是真正吉祥的根基。所以《周易》强调"自童蒙以养正"，同时有一个说法叫"正位凝命"。

正位凝命。人处在正确的时空方位，在正确的方位做好应该做的事，尽其天命，顺天而行，凝聚生命，凝聚使命，凝聚智慧和力量，把我们的生命和使命凝聚在所处的正确的时空方位中，这样就能赢得好的命运。

革故鼎新是《易经》中一个充满创新精神和进步力量的观点。由此看来，中国文化绝对不是保守的文化，而是与时偕行、革故鼎新的文化，是一种积极进取的文化。

蒙以养正，正位凝命，是任何时候都要坚守的不变法则。同时，革故鼎新又启示我们要不断变革、不断创新。

就是说，守正与创新是矛盾的对立统一体，只有把这两种关系处理好，才能顺应规律，不断前进。自然界如是，人类社会如是，领导力亦如是。

四、天地人和与上善若水

大自然是无比神奇的，阳光普照，星汉灿烂，树木葱茏，花草鲜美，山川河流，天高地厚，至大无外，至小无内，广阔无垠，精微玄妙，气象万千，沧海桑田。

天地人和。道生一，一生二，二生三，三生万物。道生成一，一生成二，二生成三，三生成万物。"道"先天地而生，从无到有，化生万物。由"道"而生太初之"一"，"一"是一切的开始。"二"是阴阳、天地、乾坤、夫妇。阴阳所表示的范围广大，太阳为阳，月亮为阴；白天为阳，夜晚为阴；山南为阳，山北为阴；强者为阳，弱者为阴；男子为阳，女子为阴……阴阳相对相成、相融相合，于是自然万物、世间种种开始产生并繁衍生息，绵延不绝。

《易经》作为群经之首，"人更三圣，世历三古"，历经伏羲、周文王、孔子等先哲圣贤，经历数千年历史演变，构成了以天人关系为核心的天人之学，从对鬼神的原始崇拜转向开启智慧的灵魂觉醒。

"《易》之为书也，广大悉备，有天道焉，有人道焉，有地道焉"（《周易·系辞传》），《易经》作为书，广大无垠，全都具备，有天道，有人道，有地道。天地人之道是《易经》带给我们的深刻启迪。

"一阴一阳之谓道"（《周易·系辞传》）。先哲观物取象，把宇宙间变化万端、纷纭复杂的事物概括为阴阳两大类，认为天地、日月、男女、昼夜、夫妇……几乎自然界和人类生活中的一切现象都体现着阴阳关系，体现着普遍联系、对立统一、相克相生的运动规律。"盈乎天地之间，无非一阴一阳之理"（《朱子大全》），天地之理、乾坤之道是阴阳之道的宏大写照。

天地人在中国文化中有三才之称，将人与天地并称，彰显人的价值。人法地，地法天，天法道，道法自然。人为什么要效法大地呢？因为大地生长庄稼，提供给人生命所需的资源，有大地之德。大地生长万物，需要上天给它阳光雨露。地要效法天。天效法什么呢？天效法道。道法自然，这里的自然是自然而然，是自然之道。人生于天地之间，顶天立地，法天地之大德。天地之大德曰生，天地最大的德是生长生命。

上善若水。《道德经》说："水善利万物而不争，处众人之所恶，故几于道。居善地，心善渊，与善仁，言善信，政善治，事善能，动善时。夫唯不争，故无尤。"

最上的善好像水一样，水善于滋润万物而不与万物相争。最高的德性、最高的善，就像水的品格，具有道的精神：生养化育，润物利生，为而不争。水的精神是滋养万物，水的特点是顺势而为。道不跟万物争，而天地万物无法与道争。

水之善，表现在居善地，心善渊，与善仁，言善信，政善治，事善能，动善时。无论何时、何地、何事、何人、何情、何境、何言、何行，都以善为本。因为不争，所以没有什么错误和怨尤。

地低成海，人低成王。人要学水的精神，利而不害，为而不争，抱着利他的心态做人做事。

《道德经》云："人之生也柔弱，其死也坚强。草木之生也柔脆，其死也枯槁。故坚强者死之徒，柔弱者生之徒。是以兵强则灭，木强则折。强大处下，柔弱处上。"

《道德经》又云："和大怨，必有余怨，安可以为善？是以圣人执左契，而不责于人。"和解大的怨恨，必然还有残余的怨恨，怎么能算是妥善呢？因此，圣人执借据却不逼索于人。有德者就像是执借据而

不逼索一样，施德不求报，得理能让人。不责备人是修养。为人要宽善，即使我们占尽优势，也不咄咄逼人。

一云所雨，万卉同润。草木花卉，各有其性。在雨水的哺育滋养下，草木花卉以自己的种性而自然生长。就像大千世界，山川、溪谷、土地所生的卉木丛林，种类繁茂，各色各异，万木竞秀。上善若水，譬如雨水，平等施于一切，普遍泽及众生。而卉木丛林，各种植物，虽然是一地所生，一云所雨，同受雨水润泽，但却按照自己的种性发芽生长、开花结果。

水是生命之源，生命离不开水。水有净化功能，具有干净、清净、澄净的作用。水能润泽，涵养万物。

水有万钧之势，奔流不息，摧枯拉朽，又可汇聚成海，容纳百川。

水是美丽的风景，山水之美，映照万象，生机盎然。水性深具柔德，柔德之美，柔能克刚。

上善若水，有仁爱之水、平等之水、尊重之水、关怀之水、智慧之水、真理之水……有上善之水，才有万物葱茏，生命繁盛，人间祥和。

上善若水，最根本的是心善如水！

五、仁义礼智与浩然正气

仁义礼智。仁者，爱人。在道德内涵中，仁德是核心；在仁德内涵中，仁爱是核心。仁义礼智信，仁为首。仁表示的是人与人之间的关系。仁爱思想关怀生命，富有人世温暖。人与人最好的关系是仁爱，仁爱关系是对生命的关怀。

义者，宜也。义是应该的意思。所谓正义，就是"正确而应该"

的含义。正确而应该的事情，即"应然"。探讨"应然"就是在探讨应该的事情，探讨正确的事情，探讨正义的事情。义，是人与人之间应该有的正确关系。事情符合正义的原则就做，不符合正义的原则就不做，以这样的原则待人处事，就不会出现差错，就会沿着正确的道路前行。义士是正义之士，崇尚正义之事，力行正义之事，坚持正义之事，方能成为义士。义士乃热血沸腾之仁人志士。孟子把"义"看得非常重要，在他看来，"鱼，我所欲也；熊掌，亦我所欲也。二者不可得兼，舍鱼而取熊掌者也。生，我所欲也；义，亦我所欲也。二者不可得兼，舍生而取义者也"。

礼者，敬也。礼是人与人之间的美好距离。互相尊重，有礼有节。礼仪者，礼节礼仪之恰到好处也。礼就是礼节，仪就是仪表。讲究礼仪，微笑待人，与人礼貌而不妨碍人的生活和情感空间，保持适当距离，衣着整洁，干净得体，言谈举止，彬彬有礼，是对己对人的一种尊重，亦是和谐舒适的人际关系。一般情况，人与人之间保持敬的关系较为妥当，以礼相待较为安全，也较为和谐。

智者，智慧。智由知和日构成，意思是日有所知，天天学习，天天进步，终身学习，苟日新，日日新，又日新，方成智者。今天要比昨天进步，明天要比今天进步。日日求知，日日进步，日进其学，日新其德。慧是用手拿着像扫把一样的东西，不断清扫自己的心灵。这个心不能装乌七八糟的东西，也不能装烦躁的东西，要时时清理，把心地扫干净。每天给心灵洗个澡，不断地获得新知，使自己焕然一新。学以增智，静以生慧。一方面是日有所知，不断增长见识，获得智慧；另一方面是净化心灵，心灵空明澄澈，显现智慧。智慧者，一实一空，虚实结合，相得益彰。

仁义礼智，仁放在第一位。孔子说：没有仁，礼又如何呢？没有仁，乐又如何呢？没有了仁，礼和乐就没有了仁德和仁爱的内核。没有了仁的内核，礼又能如何呢？乐又能如何呢？仁义礼智象征一年四季。仁象征春天，春天是温暖的。义象征夏天，义士满腔热血。礼象征秋天，"礼"通"理"，合乎礼节，亦即合乎道理，合道理则理智。冬天万物萧索，一片寒冷，这个时候需要人有智慧、有定力，知道冬天过后就是春天，任何一个冬天都阻挡不住春天的脚步。仁义礼智，春夏秋冬，如果跟《易经》联系起来的话，大概相当于乾卦的元亨利贞。元相当于一年四季之春。元，指原始、元气、本元、根本。春天元气萌动，赋予世间以生气，阳光明媚，万物生长，生机勃勃。春天是生长的季节，人生的青春时期元气充沛，要趁着青春时机好好生长。亨，指亨通。夏天热烈，生物长得顺利而迅速，所以，亨大概相当于一年四季之夏。利大概相当于一年四季之秋，秋天是收获的季节，利是和谐有利，和谐而有利益。贞大概相当于一年四季之冬。贞是坚贞、贞正的意思，坚定而贞正。冬天寒冷，冰冻坚硬，更需要坚贞不屈的信念。春天元气生，夏天亨而通，秋天和而利，冬天坚而贞。春夏秋冬，仁义礼智，元亨利贞，天人合一。以上所述，只是相对而言，实际上一年四季都需要仁义礼智，都需要元亨利贞。自然如此，世间如此，人生亦如此。

仁是人与人之间温暖的距离，义是人与人之间恰当的距离，礼是人与人之间美好的距离，智是人与人之间有益的距离，信是人与人之间可靠的距离。概言之，人与人之间合道的关系，如果要用一个词来表达的话，这个词应该是：正。

浩然正气。孟子说："吾善养我浩然之气，其为气也，至大至刚，以直养而无害，则塞于天地之间。配道与义，无是，馁也。"浩然正气培养出一种沛然刚健的精神，孕育出一种正义人格。这种文化人格就是大丈夫精神。文天祥，人生自古谁无死，留取丹心照汗青；秋瑾，秋风秋雨愁煞人，为拯国家洒热血。明朝的五位义士、革命战争年代的瞿秋白，都是令人敬仰的大丈夫。历史上的许多仁人志士，仁爱、坚强、忠贞、勇敢、正义，都有大丈夫气概。

孟子说："鱼，我所欲也；熊掌，亦我所欲也。二者不可得兼，舍鱼而取熊掌者也。生，亦我所欲也；义，亦我所欲也。二者不可得兼，舍生而取义者也。生亦我所欲，所欲有甚于生者，故不为苟得也；死亦我所恶，所恶有甚于死者，故患有所不辟也。如使人之所欲莫甚于生，则凡可以得生者何不用也？使人之所恶莫甚于死者，则凡可以辟患者何不为也？由是则生而有不用也，由是则可以辟患而有不为也。是故所欲有甚于生者，所恶有甚于死者。非独贤者有是心也，人皆有之，贤者能勿丧耳。"

中国历史上有无数的大丈夫以自己的生命和鲜血写下了可歌可泣的英雄诗篇。大丈夫精神，就是一种英雄精神；大丈夫气概，就是一种英雄气概。

司马迁在《报任安书》中说：自古以来，富贵而名声埋没不传的人，多得无法记载，只有豪迈不受拘束、非同寻常的人才能流芳百世；西伯被拘而推演《周易》，孔子处于困境而写成《春秋》，屈原被放逐，创作《离骚》；左丘明失明，完成《国语》；孙膑膝盖被截，撰写《孙膑兵法》；吕不韦谪迁蜀地，《吕氏春秋》流传于世；韩非子被囚禁在秦国，才有《说难》《孤愤》；《诗经》三百篇，大都是圣人贤士为抒发愤懑而作。这些人都是情意郁结，不得舒展，所以追述往事，而寄希望于将来。至于像左丘明眼瞎、孙膑腿断，他们认为永远不可能被起用了，退下来著书立说以抒发心中的愤懑，想借助留传于后世的文章来表现自己。

司马迁含垢忍辱，发愤图强，以坚强的毅力创作《史记》，通古今之变，究天人之际，成一家之言。鲁迅先生赞誉《史记》为"史家之绝唱，无韵之离骚"。

真正的领导力有坚忍不拔的意志。苏轼说："古之立大事者，不唯有超世之才，亦必有坚忍不拔之志。"中国文化中不仅有温良恭俭让，还有大丈夫精神。两者有机结合，共同构成领导力的完美人格。什么是大丈夫精神？孟子有句话："威武不能屈，富贵不能淫，贫贱不能移，此之谓大丈夫。"威武不能使他屈服，富贵不能使他淫惑，贫穷不能使他改变节操，这样的人就是大丈夫！

鲁迅先生说："我们从古以来，就有埋头苦干的人，有拼命硬干的人，有为民请命的人，有舍身求法的人……虽是等于为帝王将相作家谱的所谓'正史'，也往往掩不住他们的光耀，这就是中国的脊梁。"

"这一类的人们，就是现在也何尝少呢？他们有确信，不自欺；他们在前仆后继的战斗，不过一面总在被摧残，被抹杀，消灭于黑暗中，不能为大家所知道罢了。说中国人失掉了自信力，用以指一部分人则可，倘若加于全体，那简直是诬蔑。"

"要论中国人，必须不被擦在表面的自欺欺人的脂粉所诳骗，却看看他的筋骨和脊梁。自信力的有无，状元宰相的文章是不足为据的，要自己去看地底下。"

孟子曰："故天将降大任于是人也，必先苦其心志，劳其筋骨，饿其体肤，空乏其身，行拂乱其所为，所以动心忍性，曾益其所不能。"

乾坤之间，浩然之气，威武雄壮，勇敢坚强，伟大刚健的精神万古长存，是修炼领导力的精神源泉。

六、仁爱之光与人性修养

仁爱之光。中国的孔子倡导仁爱，慈悲伟大的佛陀倡导慈爱，西方先哲倡导博爱。无论仁爱、慈爱还是博爱，都倡导大爱精神。人间有大爱，人类才有希望。

1988 年，74 位诺贝尔和平奖评审委员一致宣称：人类要想永远和平，需要从 2500 年前的孔子学说和佛陀思想中寻找和平共处的方案。在不久的将来，儒家学说和佛教思想会被越来越多的人接受，逐渐成为人类文化的中心。

孔子一生都在探寻真理，寻求救世之道。他所想的不是自己怎么活得更好，而是心系苍生，为天下太平而上下求索。他生活困顿，经常颠沛流离，四处流浪。但他不以一己之利为利，而是乐天下之所乐，忧天下之所忧。他创立的儒家思想，仁义礼智信——仁爱、正义、礼让、智慧、诚信；智仁勇——智慧、仁爱、勇敢等，影响了多少代中国人！其思想甚至远播海外，影响深广。孔子的思想是救赎天下的圣贤思想。

圣贤深怀仁爱之心、智慧之心，弘愿立心，为众生谋福祉、启智慧，以天下为己任，以智慧为力量，为苍生而奉献，因思想而崇高——此所谓圣贤之心。

孔子思想的核心是仁。仁昭示了理想的人格境界，弘扬了德性圆融、德智兼美、德力具足、德艺双馨的人生精神，意味着对人的深切关怀。仁，是一种修行的途径，是一种处世的方式，是人生的品质，是人间的正道。

仁者爱人。仁者，爱自己，爱亲人，爱众人，爱天下苍生。《论语·颜渊》："樊迟问仁。子曰：'爱人。'"樊迟问什么是仁，孔子说："仁，就是爱人。"墨子也说："仁，仁爱也。"

仁者爱亲。墨子主张兼爱，孔子主张有层次的爱。父子有亲，母子有爱，自然伦理，天经地义。孔子认为，仁爱要从爱自己的亲人开始。《国语·晋语》："爱亲之谓仁。"爱亲人谓之仁。《论语·学而》："孝弟也者，其为仁之本与！"孝敬父母，敬爱兄长，难道不是仁的根本吗？《论语·泰伯》："君子笃于亲，则民兴于仁。"君子如果深爱自己的亲人，人民就会效仿君子，天下就可以振兴仁德。《中庸》："仁者，人也，亲亲为大。"仁是为人的根本，爱自己的亲人是人生最大的本分。仁者，爱人，就是由爱亲人而泛爱众，乃至关爱天下苍生。

泛爱众而亲仁。孔子强调"泛爱众而亲仁"，广泛爱众生而亲近有仁德的人。他跟子贡说：你到一个诸侯国去，应该"事其大夫之贤者，友其士之仁者"，要事奉贤明的大夫，跟有仁德的士人交朋友。近朱者赤，近墨者黑，"与善人居，如入芝兰之室，久而不闻其香，与之同化矣；与不善人居，如入鲍鱼之肆，久而不闻其臭，亦与之化矣"。一个人与善人在一块，就像进了一个有芝兰的房间，你刚进去时有香气，久而久之，就好像闻不到香气了。为什么呢？因为与之同化矣，我们自己也身染其香、心染其香了，也成为香者了。所以我们要亲近有仁德的人，亲近善人，亲近贤者。

里仁为美。孔子进一步强调，不仅要亲近贤明仁德的人，还要选择所处的环境，处在有仁德的地方。子曰："里仁为美。择不处仁，焉得知？"孔子跟学生说要"事其大夫之贤者，友其士之仁者"，还说有仁德的地方是美的，要选择这样的地方生活和工作。如果选择的环境不是处在有仁德的地方，焉得智？怎么能看出你是有智慧的人呢？

苟志于仁矣，无恶也。子曰："苟志于仁矣，无恶也。"如果志于仁，就没有恶了。孔子用高度凝练的语言，非常肯定地说：如果志于仁，无恶也。没有恶言，没有恶行，没有恶意。已生之恶令去之，未生之恶令不生；已生之善令存之，未生之善令生之。这是志于仁的目的，也是志于仁的意义——无恶。

我欲仁，斯仁至矣。子曰："仁远乎哉？我欲仁，斯仁至矣。"仁难道远吗？孔子说不远，"我欲仁，斯仁至矣"。想行仁，仁就来了；我欲仁，仁就到了自己身上了。一念仁，则仁至矣；一语仁，则仁至矣；一行仁，则仁至矣。人的信念、语言、行动都有能量。念仁，则心中有仁；语仁，则言中有仁；行仁，则身上有仁。我欲仁，斯仁至矣，人的愿望是源头。念善则行善，欲仁则得仁。

志向就是心之所志，心之所向，心之所愿。愿者，人之本心也。愿是人的本原之心，本原之心的愿望有巨大的力量。有愿必成，我欲仁，斯仁至矣。孔子说，仁，不难，不远，关键是想不想实行仁德，我欲仁，斯仁至矣。

人性修养。仁是一种人性的修养。仁是对人之为人的反思，是对人性本质的洞视，是对人格完善的修行。

克己复礼为仁。颜渊问仁。子曰："克己复礼为仁。一日克己复礼，天下归仁焉。为仁由己，而由人乎哉？"颜渊曰："请问其目。"子曰："非礼勿视，非礼勿听，非礼勿言，非礼勿动。"颜渊曰："回虽不敏，请事斯语矣。"

颜渊天资聪明，贫而好学，非常贤明，后世称为复圣。一箪食，一瓢饮，人不堪其忧，回也不堪其乐。生活清贫别人都不堪其忧，但颜回不改其乐，因为颜回之乐是心灵之乐。一个精神高尚的人，不会为物质的贫穷改变自己的志向，不会为物质的贫乏改变自己的快乐。

颜渊比孔子小30岁，不幸在老师之前去世，年仅32岁。颜渊对孔子非常崇敬，他说：仰之弥高，钻之弥坚。老师的精神，越仰视越觉得崇高伟大；老师的学问，越钻研越觉得深奥坚固。瞻之在前，忽焉在后，老师这是太神奇了。有时觉得学问做得差不多了，可以稍微休息一下了，但一想到老师，就不敢松懈了，激励自己要好好努力。人与人的赏识往往是相互的。你看一个人好，那个人往往也看你好。看你好的人，你也往往看他好。人以群分，物以类聚。颜渊看老师觉得崇高伟大，孔子看颜渊觉得很优秀卓越。颜渊是孔子最喜欢的学生。

颜渊问仁，孔子说："克己复礼为仁。"克己复礼就是仁。克己，就是克制自己的私欲，克制自己的习气，克制自己的缺点，克制自己的情绪。人有私欲、习气、缺点，也会有不良情绪。正因为现实中的人不完美，才需要提倡仁德。人不完美，但可以教化。孔子既是理想主义者，也是现实主义者。仁是孔子的一种理想，现实中的人是心有私欲、身有缺点，以仁来引导现实中的人实现仁德，就是理想与现实的结合。所谓仁，就是克制自己回到礼上来，即克己复礼。礼是理的外化。回到礼上来，就是回到理上来。道理不离生活，跟日常生活紧密相连。理，包括自然之理、人间之理。说一个人讲道理，是比较高的评价。说一个人不讲道理，是说这个人不可理喻。回到理上来，就是回到礼上来，合理即合礼，克己复礼，是为仁。

孔子进一步强调："一日克己复礼，天下归仁焉。"一天做到了克己复礼，天下人都会赞许。又强调："为仁由己，而由人乎哉？"实行仁德，实现仁爱，是取决于自己的，不取决于别人。不管别人如何不仁不义，我都要讲仁讲义，这是对生命的态度，对自己的负责。别人不讲礼节不尊重我，我仍然要讲究礼节，保持尊重别人的态度。因为尊重人是应该有的态度，而不能因为个别人的不尊重而改变自己一贯为人处世的态度。"为仁由己"，自己好好行仁，按照仁德的标准来做，就很美好，就能实现仁，因为"我欲仁，斯仁至矣"。

颜渊"请问其目"，孔子回答："非礼勿视，非礼勿听，非礼勿言，非礼勿动。"孔子从视听言动诸方面对于如何克己复礼做了阐述。颜渊听了以后，谦恭地说："回虽不敏，请事斯语矣。"意思是颜回虽不聪敏，请让我按照老师您说的来做吧。

在仁与礼乐的关系上，孔子也做了解释，"人而不仁，如礼何？人而不仁，如乐何？"礼乐归于仁。

仁是本，礼乐是末；仁是体，礼乐是用；仁在前，礼乐在后。克己复礼，以仁为本。以仁道克制私欲，克去不仁以归于仁，回到合理的正知正念，回到合礼的视听言动，这就是行仁的功夫。

人要质朴厚重。巧言令色，鲜矣仁。子曰："巧言令色，鲜矣仁。"孔子不喜欢巧言令色的人，主张正直诚实。正直诚实可能会吃亏，但不可能真正吃亏；巧言令色可能会得逞，但不会真正成功。堂堂正正做人，实实在在为人，朴实厚道，善良正直，吃亏是福，吃苦是福。孔子喜欢质朴的人，因为巧言令色，鲜矣仁。巧言令色之人，花言巧语，不说真话，谎话拿过来就说，毫不脸红。想诬陷一个人，随时可以造谣污蔑；要奉承一个人，什么甜言蜜语都说得出口。见到达官显贵有用的人，马上堆起笑脸；见到平民百姓没用的人，马上摆出傲慢霸道的样子。巧言令色之人常常显露出一种虚伪世故、巴结逢迎的脸色，这不是真脸色，是装出来的假相。巧言令色，孔子说这样的人很少是有仁德的人，因为巧言令色的人不真诚，不真诚的人不可靠。真诚而不虚假，质朴而不虚伪，正直而不逢迎，真诚不欺，才可以叫作志士仁人。不真诚的人，很少是仁者。

如何明鉴人的善恶真伪呢？子曰："唯仁者能好人，能恶人。"只有具备仁德的人，才能正确地喜欢一个人，正确地厌恶一个人，因为是以仁德为标准。没有仁德的人是怎么喜欢人的呢？有人巴结，喜欢；有人讨好，喜欢；有人逢迎，喜欢；有人给他好处，喜欢；而善于巴结讨好的人不是真正的好人，善于逢迎谄媚的人往往是恶人。

仁者，其言也讱。司马牛问仁。子曰："仁者，其言也讱。"曰："其言也讱，斯谓之仁已乎？"子曰："为之难，言之得无讱乎？"司马牛也是孔子的学生，他问什么是仁。孔子的回答很具体："仁者，其言也讱。"讱的意思是说话有所忍耐，不轻易开口。孔子认为有仁德的人，不能胡言乱语，说话要有所节制，有所忍耐。《史记·仲尼弟子列传》中说司马牛"多言而躁"。司马牛是一个说话多而性情急躁的人。孔子针对不同学生，因材施教。针对司马牛的问话，孔子教育他说话要有所忍耐。

孔子不是主张不讲话，而是主张当讲则讲，不当讲则不讲。讲正确的话，讲正能量、真善美。司马牛又问："其言也讱，斯谓之仁已乎？"孔子说："为之难，言之得无讱乎？"做好一件事其实不那么简单，说说容易做起来难，行胜于言，要敏于事而慎于言，说话要严谨而有节。

七、仁者使命与德性圆融

仁者使命。推行仁德是一种崇高使命。士不可不弘毅，任重而道远。《论语·泰伯》曾子云："士不可以不弘毅，任重而道远。仁以为己任，不亦重乎？死而后已，不亦远乎？"仁是己任，即人的重任和担当。仁是一种人生的使命。仁人志士不可不弘大刚毅，因为使命重大，道路遥远。以弘扬仁道为自己的任务，不也是很重大的使命吗？弘扬正道，死而后已，弘法之路不也是很远吗？

士不能不弘扬坚毅的精神，因为任重而道远。在人间弘扬仁德需要坚毅的精神。人类永远在通往仁德理想的路上，仁爱美好是社会理想的航标灯。希望的灯塔在前方，要以弘毅之精神勇往直前。

苏格拉底以生命成就了最后的仁德。他无端被判为死刑，人格受到巨大屈辱，但他坚持真理，绝不屈服，从容赴死，以生命完成了自己的使命。

孔子费尽心血，游说诸侯，其思想学说不为接纳。孔子五十多岁时，感受到一种神圣的使命，他说"危邦不入，乱邦不居"，这是他用心血和命光换来的宝贵经验和智慧。歌曰：险恶的危邦我不能进入啊，混乱的地方我不能居住！危乱之邦人心险恶啊，混乱污浊！如此之地不容于我啊，因为我志洁行方！教书育人著书立说啊，让崇高的思想源远流长！

这就是崇高思想的价值。它是星辰，是灯塔，指引我们前进的方向。孔子倡导这样一种精神，正说明孔子对人间的一种大爱和期许。

领导者要以崇高思想教育影响人，做一颗仁德的种子。即使以微薄之力为世界增加一点好，也是在尽一己之责任改变世界。即使没有改变他人的力量，也可以通过修行仁德，使自己变得好一点儿，再好一点儿。当真善美与心灵融会，当使命与生命同行，这样的人生，就是有意义的人生！

求仁得仁。求仁得仁，又何怨。"求仁而得仁，又何怨？"仁人志士，立志求仁，如果能够有幸得仁，那不就是人生价值的实现吗？伯夷叔齐坚守自己的节操，宁死不屈，孔子对这种精神非常推崇。这种精神不断扩充，成为一种英勇的大丈夫精神。有人或许会说，伯夷叔齐死得不值，孔子说：求仁得仁，又何怨呢？伯夷叔齐不是贪生怕死的人，在他们看来，丧失仁德而贪生怕死，那才叫怨呢！

君子无终食之间违仁。子曰:"富与贵,是人之所欲也;不以其道得之,不处也。贫与贱,是人之所恶也;不以其道得之,不去也。君子去仁,恶乎成名?君子无终食之间违仁,造次必于是,颠沛必于是。"(《论语·里仁篇》)

孔子说:"富与贵是人人都想要得到的,但如果不是用正当的方法得到它,就不会去享受;贫与贱是人人都厌恶的,但如果不是用正当的方法摆脱它,就不会去摆脱。君子如果离开了仁德,如何能成就君子之名呢?君子没有一顿饭的时间背离仁德,就是在最紧迫的时刻也必定处于仁德之中,就是在颠沛流离的时刻也必定处于仁德之中。"

在孔子看来,富与贵是人所想要的,如果不是遵循正道而获得,宁愿不要富贵,也要坚守仁道。孔子不是一味反对求富贵,是说人要遵循正道求富贵,不要靠歪门邪道求富贵。贫贱是人所厌恶的,如果不是遵循正道摆脱贫贱,宁愿处在其中,穷且益坚,不坠青云之志。孔子说:"吾少也贱,故多能鄙事。"孔子出身低贱,父亲早亡,是母亲辛辛苦苦把他拉扯大。一个没有父亲的孩子会经常受人欺负,苦孩子出身的孔子,什么活都干得了,什么累都受得了,什么苦都吃得了。出身不重要,关键在于人的造就。以仁德造就自己,就会成为君子。君子不离仁德。君子离开了仁德,如何成就君子的品质呢?

既然如此,君子就不能不仁。君子应该时时处在仁德之中。平时容易实行仁德,但最紧迫的时候,颠沛流离的时候,匆匆忙忙的时候,心里一着急,情绪一上来,就容易背离仁德。所以孔子说君子要做到没有一顿饭的时间违背仁德。周公吐哺,天下归心。孔子思想主要是从周公那里继承来的。周公礼贤下士,吃饭的时候,听说贤士来了,就赶快把饭吐出来去接待,唯恐怠慢了贤士,所以能使天下归心。造次必于是,颠沛必于是,在最紧迫的时刻也要按照仁德办事,在颠沛流离的时候也要按照仁德办事。不得志的时候，穷则独善其身，不坠青云之志；得志的时候，达则兼济天下，弘扬仁爱仁德。

《论语·卫灵公》："志士仁人，无求生以害仁，有杀身以成仁。"孔子是一位和蔼可亲的长者，"子温而厉，恭而安"，孔子温和又严肃，恭敬又安详，语默动静，无所不安。但孔子又极富仁者的担当精神。他生活在礼崩乐坏的春秋时代，坚持以仁爱思想挽救社会，周游列国，奔走呼号，四处碰壁，"累累如丧家之犬"。他深知"士不可以不弘毅，任重而道远"，以强烈的使命感，奋力拯救世道，"知其不可而为之"。孔子的拯救精神，既勇毅坚韧，又苍凉悲壮。

德性圆融。仁是一种德性的圆融。仁者安仁，知者利仁。子曰："不仁者，不可以久处约，不可以长处乐。仁者安仁，知者利仁。"仁是心所安放处，安心于仁，便心安宁，所以仁者安仁。仁是利益自他的德性，实践仁德，利人利己，所以智者利人。没有仁德的人，不能够长久处于贫贱穷困的境况中，不能够长久处于富贵安乐的境况中。仁者安心在仁上，自自然然地依仁而行。智者知道仁可以利人利己，而努力实践。

心安放在什么地方，就是什么样的人。心安放在仁德上，就会是仁德之人；心安放在智慧上，就会是智慧之人；心安放在善良上，就会是善良之人。心要有安放的地方，要安放在好的地方。我们的精神故乡在哪里？在中国博大精深的文化里。这里有一个精神家园，就是孔子所倡导的仁。把心放在这样的精神家园中多好啊！此心安处是故乡，仁就是心灵的故乡，精神的家园！

智者利人，有智慧的人知道仁是有利的，所以去实行仁德。仁，对自己有利，对他人有利；对社会有利，对世界有利；对现在有利，对将来有利；对此生有利，对子孙有利，对世世代代有利……崇德兴仁，家道昌盛；积善之家，必有余庆！

仁是仁者和智者内心的自觉追求。《论语·颜渊》："为仁由己，而由人乎哉。"为仁由己，不需外求。这就是说仁在自己的内心，实现仁德是人的本分事。

恭、宽、信、敏、惠。子张问仁于孔子。孔子曰："能行五者于天下，为仁矣。"请问之，曰："恭、宽、信、敏、惠。恭则不侮，宽则得众，信则人任焉，敏则有功，惠则足以使人。"

子张问仁于孔子。孔子说：能行五者于天下，为仁矣。子张又进一步问。孔子说：恭敬、宽容、诚信、聪敏、惠人。

恭敬就不会受到侮辱。敬人者，人恒敬之。即使人不敬你，你自己也要保持恭敬。只要自己不辱没自己，别人如何侮辱，都无济于事。别人说你好，你不会因此变得更好；别人说你不好，你也不会因此变得不好。你就是你，别人说你好，不要沾沾自喜；别人说你不好，也不要在乎。你如果不在乎别人对你说好说坏，你会变得更坦荡。我是我，我不是别人，就是这样。

宽容就会得到众人的拥戴。人都有缺点，要包容别人的缺点。甚至别人冒犯了你一些事，也要包容。他可能是无意的，也可能是有意的。如果是有意的，那是他的认知没到那个层次，做人没到那个境界，你要包容他、怜悯他，甚至帮助他。宽则得众。

诚信则人任焉。你讲诚信，人家就敢任用你做事。敏则有功，你做事聪明敏捷，就会建立功业。惠则足以使人。你让利给别人，给别人恩惠，事情才能办好，众人才会愿意跟你合作共事。

居处恭，执事敬，与人忠。温、良、恭、俭、让。《论语·学而》："温、良、恭、俭、让。"《论语·子路》："刚、毅、木、讷，近仁。"

樊迟问仁。子曰："居处恭，执事敬，与人忠，虽之夷狄，不可弃也。"孔子说的温、良、恭、俭、让，刚毅木讷，都在说什么是仁。居处恭，执事敬，与人忠，虽之夷狄不可弃也。平时生活中与人相处要恭敬，做事的时候要敬业，与人交往要忠诚。虽然到了偏远的蛮荒之地，恭敬忠的态度也不要放弃。也就是说对于那些特别远处的人，那些看上去地位特别低的人，你也要恭敬忠，而不是看人下菜碟。

自由道德。如何实践仁？仲弓问仁，子曰："出门如见大宾，使民如承大祭。己所不欲，勿施于人。在邦无怨，在家无怨。"仲弓曰："雍虽不敏，请事斯语矣。"

孔子强调要"己所不欲，勿施于人"，即自己不愿意的，不要强加给别人。我们可以浅显地理解为：自己不想被欺骗，也不要去欺骗别人；自己不想被伤害，也不要去伤害别人；自己不想受损失，也不要给别人造成损失。生活中按照这样的原则对待他人就是在实践仁。同时，"己所不欲，勿施于人"还隐含着这样一个积极的伦理原则："己之所欲，亦施于人。"即"己欲立而立人，己欲达而达人"。就是说：自己想要站得住，就要让别人站得住；自己想要通达，就要让别人通达。放到现在这个时代，可以作这样的理解：自己期望幸福，就要使别人幸福；自己期望顺利，就要使别人顺利；自己期望得到尊重，就要尊重别人……如此说来，实践仁一点都不玄妙，关键就在于将心比心，推己及人，"老吾老以及人之老，幼吾幼以及人之幼"（孟子语）。所以孔子说：仁不是遥不可及的，只要追求就可以达到。就每一个人而言，可怕的不是他不具备仁德，而是他丧失了追求仁德的愿望。

仁，是孔子乃至中华民族极为纯粹、极为崇高的道德精神，它是那样的质朴实在、那样的富有人情味，孔子希望建立的正是这样一个充满仁爱的社会。

孔子的思想富有智慧，耐人寻味。像孔子这样的古圣先贤，其思想博大精深，源远流长。18 世纪末，法国雅各宾派领袖罗伯斯庇尔起草《人权宣言》，将孔子的"己所不欲，勿施于人"作为自由道德的标志写入宣言。

八、生命气象与智仁勇

生命气象。仁是理想的生命气象。《论语·述而》中，孔子说自己的理想是："志于道，据于德，依于仁，游于艺。"孔子说："志于道"，有志于探索道。孔子探索的是人伦之道，比较有人情味，是人间之道。老子探索的是人与自然之道。《易经》探索的是天地变化之道，易与不易，变中有不变，不变中有变。佛说的是慈爱智慧、解脱之道、悲悯之道、光明之道。

雨果说真正的法律应该符合良知，良知是最高的法律。伟大的思想家、文学家、哲学家、教育家、政治家都在推行好的价值观，倡导真、善、美。他们难道不知道实行之艰难吗？知道，但知其不可而为之。2020 年，耶鲁大学校长开学典礼致辞中说：这个世界需要一种慈悯和互助精神。东西方伟大的仁者，殊途同归，都在寻求救世的方案救世的思想。孔子志于道，一生都在为道而探索，为道而奔走，一生都在求道。甚至说：朝闻道，夕死可矣。他很谦虚，他没有说自己就是道的化身，要依据道德来度过他的人生，即"据于德"。修身养德，形成道德，要好好抓住，不要让它再失掉，止于至善，止而不退。

"依于仁"，仁是在生命之上的一种精神价值，要依照仁德来生活。"游于艺"，当时的六艺，礼乐射御书数，孔子很喜欢。孔子是一个懂得生活的人，一个好学的人，学而不厌，诲人不倦，活到老，学到老。他"游于艺"，像游泳一样自由自在。这个时候，他获得了一种心灵的放松。孔子这一生就是志于道、据于德、依于仁、游于艺的一生。

人生要过一种有道德的生活，成就德化的人生。人生要有生活的乐趣，对生活有审美的愉悦，过一种自由的心灵生活。喜欢读书，遨游于书海；喜欢音乐，遨游于音乐；喜欢自然，遨游于大自然；喜欢思考，过一种智慧的生活……高雅的情趣、诗意的栖居、自由的生活、智慧的人生，是多么美好的事情！

智仁勇。智者不惑，仁者不忧，勇者不惧。智是启迪心灵的明灯，要悟；仁是圆融德性的修行，要修；勇是成己成仁的力量，要强。智者必有仁，仁者必有智。子曰："仁者必有勇，勇者不必有仁。"

智仁勇，三达德。智者不惑，不惑就是智者。对于人生世道明明白白，知道应该怎样做人，这就是智者。仁者不忧，真正有仁德的人，是不会担忧的，因为是在行仁，不会患得患失，而是坦坦荡荡、光明磊落。勇者不惧，真正的勇者是勇敢无惧的，内心充实，不假外求，勇而不惧，从容不迫。

智仁勇，智慧放在前面。智慧是仁德的引领，要悟道。智慧的人，悟道的人，才知道什么是真正的仁。智慧引领的仁德，才是真正的仁德。行仁德不容易，士不可以不弘毅，任重而道远，内心有勇气，勇敢无畏。

孟子说：如果认定是对的，千万人反对，也勇敢地去做；如果认为是不对的，没有人反对，也不去做。要有勇气，精神之勇气；要有力量，心灵之力量；要有能力，强大之能力。

孔子说："仁者必有勇，勇者不必有仁。"一个有仁德的人，一定是有勇气的人。一个仁者很懦弱，不是真正的仁者。仁者一定是勇者，但勇者不一定是仁者。

知者乐水，仁者乐山，知者动，仁者静，知者乐，仁者寿。智慧的人喜欢水，水灵动活跃；仁德的人是喜欢山，山沉稳厚重。但我理解，智者仁者都喜欢山水，喜欢大自然。智者动，仁者静。智者生动，仁者安静。我理解智者和仁者都有动有静。人生要动静相生。

知者乐，仁者寿。智和仁确实是很幸福、很快乐、很美好的事情，它跟大自然有形而上的共通性，以山水来比喻人格，叫山水比德。

孔子注重"美"的感受："知者乐水，仁者乐山；知者动，仁者静；知者乐，仁者寿。"

"山水比德"即把自然山水人格化。人们还用一些美好事物来比德，像君子如玉，铮铮如铁，君子既温润如玉，又铮铮如铁。

总之，仁是引人向善的思想，是使人向好的途径，是善的教化，是爱的召唤，是人间的温暖，是人性的救赎，是救世的良方，是淑世的春风。

九、仁政爱民与民胞物与

仁政爱民。孟子继承了孔子的仁爱思想。孟子说："仁者，爱人。"仁，就是爱人。又说："亲亲，仁也。"亲爱自己的亲人，就是仁。

孟子发展了孔子的仁爱思想，建立了以仁政为核心的政治思想。为什么施行仁政？因为人性本善，"人皆有不忍人之心"，所以有"不忍人之政"，即仁政。孟子曰："人皆有不忍人之心。先王有不忍人之心，斯有不忍人之政矣。以不忍人之心，行不忍人之政，治天下可运之掌上。所以谓人皆有不忍人之心者：今人乍见孺子将入于井，皆有怵惕恻隐之心；非所以内交于孺子之父母也，非所以要誉于乡党朋友也，非恶其声而然也。由是观之，无恻隐之心，非人也；无羞恶之心，非人也；无辞让之心，非人也；无是非之心，非人也。恻隐之心，仁之端也；羞恶之心，义之端也；辞让之心，礼之端也；是非之心，智之端也。人之有是四端也，犹其有四体也。有是四端而自谓不能者，自贼者也；谓其君不能者，贼其君者也。凡有四端于我者，知皆扩而充之矣。若火之始然，泉之始达。苟能充之，足以保四海；苟不充之，不足以事父母。"

同情心是仁的开端，羞耻心是义的开端，谦让心是礼的开端，是非心是智的开端。凡自身保有这四种开端的，扩大充实，它们就会像火刚刚燃起，泉水刚刚涌出一样，不可遏止。如果能扩充它们，就足以安定天下；如果不扩充它们，那就连侍奉父母都做不到。

孟子的仁政思想，其主轴在于"保民"。所谓"保民而王，莫之能御也"。在孟子看来，行仁政者得天下，失仁政者失天下。"不仁而得天下者，未之有也"，不施行仁政，而想得到天下，受到天下人民的衷心拥戴，是绝不可能的。实行仁政，要有仁爱之心，多体恤百姓疾苦；保民而王，要有利民之心，让百姓安居乐业。孟子反对战争，认为战争于国于民于君都是不利的。他主张要回到根本上来，实行仁政。实行仁政，就朴素的观点来说，就是先要让百姓有恒产、有饭吃、有衣穿、有学上；而且要吃好饭，穿好衣，上好的学校。在此基础上，还要以正确的思想教育人民，一心向善，孝顺父母，讲究礼仪，尊老爱幼，和谐相处，慈爱互助。由此淳化风俗，使民风归厚，民生温饱，构建富裕文明、和谐向善的仁爱社会。

民胞物与。仁爱思想世代传承，汉儒董仲舒说："仁之法，在爱人，不在爱我……"（《春秋繁露·仁义法》）仁的法则，是在爱人，而不仅仅是爱自己。扩展到爱别人，才能体现仁的精神。

北宋思想家张载说："民吾同胞，物吾与（朋友）也。"人是我的同胞，万物是我的朋友。陆九渊提出"宇宙便是吾心，吾心便是宇宙"

（《陆九渊集》卷三十六），朱子说："仁者，以天地万物为一体"，仁者把天地万物都看成有生命的统一体。又说："盖天地之心，其德有四，曰元亨利贞，而元无所不统。其运行焉，则为春夏秋冬之序，而春生之气无所不通。故人之为心，其德亦有四，曰仁义礼智，而仁无不包。"仁是四德之首、四德之端。

有人问一位智者：人生有多长呢，一天？智者摇头。一顿饭的工夫？也摇头。一瞬间？对，智者点头。人生就是一瞬间，一眨眼人生就过去了。放在漫长的历史长河中，人生不就是一瞬间吗？人生一瞬间，上溯几代、几十代、几百代、几千代，人类的祖宗就一样了。所以张载说：民众就是我的同胞，万物都是我的朋友。没有人，怎么生存；没有太阳，怎么生存；没有水，怎么生存；没有稻谷，怎么生存。一花一树，一草一木，都是休戚与共的命运共同体。

为天地立心，为生民立命。立什么心？仁人之心，民胞物与之心，以这样的心为生民立命。每一个生命的价值都跟我生命的价值是一致的。只要世界上哪个地方还存在着冲突和战争，就不能说我们是安全的。鲁迅先生说：无穷的远方，无数的人们，都与我相关。民胞物与，仁者的思想，悲悯的情怀，先天下之忧而忧，后天下之乐而乐。

"仁民爱物"是中国文化温暖的血脉传承：仁者，爱人，爱亲人，爱众生，爱万物，以自我为起点，扩展到宇宙万物。仁者爱人，含蕴人的身心、人与人、人与社会、人与自然的关系，这种关系的理想境界就是仁爱。

十、领导力境界与人类文明

领导力有三层境界：一是能力境界，二是制度境界，三是文化境界。文化境界是最高境界，文化的核心是世界观、人生观、价值观，是思想的引领、观念的影响，是领导力的灵魂。

德国哲学家卡尔·雅斯贝尔斯提出了历史发展轴心学说：在人类历史发展的同一时期，世界上先后出现了几位伟大圣哲。西方有苏格拉底和亚里士多德，东方有佛陀和孔子，其思想是历史天空中耀眼的星辰。人类历史充满了苦难、血腥和残酷，如果没有伟大思想指引，会更加不堪。人类在黑暗中艰难前行，需要伟大思想的光辉。孔子的思想是使世界变得更好的思想，不是为当时的诸侯国谋划怎么称霸天下，而是为天下人立言。春秋末期，动荡不安，孔子"知其不可而为之"，到各诸侯国游说。那些国君只是应付一下，不听。为什么不听？他们只想称霸天下。孔子弘扬的是拯救世界的思想，倡导的是仁义礼智信。这些国君想：仁义礼智信能让我称霸天下吗？他们不关心普世价值，关心的是称霸天下。孔子五十多岁时，"危邦不入，乱邦不居"，放弃了继续游说的想法，基本上以教学和研究学问为主了。他开始研读《易经》，很入迷，以至于韦编三绝，贯穿书简的牛皮都断了好几次。他讲学论道，弟子贤者72人，门人3000人。弟子把孔子的言论记录下来，于是就有了《论语》。有了《论语》，漫漫长夜中就有了一盏明灯。伟大的人物往往是超越时代的。孔子的思想在当时不受重视，甚至四处碰壁，但却光耀千古，影响世界。

雅斯贝尔斯说："苏格拉底、佛佗、孔子和耶稣四大圣人，在历史上具有无与伦比的深远影响。对于少数人来说，其他圣人可能也同样重要，但是在广大群众中，他们的影响数百年来有增无减，远远超过了其他圣人。如果想对世界历史有明确的认识，就必须将他们单独列出来加以研究。"

文化的天空没有伟大的思想，就如万古长夜。到山东拜谒孔府，进门时会看到"万仞宫墙"四个字，象征孔子的人格思想有万仞之高。再往里走会看到"金声玉振"四个字，比喻孔子思想的声音宛如金声玉振，美好而珍贵。伟大的声音可以穿越时空，思想的力量比刀剑更强大。

思想会化身为人格，成为文化的基因。思想的力量可以成为生命的力量，民族的力量，国家的力量，人类的力量。孔子是一种象征，是中华民族文化的代表。仁是理想的人格境界，孔子阐述理想的人格是什么样子的，试图弘扬一种精神。这种精神就是：崇尚道德，德性圆融，德智兼美，德力俱足，德艺双馨。

"高山仰止，景行行止，虽不能至，心向往之"，让圣贤思想和崇高精神的光辉照耀进人们的心灵，让人们在这种光辉的照耀下生活得更自觉，更有价值，更完美，更幸福。

文化有一个伟大的心灵，追求光明、和谐与真、善、美的心灵。文化的视野超越时空，影响深远，是一种最深层次的力量。

文化是一条浩荡的长河，从远古奔流而来，翻越崇山峻岭，沉淀沧海桑田。文化是一面晶莹剔透的明镜，照亮心灵的面容，倒映历史的影子，既有慷慨高歌，亦有躬身沉思。当世界因功利而激发的竞争越来越沉重，文化恰是能放飞心灵的风筝。

文化的意义是在人世间倡导爱和智慧，这也正是领导力的根本价值导向。中国历史上，影响深远的圣贤往往是思想家。孔子、孟子、老子、庄子的思想千古流芳，影响不仅在当时也在后世，不仅在中国也在世界。在古代西方，苏格拉底、柏拉图、亚里士多德等既是哲学家，也是思想家。这样的思想家寥若晨星，但其思想源远流长。

文化无处不在。美国文化人类学家洛威尔说："在这个世界上，没有别的东西比文化更难捉摸。我们不能分析它，因为它的成分无穷无尽；我们不能叙述它，因为它没有固定的形状；我们想用文字来定义它，这就像要把空气抓在手里，除了不在手里，它无处不在。"无处不在的文化渗透在领导力之中，成为领导力的深层力量，决定着领导力的境界和方向。

"文化是一种包含精神价值和生活方式的生态共同体，它通过积累和引导，创建集体人格。"（余秋雨语）这一定义在文化与人之间搭建了桥梁，让"文化"一词与人格有了关联。领导力是影响人的学问，理所当然应该研究文化。文化是一个民族奋勇前进的不竭动力。

文化领导力必须与创新领导力相伴而行。丘吉尔说："不伴随力量的文化，到明天将成为灭绝的文化。"文化有根源，既深深扎根于中华大地上，又随着历史的长河奔流不息。伴随社会的进步，传统文化与现代科学技术相互融合，相辅相成，使得中华五千年的文明生生不息。

泱泱大国，巍巍华夏。山河壮丽，群峰并起。辉煌文明，历代传承。文化是国家的底色，是通往美好未来的点睛之笔。文化是一个民族和国家最深层、最持久、最伟大的力量。

中华文明博大精深，源远流长，蕴含着优秀的文化基因，已经融入中华民族的文化血脉之中，成为民族性格的重要内涵。修身为本，崇德兴仁，善良忠厚，书香传世，是中国传统的优秀文化理念。现代家国文化应该继承融合，守正出新。

中华文明的宇宙观、世界观、人生观、价值观在世界文化史上具有深远的影响。在中华文明的浩瀚星空中，闪耀着深邃崇高的思想智慧之光，构成领导力的文化内涵：天人合一、道法自然、自强不息、厚德载物、上善若水、虚怀若谷、和而不同、大道至简、民为邦本、仁者爱人——这些思想智慧之光，闪耀在历史的天空，照耀着人类的心灵，成为中华民族共同的文化人格。

领导力以道德为魂。大道之行，天下为公。得天地之道，而有天地之德；得人伦之道，而有人伦之德。

正如人类历史发展的规律一样，领导者要遵循自然之道，合乎天地正道，建立人间正德，树立崇高信仰，确立正确信念，臻于一种明德至善、正大光明的文化境界。

第二章
战略领导力

————

不畏浮云遮望眼，自缘身在最高层。战略领导力是对"我是谁，我从哪里来，我往哪里去"的精准回答。战略思维是宏观思维、整体思维、辩证思维、前瞻思维，是对人性的深刻认识、对大势的敏锐觉察、对决策的深思熟虑、对愿景的高瞻远瞩、对方向的准确把握。真正的战略家都是坚定的长期主义者，始终秉持第一性原理，深刻领悟"人心唯危，道心唯微，唯精唯一，允执厥中"之天道，具备文韬武略、经天纬地之大智，具有洞察先机、远见卓识之慧眼！

提升领导力，要升维思想、降维做事，具有战略思维。战略领导力必须持续提升思维品质、开阔眼界格局，提升战略决策水准，激发组织活力，实现理想目标。战略领导力要做到思维有高度、沟通有温度、执行有态度。

战略领导力就是对"我是谁，从哪里来，往哪里去""我们是什么，现在是什么，应该是什么"这些根本问题的回答。

战略思维是根本思维、宏观思维、整体思维、前瞻思维。战略思维以精准而科学的根本性思维为基础，是对事物的深刻洞察，是对趋势的准确把握，是对资源的有效配置，是对决策的深思熟虑，是对战略的高瞻远瞩。

战略领导力中最重要的内涵是不可能完全被数量化的。卓有成效的领导者所做的重大决策，注重决策的科学性，明确战略的方向性。

卓有成效的决策要辨明问题的性质，明确是经常性问题还是偶然性问题；需要的是决策的科学性，而不是决策的投机性；需要的是科学的决策，而不是取巧的决策。战略的重点既放在问题上，更放在机会上；既立足现实，又着眼长远。

真正的高手都是稳健的长期主义者，眼界宽，定力强，智慧深，格局大。战略思维直达本质，坚守底线，认清大势，把握大局，顺应大道，遵循规律，行稳致远。

一、担当大任，首重格局

成就经天纬地的事业，一定要有长远的眼光。毛泽东站在黄洋界上问士兵："往前看是什么地方？"士兵说："是茨坪。""再往远处看？""是吉安。""再往远处看？""看不到了。""那不行，我们一定要看到全中国，看到全世界。"

胸襟博大，气势恢宏。青年毛泽东站在橘子洲头，慷慨激昂："独立寒秋，湘江北去，橘子洲头。看万山红遍，层林尽染，漫江碧透，百舸争流，鹰击长空，鱼翔浅底，万类霜天竞自由。怅寥廓，问苍茫大地，谁主沉浮？携来百侣曾游，忆往昔，峥嵘岁月稠。恰同学少年，风华正茂，书生意气，挥斥方遒。指点江山，激扬文字，粪土当年万户侯。曾记否，到中流击水，浪遏飞舟？"面对苍茫大地，毛泽东忧国忧民，发出了"谁主沉浮"的诘问。他在思考国家民族的命运，他自信地回答：中流击水，舍我其谁！这样一种雄心壮志，这样一种豪迈气概，这样一种远见卓识，这样一种宏大格局，真是气贯长虹！

远见卓识，指引方向。毛泽东创造性地运用马克思列宁主义的基本原理，提出了马克思主义与中国实际相结合、实现马克思主义中国化的主张，开辟了马克思主义在中国发展的道路，形成了适合中国国情的科学指导思想——毛泽东思想。

正是有毛泽东思想的指引，中国革命才不断从胜利走向胜利，实现了中国历史上最深刻最伟大的社会变革。正是坚持实事求是，一切从实际出发，才赢得了新中国的诞生，才造就了改革开放的伟大成就。

思想凝练，深入人心。马克思说："语言是思想的直接现实。"毛泽东具有高度的语言艺术，而蕴含在其中的是深厚的思想理论。如：

文明其精神，野蛮其体魄。星星之火，可以燎原。没有调查，就没有发言权。打得赢就打，打不赢就走。自己动手，丰衣足食。好好学习，天天向上。

人不犯我，我不犯人；人若犯我，我必犯人！在战略上要藐视敌人，在战术上要重视敌人！

下定决心，不怕牺牲，排除万难，去争取胜利！一切反动派都是纸老虎！中国人民从此站起来了！

夺取全国胜利，这只是万里长征第一步！务必保持谦虚谨慎、戒骄戒躁的作风，务必保持艰苦奋斗的作风。

前途是光明的，道路是曲折的。暮色苍茫看劲松，乱云飞渡仍从容。世界是你们的，也是我们的，但归根结底是你们的。你们青年人朝气蓬勃，好像早晨八九点钟的太阳。希望寄托在你们身上。

毫不利己，专门利人，做一个高尚的人，一个纯粹的人，一个有道德的人，一个脱离了低级趣味的人，一个有益于人民的人。

雄关漫道真如铁，而今迈步从头越！不管风吹浪打，胜似闲庭信步。世上无难事，只要肯登攀！

这些闪耀着智慧光芒的思想，通过生动形象的语言表达出来，产生了不可估量的影响力，是任何有形的力量都无法比拟的伟大的领导力！

洞灼幽微，高瞻远瞩。具有卓越领导力的人，目光如炬，洞灼幽微，高瞻远瞩，具有远见卓识。毛泽东指出："坐在指挥台上，如果什么也看不见，就不能叫领导。坐在指挥台上，只看见地平线上已经出现的大量的普遍的东西，那是平平常常的，也不能算领导。只有当着还没有出现大量的明显的东西的时候，当桅杆顶刚刚露出的时候，就能看出这是要发展成为大量的普遍的东西，并能掌握住它，这才叫领导。"

抗日战争时期，毛泽东深入研究国内外局势，科学地预见了抗日战争的几个重要发展阶段，指明了中国人民争取抗战胜利的前进方向。在《论持久战》中，毛泽东对于当时的形势做了深刻阐述：敌人以少兵临大国，人力、物力、财力不足的弱点会日益暴露，将使日本的战争供应日益陷入严重困境；同时因为"苏联的存在及其他国际变化"。在力量对比上，中国必将由劣势到平衡，再到优势，而日本则相反。由此，毛泽东预言中日战争需要经历三个阶段："第一个阶段，是敌之战略进攻、我之战略防御的时期。第二个阶段，是敌之战略保守、我之准备反攻的时期。第三个阶段，是我之战略反攻、敌之战略退却的时期。"就是说，从战略防守，到战略相持，再到战略反攻。由此，毛泽东针对抗战的不同阶段制定不同策略，将战略全局运于掌上。

《论持久战》阐述了人民战争思想，"兵民是胜利之本"成为至理名言。毛泽东指出："战争的伟力之最深厚的根源，存在于民众之中。日本敢于欺负我们，主要的原因在于中国民众的无组织状态。克服了这一缺点，就把日本侵略者置于我们数万万站起来了的人民之前，使它像一匹野牛冲入火阵，我们一声唤也要把它吓一大跳，这匹野牛就非烧死不可。"

文韬武略，经天纬地。毛泽东认为："政策和策略是党的生命""只有党的政策和策略全部走上正轨，中国革命才有胜利的可能"。毛泽东在政策和策略的制定方面体现出卓越的智慧。政治上实行民主集中制。军事上实行"进攻中的防守，防守中的进攻""战略上藐视，战术上重视"。学习上主张团结紧张、严肃活泼，理论联系实际。处理人民内部

关系上，主张从团结的愿望出发，经过批评，达到新的团结。

战略思维是一种雄韬大略。战略是确定方向的学问，策略是寻找方略的学问。毛泽东的战略既有理论又有实践，文韬武略，经天纬地，在中国大地上谱写了可歌可泣的壮丽篇章。

解放思想，实事求是。改革开放以来的政策和策略体现出科学发展的思想。既韬光养晦，又有所作为；既改革开放，又坚持原则；既解放思想，又实事求是；以经济建设为中心，建设和谐社会；以科学发展观为指导，关注民生，富民强国，开创了一个伟大的时代。

阴阳互动，相激相荡。"反者道之动"，提升领导力水平，要遵循规律，把事物看作阴阳互动的矛盾统一体，善于将问题放在时间和空间轴上进行推演，寻找变量，推动发展。任何一个事物，如果只有唯一属性，就会有局限性，因为确定性即局限性，所以必须将孤立状态变成融合状态。万事万物，阴阳互动，相生相克，必须结合其对立面，才能克服其片面性。一阴一阳之谓道。孤阴不生，孤阳不长，事物是在阴阳互动、相激相荡中而不断发展变化的。

兵形象水，灵活机智。无常就是常。2500年前，中国军事家孙子提出了"兵形象水"的观点："兵无常势，水无常形。"战争和水一样，永远没有固定不变的形态。

19世纪，克劳塞维茨在《战争论》中提出不确定性概念："战争是充满不确定性的领域。战争中行动所依据的情况有四分之三好像隐藏在云雾里一样，是或多或少不确实的。"普鲁士名将老毛奇曾说："在遭遇敌人的时候，没有任何计划能够保持一成不变。"

VUCA代表易变性、不确定性、复杂性、模糊性，是20世纪80年代在克劳塞维茨的理论基础上产生的观点。VUCA被引入商业领域，被公认为商业环境的本质特征。

"随机应变，则易为克玵"，意思是说，跟随时机调整策略，就容易战胜对方。天地间没有一成不变的事情。万事万物随时而变，随地而变，随社会发展而变，随人的观念情感心态而变。时时在变，处处在变，人人在变。学会应变、善于应变、精于应变、从容应变，是需要具备的处世本领。

领导力要有灵活机动的战略战术，善于应对不确定性，把握全局，随机应变，变被动为主动；要认清客观形势的变化，随形势变化而变通，充分运用各种矛盾，利用环境条件所提供的优势，取得更大的优势，争取最终的胜利。

世界正面临百年未有之大变局。形势的最大特点就是不确定性。人往往是喜欢确定性，希望事事可预期，但环境却是变动不居的。因此，很多人在不确定的环境中会出现焦虑迷茫，或者只关注眼前利益，表现出功利化和短视化倾向，陷入消极与被动，失去把握和改变命运的机会。

情况常常是变幻莫测的。怎样才能在不确定的环境中，积极应对不确定性的挑战，因势利导，争取胜利？

战略上要有方向性、整体性和正确性，策略上要保持弹性和柔性，战术上保持随机性和灵活性；战略上对趋势保持前瞻性，策略上对机会保持开放性，战术上对瞬息万变的情况保持机动性。

欲成大事，战略先行。战略就是驾驭不确定性和利用不确定性以达成确定性成功的艺术。没有一劳永逸的完美战略，只有在实践过程中不断完善的战略。好的战略必须具备两方面要素。一要有清晰的战略意图作为行动指南，为行动确定总体方向。二要给种种偶然性和不确定性留出足够的空间。如何达成战略意图，要因人、因事、因势、因地、因时，随机而动，灵活机智。

要打开心智，感受环境的变化，在混乱之中寻找机会，在动态中创造机会。真正的高手会保持弹性、柔性、灵活性、开放性，驾驭不确定性，利用不确定性来创造新的机会。

战略有三个层次：宏观上的使命愿景、中观上的战略意图、微观上的行动选择。

战略使命要清晰明确，战略意图要稳中有进，战术行动要随机应变。既坚定清晰，又灵活敏捷，变中有不变，不变中有变，变与不变构成一个完美的有机生态体系。

前途是光明的，道路是曲折的。相信前途光明，才能经受道路曲折；经过曲折的道路，才能达到光明的前途。仁者乐山，知者乐水，既要稳如泰山，又要上善若水。

思想是种子，实践是沃土，理想是嫩绿的芽胚，在这上面生长出实践理性的大树。领导艺术要妥善处理好八个关系：守正与出奇、谋略和用人、双线、纵横、远近、动静、收放、黑白的关系。

守正与出奇的关系。做人要正，用计要奇，守正出奇，奇正相协。做人要正。一身正气，两袖清风，正道而行，廓然大公；不为七情六欲所控制，穿过欲望之海，有道德纯度；镇定自若，心有定力，安定从容，身心端正。正如孔子所言："其身正，不令而行；其身不正，虽令不从。"用计要奇。不循规蹈矩，不刻板固执，要善谋奇计，善创奇迹。

谋略和用人的关系。毛泽东说："领导者的责任，归结起来，主要的是出主意、用干部两件事"，"政治路线确定之后，干部就是决定的因素"。三国时期刘备能闯出一番局面，关键是选贤任能。

双线关系。宏观上清晰明睿，微观上明察秋毫，能同时在宏观和微观两条线上做到明了于心，并能完美切换，可以从整体上飞速指向细节，或从细节上快速推导整体面貌。

纵横关系。向上管理，横向管理，上下通达，左右逢源。清楚服务对象是谁，在利益纷争中取得最大共识，并为服务对象带来切实的利益。

远近关系。战略制定者往往要承受孤独，因为其超前意识总会遇到质疑和反对。领导力，就是要带领大家避开暗礁，穿越混沌、消除隔阂，引发共鸣。

动静关系。所谓"动静"是指管理模式。静态管理在职责、决策、制度上比较静定；动态管理往往是动态决策和沟通多元。静态、动态要有机结合。领导力，就是要当静则静，当动则动，静如处子，动若脱兔，动静相生。

收放关系。该放则放，该收则收，收放自如，松紧适度，眼观六路，耳听八方，审时度势，一切从实际出发。

黑白关系。黑与白都过于极致。黑白之间是灰度。灰度就是认同事物发展中的混沌状态，因为创新都是从混沌中突围而出的。灰度就是不强制性地异化千差万别的人，而是在底线之上尽可能做到宽容。

二、势市识是与定位聚焦

明确从哪里来，往哪里去，就是要把握大势，因势利导。势，是领导力最好的朋友。成功的实力，就在于势力。有了势能，无往而不胜。领导者要善于审势、借势、顺势、强势、造势，形成优势和大势，获得圆满成功。

审势，就是审时度势，深刻认识时势、地势和人势，把握形势、局势和趋势。

借势，就是善假于物，借势而为。借东风、草船借箭都是历史上借势成功的故事。胡服骑射是师夷以制夷。睁开眼睛看世界是借鉴世界上的成功经验。改革开放更是中华民族深厚的发展智慧。

顺势，就是顺应形势，因势利导，乘势而上，充分运用天时、地利、人和。

强势，就是自立自强，勤奋努力，夯实实力，形成强大势能。

造势，就是英雄造时势，领导力汇聚势能。要善于创造有利于自己的态势，形成想成强者之势，乃至汇成摧枯拉朽之势。

大势，就是顺应时代大势、国家大势、世界大势，引领潮流，顺应大势，成就大势。大势至而功德成。

市场是一种客观的社会存在。顺市而行，就要重视市场的调节与制衡作用。市，是领导力最重要的客人。市场意识，客户第一，要以市场为导向，以客户为中心，以产品为根本。

真正的市场导向，是在做任何事情的时候，都知道你是谁、为了谁，以客户需求推动自身发展。亚马逊是如何始终做到"痴迷客户"的呢？就是重视客户体验。贝佐斯提炼出"客户体验三支柱：更低的价格、更多的选择、更快捷的服务"，并以此为基础构建"增长飞轮"的业务模式，推动业务的联动和快速发展。

客户第一的原则直指亚马逊的愿景：成为全球最以客户为中心的公司，并体现在公司所有业务发展过程中。想客户之所想，从客户入手，再反向推动工作，以赢得和维系客户的信任。虽然领导者会关注竞争对手，但更关注客户。

以产品为根本是亚马逊一贯秉持的原则。亚马逊网站主营在线卖书业务，曾最早推出"个性化推荐""一键下单"和实时订单更新等功能，打造线下连锁书店不具备的在线购物体验，吸引更多人在线买书。

后来，亚马逊发展成为最早的在线零售电商平台，"痴迷客户"的原则依旧没有改变。

为此，亚马逊"坚持低价"，很多人会以为低价是指"比竞争对手更低的价格"，但令人诧异的是，亚马逊有时候是跟"自己的"价格相比，主动降价，这符合亚马逊"痴迷客户"的价值观，可以与客户建立长期信任关系。同时，"倒逼自己"，自我施加压力，不断提升经营效率，不断推出性价比更高的创新服务，也是亚马逊一贯的追求。

识，是领导力智慧的源泉。有知识、有学识，有胆识、有认识，有见识，有远见卓识。更重要的是化知为识，转识成智。有智慧的领导者懂得：弘道利生是领导力的宗旨，战略部署是领导力的元能力。

是，是领导力最根本的遵循。探求规律，按照规律做事，才能想干事、能干事、干成事；遵循规律，敬畏规律，才能不惹事、不怕事、不出事。实事求是，是领导力最根本的法则，是领导力思想的出发点和根本点。

往哪里走，永远比如何走更为重要。干得辛苦，不一定干得有价值。有道无术，术尚可求；有术无道，术为之止。战术上的忙碌，弥补不了战略上的盲目，更无法扭转战略上的失误。道在术之上，战略比战术更重要。战略思维是着眼必然趋势的合道性思维，是引领变革方向的前瞻性思维。

有效的领导者所做的重大决策，首先是看"正当的决策"是什么，其次是看"人能接受的"是什么。有效的领导者需要的是决策的冲击性，没有"尽善尽美"的战略决策，最佳的战略决策只能是近似合理。

领导者要有战略眼光和前瞻性眼光。一项决策要先有自己的见解。如何创建有灵魂的团体？如何推进治理现代化？怎样才能长治久安？推动进步的主要动力是什么？怎样使各项要素长期稳定运行而又不断自我优化？

哈佛商学院教授克莱顿·克里斯坦森曾说，任何决策都是如何安排时间、精力和金钱的决定。你对利益、时间和资源的排序可以看到你的选择。作出正确选择，首先要确定准则，这个准则要把握行业特定的底线。比如谷歌的行业底线就是"永不作恶"。其次要明确因素，一个组织、一家公司成功的关键因素，就是其必须恪守的基本因子。华为崇尚奋斗者精神，"以奋斗者为本"是其核心价值观之一。亚马逊强调"捍卫知识产权"，这是它成为"知识型"平台的关键要素。

领导者要以奉献为美德，以创新为驱动，以卓越为追求，以大爱为情怀。一个宗旨：为人民服务。两个规律：遵循事物发展规律和领导力提升规律。三位一体：组织力、影响力、决策力三位一体。四个重点：队伍建设、文化提升、产品创新、科技研发相辅相成。五个方面：强本固基，优化机制，融合资源，推进治理现代化，注重文化价值观的引领。

领导者要有心有定力，心有全局。运筹帷幄时，既要广泛听取多方面意见，又要多谋善断自主决策。群策群力有利于考虑全面，观察细微；自主决策则可以避免众说纷纭的干扰，以果断决定。

生活就是所有选择的总和。人与其说是环境的产物，不如说是自己决策的产物。每个人每个组织要想自己的未来变得更好，就要学会多谋和善断，在多谋的基础上善断，拟定多个备选方案，权衡利弊得失，经过仔细分析，作出最佳选择，减少不必要的挫折或损失，以正确的决策驱动前进。

战略决策有三大要素：定位、选择、聚焦。定位、选择和聚焦是相互关联的，定位确定立足点，选择确定发力点，聚焦确定着力点。聚焦的意义就在于更好地发挥优势和影响力。如果什么都做，可能什么都做不好。

在制定企业战略时，要平衡好长期目标和短期业绩之间的关系。"不谋万世者，不足谋一时；不谋全局者，不足谋一域。"这句话阐述了长期与短期、全局与局部的关系。确立战略，要从长期和全局出发，当短期和局部利益与长期和全局利益发生冲突时，要以长期和大局为重。

战略是运行的发动机，是实现愿景使命的蓝图，是基于全局和未来作出的规划，是不断动态调整以寻找自身定位的选择。通过有效的战略跨越成长的障碍，高明的战略家掌握的是"善用优势，善抓机遇，从长计议，动态调整"，这就是"战略定力"。在竞争激烈的环境中，人们很容易受到短期业绩的压力而改变战略方向。这就更需要保持战略定力，坚持长期战略。

制定战略时，贯彻以终为始的战略管理原则，实现从市场洞察→战略规划→战略解码→组织协同→战略实施→监控管理→战略评估→绩效反馈的一致化和全闭环管理，并根据情况动态调整，确保从顶层设计战略到执行落地的一致性。

成功战略的关键原则：领先者思维、聚焦思维、创新思维、体系思维、实践思维。

成功战略的经营机制：战略解码：做什么？组织经营：谁来做？实施步骤：目标、生存、发展。目标管理：目标、过程、结果，实现战略意图。

曾经有个年轻人问巴菲特："到底怎样才能像你一样成功？"巴菲特说："你在一张纸上写下 20 件你这辈子想做的事情。"年轻人在纸上写了 20 件事情。巴菲特说："很好，现在划掉 15 件事情。"年轻人想了想，划掉 15 件，还剩下 5 件事情。巴菲特又说："很好，现在再划掉3件事情。"年轻人经过一番斟酌，终于又划掉了3件。巴菲特满意地说："从现在开始，你要做的就是专注在这两件事上。"年轻人似懂非懂，问道："那剩下的18件事呢？"巴菲特郑重地说："剩下的18件事情，你一定要想方设法地不去碰，不要浪费你专注在这两件事上的精力。"这就是选择。处处打井，往往徒劳。在有油处下钻，才能成功。因为时间资源有限、精力资源有限、财富资源有限、人力资源有限。必须专注，集中精力办大事。

三、人本思想与奋斗者基因

领导力价值观的第一句是"以人为根本"，第二句是"奋斗者基因"。

人是第一资源，是决定质量提升和内涵发展的关键环节，要建立健全发展的长效机制，深化改革，提升素养，加强研究，提高思维能力，激发创新意识，形成有利于优秀人才脱颖而出的良好环境。

以人为本，人是管理工作的出发点。要创造激发人的积极性的团体文化，同时立足现实，孜孜不倦地追求，一点一滴地实现。以人为本，客户第一，沿着这个方向走，不断促进发展。评价工作的重要标准就是客户的满意度。要了解工作情况，就要到客户中间去访问。客户的眼光特别重要，要看拥戴率，以此激发人的责任感和上进心。

以人为本，要注重人性化管理。从每个人灵魂深处，激发出源于内在的对真、善、美的热爱与追求，使知情意行和谐共进，相得益彰。建构人性化体系，创设温暖宽松、富有人道精神的环境，为人格提升提供良好土壤，民主和谐，平等开放，培养员工自我教育、自我实现的能力和求真、求善、求美的品质，造就一支爱岗敬业、充满活力、勇于创新、乐于实践、充满奋斗精神的队伍。

以人为本，要激发人的潜能。认识个性差异，尊重个性需求，注重个性发展，挖掘个性潜能，整合优质资源，完善知识结构，充分开发个性思维模式，优化个性化、协作化的环境，丰富完善工作环境，培育有理想、有思想、有道德、有文化的新型复合人才，关注个体生命的复杂性和细微性，尊重特长和个性，扬长避短，实现人的最佳组合，形成合力。

以人为本，要最大限度调动员工的积极性。领导者从长远考虑，而不会为了短期业绩而牺牲长期价值。要激发员工的主人翁精神，对于表现卓越、有潜力的员工委以挑战性工作，以激发其求胜欲，同时充分授权，让接受挑战的负责人和核心团队以全职或者跨职能的组合形式，全程负责到底。企业用风险共担、利益共享的薪酬回报方式留住核心人才，重视股权激励，让核心人才成为真正的股东，有利于激发员工的积极性和发自内心的主人翁责任感。

知行合一，崇尚行动，鼓励奋进。行动力对工作影响至关重要，提倡以深思熟虑为前提的行动主义。每个工作目标以及每个衡量指标都有明确的责任人，谁是责任人，谁就负责到底。如何保证决策质量呢？要依靠强大的数据指标系统、智能管理工具、实时数据给予支持。

实践理性。纸上得来终觉浅，绝知此事要躬行。要知道梨子的滋味，就要亲口尝一尝。领导力是一种以思想为指导的实践力。

领导者应该有实践理性，是所领导行业的专家，有基层和一线工作的丰富经验，有深厚的实践功底。提升领导力，要从实际入手，追求现实效益与长期效益的有机结合，紧紧围绕实践经验开展研究，充分把握领导力特点，具有可操作性和实践理性。

领导力的实践理性要实现系统性与开放性的有机统一。系统性形成体系化与完整化，开放性引导创新化与包容化。协调系统与开放之间的关系，有利于提升领导力的效能。

领导力的实践理性要实现切入点的精准性。既要有高度的立意站位，又要寻找准确的切入点，精准实施，才能实现发展目标。目标定义的详细性与类别划分的细致性，领导者的洞察力与前瞻力，是实现切入点精准性的重要前提。

领导力的实践理性需要丰富的实践经验。从个人贡献者到领导者，要经历五个阶段：

一是从个人贡献者到基层主管。这个阶段的胜任力主要体现在必须学会关注团队发展和有效组织管理。这个阶段的工作重点是工作计划、知人善任、激励员工、分配工作、教练辅导。

二是从基层主管到部门主管。这个阶段胜任力的重点在于：选拔人才、分配工作、评估下属、教练辅导、绩效评估和时间管理。

三是从部门主管到总监。这个阶段的胜任力主要有：跨部门协作、争取资源和适当授权。这个层级的工作挑战来自如何整合工作；进行策略、流程化思考；执行复杂工作任务；处理跨部门之间的关系。

四是从总监到常务。关键的胜任力包括：具有领导技能、做好时间管理、优化工作程序，善于处理突发事件，善于协调复杂关系。这个阶段的主要任务是建立职能部门，强化各部门在同行内的竞争优势，做好各项常务性工作。

五是从常务到第一领导者。这个层级需要长远、全局、平衡的思维方式，需要战略思维、整体思维、辩证思维。需要设定方向，作出艰难而正确的决策；激励员工，赢得他人对绩效的承诺。这个层级的高管必须擅长战略规划、调配资源、提高核心能力以及培养下属。这个阶段的胜任力主要集中在高瞻远瞩的洞见、创见、远见，洞察大势，善于创新，预见未来，同时能够抓住机遇，权衡取舍，平衡利益关系，培养领军人才。确立使命愿景价值观，是第一领导者胜任力的重要体现。

什么是奋斗者？创造价值，是衡量奋斗者的重要标准。归根结底，奋斗者的含义是以服务对象为根本来定义的。客户的体验、收获、满意度、幸福感，就是奋斗者追求的目标。

奋斗者的基因。选择奋斗者的时候，有一个很有名的 PSD 原则。通俗来说，就是要胸怀大志，甘于奉献，敢打硬仗，学有所长，业务精湛，关键时刻能顶得上，干得好。奋斗者特别能吃苦耐劳，特别能攻坚克难；奋斗者不计个人得失，有担当，有情怀，肯奉献，有使命感，有拼命精神。奋斗者才是成功者，由奋斗者组成的团队才是成功的团队。面对诱惑和困境，奋斗者从来不曾动摇，一直没忘初心，坚守"上甘岭"，有坚忍不拔之志。

奋斗者的品质。德才兼备是人才。没有道德，不是人才；没有水平，不是人才；没有担当，不是人才；没有奋斗，不是人才。人才要忠诚、干净、担当、能干、有道德。

奋斗者的力与利。奋斗者的身份认同首先源自群体自身的身份认同，这里就要明确回答清楚：奋斗者从哪里挣钱？为谁挣钱？任正非将华为能取得成功的因素归结为两点："力出一孔"和"利出一孔"。所谓"力出一孔"，即业务聚焦，就是把所有的资源集中起来做好某一件事情，华为坚持聚焦管道战略，无论是"云—管—端"的战略还是进军消费者业务和云业务市场，都是沿着信息管道进行整合和发展，并千方百计满足客户的需求。一分耕耘，一分收获，奋斗者以组织为家，忘我工作，以主人公心态决策和管理，最终就会家和万事兴，事业蒸蒸日上，团结奋进，享受自己的劳动果实。

战略领导力是一个人带领一群人抵达从来没有去过的地方。在不确定的环境中，如何率领众人积极行动、获取胜利，这是战略领导力需要彰显的素质。领导力不是管制人，而是激励人、引领人、解放人，是激发人的善意和潜能，是充分发挥每个人的优势智能，形成最大合力。因此，沟通就是发挥领导力的一种重要方式。沟通的本质是为了达成共识，达成共识是为了实现目标。作为领导者，需要通过沟通，凝聚智慧和力量。发挥领导力，要善于调动人的积极性，特别是团结奋斗者，形成强大合力。为此，领导者要具有沟通协调能力。领导者如何更好地沟通协调呢？

第一，建立顺畅的沟通渠道。比如可以建立领导者与员工的信息通道，保证员工的心声能第一时间反映给领导者，领导者的意愿能第一时间为广大员工所了解。

第二，建立良好的沟通机制。通过建立常态的沟通机制，保证信息的及时沟通。如校长与学生共进午餐制，就是校长与学生进行沟通的良好机制。

第三，充分运用现代信息通路，及时进行沟通。现代领导者必须与时俱进，了解并应用科技进步所带来的便利条件，通过网络互动、信息共享等方式与员工沟通交流，同时要善于通过网络、驾驭网络、善用网络，以达到最佳沟通效果。

第四，提高个人修养，修炼格局和境界。领导者要有兼听则明的意识、广纳善言的愿望、听得进不同意见的胸怀，善于倾听，勇于纳谏，鼓励说真话，形成知无不言、言无不尽、言者无罪、闻者足戒的良好氛围。

第五，升维沟通素质，学会换位思考。多听听大家的意见，及时调整策略。不是你所有的坚持都能够实现，而是学会适当让步，站在双方视角，在最优、次优中做权衡，动态调整。既要避免无效的沟通僵局，又要坚持清晰的目标。

四、求真务实与守正创新

领导者要有洞察力和创新力，具有卓越的业务判断能力和聪敏的直觉，寻求多样化的视角，挑战自己的观念，即使遭受挫折，依然勇于面对挑战，从不气馁；要瞄准国内外同行中最佳的水平，求真务实，开拓创新，以求真而远大的目标规划战略发展。

求真务实，实事求是。求真务实是领导力的基石。求真，就是探究真理，悟得真谛。务实，就是真抓实干，务求实效。既要仰望星空，又要脚踏实地。

内涵发展，提升质量。内涵发展是深层发展。内涵发展以提高质量为核心，把质量视为发展的生命线。提高质量，就是回到本质，强本固原。

只有外力与内源并重、传统与变革并重，才能真正步入可持续发展的轨道。以学校发展来说，就是要不断提升教育质量，让学生享受到优质的素质教育，为学生终身发展做准备。仅仅为了升学而教，不是真正的素质教育；但要为学生的升学做好准备，让学生通过努力学习，升入理想的大学继续深造。这两者不可对立起来，要有机结合，相辅相成。要解放思想，放开膀子，积极推进素质教育，调动学生的学习积极性，让学生的潜能充分发挥，使学生在素质提升的基础上，也能够实现升入理想大学的梦想。事实上，只要学生的内在动力生发起来，只要教师的工作积极性调动起来，只要科学安排好教育教学工作，只要正确处理好两者的关系，是可以获得双丰收的。根据我做教师和校长的实践和体会，这两者是可以统筹兼顾、相互成全、水到渠成、两全其美的。从某种意义上来说，当我们完全为了学生的健康、幸福和发展，当我们认真研究教育教学规律，当我们的教育教学水平足以为学生提供优质教育的时候，优异的升学成绩只是素质教育的副产品。真正使学生受益终身的，除了学生能够进入理想大学继续深造之外，更重要的是我们为学生终身的幸福成长打好了根基。扎根中国、融通中外、立足时代、面向未来，是办学的基本原则。扎根中国办教育，不能全盘西化，但要融通中外；不能脱离现实，又要面向未来。要站在时代的制高点上，站在中外教育融合的交汇点上，站在现实与理想的结合点上，来谋划学校发展。

求真务实，就要以实践和效果作为检验标准。优化过程管理，精益求精，达成业绩。领导者要关注工作中的关键决定条件，确保工作质量。对于作出突出贡献的人要大力表彰。质量效益为本，要求员工认真负责，但只是认真负责不是财富，还必须有效益，必须融于集体主义之中。倡导做好本职工作。保证组织与文化的统一，思想教育不能放松。管理是一种实践，其本质不在于"知"而在于"行"；其验证不在于逻辑，而在于成果；其唯一权威就是成就。

稻盛和夫说：如果企业经营不顺，那既不是干部的责任，也不是员工的过错，就是领导者不坚守正确价值观和思维方式所致，除此并无其他。所以，坚持正确的价值观和正确的思维方式至关重要。其中特别重要的就是发展战略应该与国家发展战略密切相连，为国家发展战略服务。在推进在中国式现代化的进程中要善于把握机遇，对持续发展作出战略部署。

坚持创新在现代化建设中的核心地位，已成为重要发展方向。与此相关的是科教兴国战略、人才强国战略、创新驱动发展战略。事业的进步离不开创新。人工智能突飞猛进，人工智能教育势在必行。我们应该有长远的眼光。我做校长时，特别注重人工智能教育，把课堂开到了大学和科研院所，组建教师团队和学生社团，聘请科学家和专家进行指导。许多学生对人工智能研究很感兴趣，青少年时期是创造发明的黄金阶段，在这个年龄阶段对学生进行科技创新教育和人工智能教育，事半功倍。抓住这个机遇，进行人工智能教育，就是在为提高国家未来的自主创新能力培养人才。现在很多大学设立了人工智能学院，人工智能学院招收的学生最好在中学就要有人工智能研究的经历。而此前我带领师生在学校大力开展人工智能教育，设置人工智能课程，设立人工智能实验班，就是为了尽早让学生研究并体验人工智能。这证明抓住战略发展机遇，可以为学生赋能，为学校赋能，为未来赋能。

守正创新，是在未来世界生存发展的唯一理由。守正，即涵蓄传统，强本固元；创新，即与时俱进，开拓进取。守正创新，是发展的不竭动力，要始终保持虚心学习、积极探索、勇于创新的作风，在研究中创新，在实践中创新，在创新中追求卓越。守正和创新是辩证的统一。事业的发展是薪火相传的过程。在实践中，一切人类优秀的传统，一切中华文明优秀的品质，一切宝贵的发展经验，都应得到继承与发扬。尊重传统，实事求是，恪守正道，在此基础上探索现代发展模式，形成先进的理念和环境，从超越中实现卓越。

热爱是创新的动力和源泉。创新体现在各个方面：理念和模式需要创新，方法和手段需要创新，体制和机制需要创新。走创新发展之路，要重视科学研究，在实践中研究，结合实际问题研究；要增强活力，凝聚智力，会集优秀人才，集思广益，实现人才资源的最佳配置。

五、把握规律与善谋全局

伦乔尼认为：核心价值观的确立是领导者花了较长时间慎重确定的一系列基本遵循和战略上合理的坚定信念，并用自己的身体力行推广给组织中的人们。因此，战略领导要善于虚实结合，坚持顶层设计和基层行动相结合，思想信念与求真务实相结合。

顶层设计重在求真，具体落实重在务实，求真与求实相结合，务虚与务实相结合，要有务虚和务实两种团队。高层是要出智慧的，要有高层次的智囊团，高层要有格局和谋略。基层是要求绩效的，基层都是务实的，不能务虚。

务虚的人干六件事：一是把握方向，提出远景规划。二是审时度势，制定发展战略。三是研究探索，提出改进措施。四是慧眼识才，正确选人用人。五是评价激励，激发工作活力。六是带头学习，引领发展方向。务虚要秉持开放精神，贯彻民主决策机制。

务实的人要有行动力。务实贯彻的是管理机制，强调实际效果，以实践和效益作为检验标准，优化过程管理。

战略领导力要善谋全局。局限性思考只会带来局限性结果。领导者要提出并阐明大局策略，由此激发好的结果。

长期主义已经成为一种共识。面向未来的事业，需要远见卓识。具有远见卓识的人，从不与烂人烂事纠缠而因小失大。

有一则寓言故事：一头骆驼，在沙漠里行走时不小心踩到一块碎玻璃。它很生气，于是抬起脚，狠狠地将碎片踢了出去。结果不小心将脚掌划开了一道深深的口子。鲜血的味道引来了空中的秃鹫和附近的野狼，它仓皇逃跑，最终闯入了一处食人蚁的巢穴，被一大片蚂蚁团团围住。临死前，它后悔地想：我为什么要跟一块小小的玻璃较劲儿呢？有远见的人，有大追求，时刻不忘自己的使命，绝对不会被无聊的烂人烂事绊住手脚。

不谋万世者，不足谋一时；不谋全局者，不足谋一域。要以广博的视野，创造未来。要以崇高的信仰为灵魂，以中国文化为根基，融合世界文明的精华，形成一种新文化。要热爱祖国，做中国文化的继承者和传播者；同时又兼具世界意识、国际视野和跨文化沟通能力，塑造具有家国情怀和国际视野的优秀领导力。

未来需要创造。面向未来要从长计议。过去是增量竞争的时代，未来是存量竞争的时代，增量竞争靠速度，存量竞争靠品质，要通过不断努力，提升质量和品质。

机遇与挑战同在，要善于化挑战为机遇，抓住发展的战略期，追求成长的最大化。要树立发展愿景，建立起信赖感，瞄准奋斗目标，激发拼搏精神。同时，要审时度势，善于抓住发展的每一个战略机遇，重点研究，重点突破，顺势而为，因势利导。

就校长领导力来说，要有聪敏的洞察力，能够抓住战略机遇。课程改革和高考改革，既是挑战也是机遇。我做校长时，经常跟老师们讲，学校在改革中一定要力争上游，勇争第一，作出最优方案，因为这个方案不仅管一年，而且管三年；不仅管现在，而且管长远，关系到学校的发展。怎么做到最优化设计？我组建了一个研究团队进行攻关，这个团队中有专家、有博士、有资深教师、有一线教师，集合了优秀的人才。我带领团队深入研究，广泛调研，征求建议，制订了科学完善的方案，学生的几百种选课需求都能得以满足，而且作出了最优化配置，为学生的进一步学习奠定了坚实的基础，所以高中毕业时学生取得了非常优异的成绩。这样的机遇，抓住了会领先，抓不住就会落后。学校发展过程中经常会遇到各种挑战，挑战也是机遇，要善于把挑战化为机遇。当前，学校要研究线上与线下有机结合的融合教育。线上教学怎么开展，这个问题要认真研究。线上学习正在成为学生获取知识的重要渠道。线上线下融合学习已经或正在成为一种新常态，特别是现在的学生，是喝着互联网的水长大的，在这方面有天然的优势。融合教育能不能大幅度提高学习效率？运用得当，是能够有力促进学习效率提升的。如果我们探索的步子再大一点儿，对学生的解放再大一点儿，对学生自主学习的能力培养再强一点儿，如果学生的自学能力真正提高了，通过线上和线下相结合的教学，是不是学生两年就能学到三年甚至更长时间才能学到的知识呢？那么，学制是不是可以弹性一点儿？学生自主学习的时间是不是可以更多一些，自主学习的空间是不是可以更大一些呢？我们要善用一切可以利用的科学手段和教育方式，促进学生的自主学习和自主教育的真正实现。因为真正的学习是自主学习，真正的教育是自主教育。

就教育领导力来说，抓住机遇发展有两个基本出发点；第一，为了学生成长。如果一切为了学生的健康幸福和发展，就会顺风顺水，水到渠成。第二，为了国家发展。在新一轮科技革命中，如果自主创新能力提升了，国家就真正富强了。自主创新能力的培养要从娃娃抓起。为国育才，通过人工智能教育为国家培养一大批科技创新人才，科教兴国战略才能真正实现。

领导者要善于把握规律，心智模式要持续精进，学习力要持续提升，视野要不断开拓，思想要持续升维。要勤奋专注，精进迭代，从自发向自觉，在实战中修炼，从优秀到卓越，塑造战略领导力。

领导力的高度与自我迭代，决定着组织的持续进化与提升。领导力是带领团队实现理想目标的能力，是把握全局、统筹协调的能力，要以终为始，以果为因，统领全局，融通要素，形成最佳组合，运筹帷幄之内，决胜千里之外。

卓越的领导者带有强烈的成功愿望，热爱所从事的事业，以深刻的思考制定方针，以敏捷的行动带领队伍，目标明确，持之以恒。

领导者要善于建立良性的场域，了解人性，又不纠结于人性，更不为人性牵着走，而是驾驭人性。

领导者要明白，没有完美的人，也没有完美的组织。要善于化不利为有利，调动一切积极因素，瞄准结果，明确目标，量化工作，严谨过程管理，善于激励下属。管理的本质是激发善意和潜能。

作为领导者，要构建自己的管理模型，形成好的文化氛围，创造好的环境。好的环境让坏人变好，反之亦然。

好的环境，依靠好的制度。好的制度保证秩序和公正，没有好的制度，将是一片散沙。好的环境，要有好的文化。以文化人，以文育人，好的文化可以使人变好，提升团队活力。

领导者思想要深刻，看透问题的实质。对人性深刻认知，对规律深刻把握，对事物深刻理解。一分钟把问题本质看透的人，比一年都无法看透事物本质的人要更加深邃。领导者要冷静理性，既有个人思想人格，又要超越自我、追求无我的境界，勇于承担责任，善于自我反省。同时，要善于识人，有时候要看破而及时破解，有时候要看破而不说破。不说破而又不怠惰，而是将计就计，调兵遣将，布局调整，防患于未然。

六、大质量体系与融合思维

质量是最大的自尊心。现代企业要强调质量，将数字化、智能化融入产品实现全过程，致力于构建大质量管理系统。

华为明确提出要以质取胜。《华为基本法》明确指出："我们的目标是以优异的产品、可靠的质量、优越的终生效能费用比和有效的服务，满足顾客日益增长的需要。"

什么是大质量管理体系？任正非对此有深刻阐述。他认为，资源是会枯竭的，唯有文化生生不息。他说："迪拜是没有一滴油的沙漠，现在比阿联酋还出名，这就是文化造就沙漠上的井喷。"为此，"华为公司也要加强质量文化的建设。目前公司在质量问题上的认识，仍然聚焦在产品、技术、工程质量……这些领域，而我认为质量应该是一个更广泛的概念。我们沿着现在的这条路，要走向新领域的研究，建立起大质量管理体系"。

质量是生存的基石。一切以效率为中心，以质量为生命线。要把客户要求与期望准确传递到整个价值链，向客户提供高质量的产品、高水平的服务。

将"一次把事情做对"与"持续改进"有机结合。建立全方位的质量管理与激励机制；对于真正优秀的专业人才破格提拔，让优秀的专业人才在各自的领域创造更大的价值；建立以客户为中心的高效组织，广泛听取客户意见，把客户最关心的东西变成改进的动力。

任正非说："以规则制度的确定性来应对不确定性，争夺大数据流量时代的胜利。"精进笃行，臻于至善，能屈能伸，和颜悦色，卧薪尝胆，自强不息——任正非的极限生存思维、创新战略思维，尤其是华为的大质量管理思想与体系，具有深刻的启示价值。

提升校长领导力，要建立大质量管理体系。学校的大质量管理体系要着眼于学校文化的建设，树立使命愿景和价值观，摈弃功利思想、短期主义、短视行为，坚持立德树人，为国育才，文化引领，守正创新，构建大质量治理体系、大质量课程体系、大单元教学体系、大视界育人体系、大跨界学习体系，培养有家国情怀、世界眼光的时代新人。

发挥战略领导力，要具有融合思维。这是一个新的时代，历史之变、时代之变、世界之变加速演进。社会形态越来越复杂，时空观念发生了巨大变化。这是需要融合型领导力和服务型组织的时代。企业家需要复合灰度领导力，领导者需要更多综合性能力，组织需要混能和全能，以应对错综复杂、瞬息万变的局面。因此，领导者需要具备有机融合性思维。

第一，一要生存，二要发展，三要领先。

当今时代，保守主义不失为一种生存法则。生存就是硬道理，但仅仅求生存，可能连生存也不能保证，所以应该求发展。

只有发展才是生存的理由，从这个意义上说，发展才是硬道理。要发展，就要奉行长期主义，找准方向，进行长期投入，寻求创新成长。

在竞争激烈的时代，仅仅是一般性经营，很可能被淘汰，只有头部企业才有更好的发展空间。优胜劣汰是这个时代以及未来社会的基本法则。所以，要想更好地生存和发展，必须领先于时代，必须适应科技的飞速发展。

保守主义与长期主义并存，是当今时代的明智选择。因此企业一方面要保持充足的现金流，保证活下来。另一方面又要紧缩开支，集中优势兵力，加大对科技自主创新的投入，开拓创新，寻求发展。科技的发展日新月异，科技是第一生产力，要努力寻求硬科技＋可持续低成本领先，只有这样，方可立身于世、生存发展，引领未来。

第二，一要正视丛林，二要寻求合作，三要互利共赢。

丛林竞争法则就是适者生存，优胜劣汰。面对竞争环境，不得不躬身入局，在竞争中求生存。但竞争不能是两败俱伤，实现可持续发展，最好的出路还是合作。只有合作，才能形成合力。吹灭别人的灯，并不能使自己更亮。特别是在数字化时代，必须要走生态协同发展之路，培育跟环境相适应的核心能力，既不失自我又放大自我，川流不息，奔流入海，在合作中实现互利共赢。

第三，一要守正，二要创新，三要超越。

既要坚守正确的传统、事物的规律、人间的常识，走正路。又要开拓创新、创造价值，走出连续性成功陷阱，走新路。创新需要尊重个性，需要开放包容，需要敢为人先，需要自我超越。只有超越自我，才能不断提升领导力的层级水平。

第四，一要务实，二要务虚，三要虚实一体。

务实方能有实绩，务虚方能有蓝图，虚实一体方能游刃有余。

互联网时代，网上的世界和现实世界互相交织，人们出入于虚拟世界与现实世界，生活和工作形态多元而立体。未来世界更是虚实融合，没有绝对的实体，也没有绝对的虚拟；有更多的线上运营，也有众多的线下经营，可以说是虚实结合。因此，在人工智能时代，要基于数据和算力，利用互联网的优势，以大幅增加效益。

第五，一要依靠人力资源，二要利用人工智能，三要发挥人类智慧。

未来是人机共存的世界。碳基人和硅基人将共同生存、共同生活、共同工作，因此要实现碳基人与硅基人的共生共创。

第六，一要有边界，二要无边界，三要共同体化。

庞大的组织，其组织控制力已经不像从前。脱离于实体组织的人将会越来越多，个体经营者、个体执教者、个体研究者、个体工作者，将会大量涌现。实体组织控制力看似强大，却在逐步弱化。新型组织既专一又混合，理想的方式应该是实行共同体化。

第七，一要集中配置资源，二要平台赋能，三要灵活机动。

集中配置资源有利于集中力量办大事，有利于发挥举国体制的优势。同时，青年人更喜欢赋能于自己的领导者，因此提供平台化赋能，重视一线作战能力，让组织更轻、更灵活、更具创新活力，是领导力的重要体现。

第八，一要统一思想，二要尊重个性，三要激发活力。

既要统一思想，又要尊重个性；既要集体合力，又要个体力量；既要汇聚能量，又要激发个体活力。既要领导力的权威，又要赋能型领导；既要有魅力的领导，又要淡化威权，尊重专家，尊重常识。要由颐指气使转为为人民服务，由突出个人转为赋能众人。上上人有下下智，下下人有上上智，这是领导力智慧的其中要义。

第九，一要扎根中国，二要融通中外，三要面向未来。

扎根中国大地，汲取中国智慧，具有全球视野，融通中外精华，融入全球文明，面向未来世界，修炼身心灵，培养全球胜任力和领导力，提升格局和境界。

以上有机融合思维，其核心思想是因果观念和中道法则：因果观念启示我们，万法皆空，因果不虚；上士畏因，下士畏果。要敬畏因果，在因上发力，在果上收获。中道法则启示我们：要中道而行，道法自然，不为已甚。致中和，天地位焉，万物育焉。

七、核心竞争力与跨界战略创新

普拉哈拉德和哈默尔提出的核心竞争力（Corecompetency）概念在战略运筹中得到广泛重视。核心竞争力指能够直接带来突出竞争优势且竞争对手短期内难以模仿的资源或能力。

战略决定成败。即使形势变幻莫测，未来具有不确定性，战略仍然具有决定性意义。战略决策能力是领导力的重要体现，是获得成功的关键所在。没有战略思维、不懂战略管理，就不具备好的领导力。好的领导者应该围绕战略思维、战略决策、战略解码和战略落地等四个方面提升战略思维力和行动力，成为真正能够运筹帷幄的战略领导者。

好的战略不仅仅是停留在愿景目标与口号上，而是应扬长避短、集中资源、实行具有前瞻性和系统性的策略。真正的竞争战略，意味着采取的行动会给对方施以极大的应对成本，在此期间能保持自己的竞争优势。

制定战略往往要面临决策取舍问题，战略制定如果没有轻重缓急和主次矛盾之分，变成什么都重要什么都想要，资源均摊，策略模糊，就无法作出正确的决策取舍，因此好的战略需要极强的胆识和魄力。

"做正确的事"比"正确地做事"更重要，也就是战略清晰比战术勤奋更重要。苹果当初濒临危机，乔布斯回归大幅削减产品线是极强能力的体现。英特尔放弃DRAM业务转攻微型处理器也是安迪格鲁夫的魄力使然。华为的三次战略转型成功是体系化的结果，是深度思考的成果。

第一阶段：华为通过体系化的分析逻辑，发现整体市场趋势是越来越以客户为导向、关注客户的需求，而不是闭门造车的创新。自此华为由技术导向转变为客户导向，大幅拓展了市场空间。

第二阶段：华为立足全局，梳理关键问题，发现关键问题是国内市场占有率已高达40%，需要拓展市场空间。所以华为选择在海外市场发力，从国内走向国际。

第三阶段：华为由传统的 to B 转型到更多的 to C 领域，但并没有止步于此，而是进行系统化转型，搭建整体生态。

事实证明，华为的每一次转型都是成功的，这是华为战略层面深入思考的成果。战略的本质就是运用一切条件创造出以多打少的态势。要集中力量连续发力，直至突破。要由点及面，积累优势，扩大优势。要善于联合，联盟明日之敌，攻击今日之敌。要避免陷入两线或多线作战。要运用各种方式，使敌人陷入多线作战、疲于奔命的状态。要在局部创造出绝对优势，以多打少，以众凌寡。要集中优势兵力，以消灭敌人的有生力量为目标。要重用人才，实施人才驱动战略。战略性的政策必须有连续的行动力。要抓住主要矛盾，每个阶段最重要的问题只有一个，解决主要矛盾，其他矛盾迎刃而解。要重视大迂回战略，以迂为直，以远为近。要远交近攻，保持胜利果实。内部团结统一，强壮自己的力量，是战胜敌人的根本。

跨界战略驱动可以跨越式增长。跨界战略创新的要义：一是推陈出新。跨界战略创新要打破旧观念、旧传统、旧界限，破而后立，这是跨界求新的战略起点。二是异质融合。异元碰撞、融合、重构，这种异元创新不仅来自不同行业、不同板块，还有不同人群、不同文化、不同思维等，是在事物的不同之中寻找一条创新的共通之道。三是跨越式成长。跨界战略创新是一种战略层面的变革式创新，有利于实现跨越式成长。

跨界战略创新的战略要素：一是内核驱动：内核驱动要素包括思想文化、资源整合、产业优势、组织体系、公共关系、商业模式等，是跨界创新成功的基石，是整体战略运行的驱动力之源。"内核驱动"决定可以进行何种方向的跨界。二是互联互通：这是驱动战略成功的联动机制。关联度越强，跨界创新支撑力就越强，跨界战略成功的可能性就越高。云南白药作为拥有百年历史的药企，跨界到关联度较高的日化牙膏大健康领域，就取得了跨界战略的成功。三是跨界赋能：这是一种赋能式创新，就企业发展来说，跨界战略可以助力企业实现品牌体系赋能、产品体系赋能、营销体系赋能、传播体系赋能、文化体系赋能、模式体系赋能等六个维度的赋能创新，从而增强超越性竞争优势。

战略指引前进的方向，是做大做强的核心引擎。真正的好战略能实现跨越式发展。好的战略需要深入且持续的思考，如果只想着做短期获利的事，没有兴趣和动力真正思考实质问题，就不会有好的战略涌现。要深入思考过去的成功是怎么来的，未来的成功怎样才能实现，对未来的发展路径提出明确的战略构想，把复杂问题简单化，坚持长期主义原则，保持基业常青！

第三章
系统领导力

系统是世界上万事万物的关系所形成的体系。身处特定时空中，就是身处融汇历史、现实、未来于一体的大系统中。系统从根本上说，是一种道统。系统观，就是从大处着眼，从内在规律入手，进行深度探索，从而形成一种大境界。得其大者，方能兼其小。具有系统观念，才能把握全局、统筹兼顾，在复杂微妙的关系中从容不迫、运筹帷幄。具有系统思维，才能在系统推演中理解现实，在系统进化中预测未来。战略眼光既是站在现在看未来，又是站在未来看现在。因此，高维战略眼光离不开整体性系统思维。

领导力从根本上来说，取决于自己的信仰和智慧，这种信仰和智慧特别表现在重要时刻对大局势和大方向的系统理解与把握上。

世界上的一切事物都要遵循规律。系统是世界上的万事万物以及相互之间的关系所形成的体系。身处一定的时空中，就是身处时代的大系统中，所以，要有一种着眼全局的系统思维。

系统思维是一种大智慧。从根本上说，系统是一种道统。系统观，就是从大处着眼，从内在逻辑入手，从探寻规律开始研究，从而形成的一种大境界和大视野。

得其大者，方能兼其小。具有大思维、大视野，才能把握整体，深入具体，统筹兼顾，整体关照，形成大局观。

时代的变化是大势。因势利导，顺势而为，抓住新的时代机遇，戴上系统思维的望远镜和显微镜，才能既高瞻远瞩，又参透精微，透过迷雾看到长远，透过表象看清本质。

只有深刻理解关系以及关系背后的内在逻辑，才能在复杂的系统中从容不迫，运筹帷幄。以商业模式来说，商业就是利益相关者的交易结构。从系统思维来看，如今的商业逻辑特别重要的就是流量。理解了这一点，就可以由此推演到整个系统中，哪里流量大，哪里就会旺盛，哪里商机就会多。因此，移动电商、社群经济、网红经济、直播带货等互联网经济，成为这个时代的红利所在。

用系统观念来思考，不但能在复杂的系统中理解当下，还可以预测未来。战略眼光，既是站在现在看未来，又是站在未来看现在。战略眼光离不开系统性思维。

没有系统性思维，再多的信息也只是琐碎的堆砌。真正的系统性思维来源于实践与理论的结合。在实践中摸爬滚打，体验提炼，这样所得出的系统理论，才能既了解宏观，又了解微观；既了解整体，又了解细节；既了解框架，又了解过程，领导力自然会得到提升。

一、一种大智慧

智者胸怀天下，把握全局。如果领导一方，则一方之全体皆尽收眼底，自然也会运用系统思维领导一方。智者脑海中，不仅积累了许多细节，更有许多系统。智者不仅仅满足于细枝末节，更会深度思考，总结提炼，形成系统思维体系。因此，智者处世，游刃有余。

智者有开阔的思想维度，并能融会贯通。芒格认为，科学决策需要理解不同学科的核心概念，将不同学科的思维模式联系起来，建立融会贯通的系统，形成最佳投资决策模式。系统思维，整体融通，是聪明智慧的领导力。芒格强调："要努力学习，掌握更多股票市场、金融学、经济学知识，但同时要学会不要将这些知识孤立起来，而要把它们看成包含了心理学、工程学、数学、物理学的人类知识宝库的一部分。用这样宽广的视角就会发现，每一学科之间都相互交叉，并因此各自得以加强。一个喜欢思考的人能够从每个学科中总结出其独特的思维模式，并会将其联想结合，从而达到融会贯通。"

融会贯通就是系统性思维。推动创新发展，先系统地从上到下、从左到右、从里到外，认真思考，既见树木，又见森林；完成之后要深刻反思，进行抽象和提炼，建立起系统，并在实践中验证系统的合理性。这是一个不断实践、学习、思考、提炼的过程，也是从点、线、面到整体的进化过程，是系统领导力提升的必由之路。

现实之中系统的本质是什么？是指一组相互作用、相互关联、相互依赖的要素组成的复杂而又统一、矛盾而又和谐的系统。系统由部分组成，但又拥有各个单独部分所不具备的综合性质。系统有相对的特性，又有不断变化的特点，系统是不断运动变化的生命整体。

一个系统是一个有机的整体，包含要素、要素之间的关系、要素之间的连接、系统的结构、原理与机理、价值与功能等。

以学校系统为例说明：一个学校的系统包括学生、教师、领导三要素，这三要素之间的关系是教育的内在关系，三要素的连接构成学校的运行机制、形成学校的文化机理，这个机制与机理中体现学校的价值体系、治理体系、课程体系、创新体系，蕴含着学校的文化，彰显着学校的育人功能，由此形成学校的有机体。再配以学校的资源、校舍、网络，以及学校与家庭和社会的关系等各种要素，就形成了一个具有强大惯性力量的教育生命体，从而成为一个综合性的学校教育生态系统。

一个系统，如果使命、愿景和价值观、体制结构和运行模式符合规律，这个系统就是一个稳中有升的生态系统。有的系统，发展到一定阶段会出现混乱和失衡。一方面是因为系统不能适应外部世界的变化发展；另一方面是系统内部出现了问题。由此可见，一个系统要想长治久安，与时俱进，必须有自我更新和涅槃重生的能力。更为重要的是，系统内部的核心和体制必须合理。也就是说，一个系统必须是正义的、科学的、符合事物发展规律的，这个系统才可以持续发展。

这就好比一个人的生命，灵魂纯净，精神和谐，身体健康，身心灵俱佳，才是一个美好的生命！

大音希声，大象无形，无为而治。为此，就需要建立系统，优化系统，与时俱进，守正创新，顺应大势，适时重置系统，使系统健康运行，不断完善，动态优化。实现系统的动态优化，需要建立休戚与共的命运共同体和互相学习的智慧共同体。实现系统的动态平衡，需要打破障碍，去除傲慢与偏见，冲破束缚与封闭，抛弃自负与自恋，避免自卑与自闭，摆脱枯燥与焦虑，将他人视为同自己一样有智慧的人，以更加包容的心态和开阔的视野，学习新知，吸纳新智，完善优化，使系统的运行更加科学、健康而完美。

谋大事者，必谋全局。要达到这个境界，需要整体意识和系统思维！

二、系统与系统性思维

人的素质与能力，其内核是思想与思维，要做有思想的领导者、有高品质思维的领导者。系统性思维是一种高品质宏观思维。事物变化与发展过程中的问题有三种：线性的、非线性的、系统性的。线性的问题，可以用线性思维解决。非线性的问题，可以用结构化思维解决。但现实中，往往场景更复杂，因果关系更隐秘，用线性推理和结构化思维很难抓住问题的关键。这就需要站在更高的层面，以宏观思维和系统眼光去研究和解决问题。

清末的统治者努力维护封建统治体系，大清还是灭亡了。大清的灭亡，原因是统治阶级腐朽没落，悖逆了世界潮流现代化的大趋势。可见，任何一个系统要想生存发展，必须顺应大势。

常见的治理问题、经济问题、教育问题、环境问题等，都需要上升到系统层面去思考。如果缺乏系统性思维，就容易出现只顾眼前，不看长远；只看表面，不看本质；只见树木，不见森林；头痛医头，脚痛医脚的现象。

一个问题的出现，其根源往往不在于这个问题本身，而在于它背后所存在的系统，它只是这个系统的一种表现。应该优化这个系统，从根源上解决问题。这样的思维就是系统性思维。

人是系统里的人，问题也是系统里的问题。再强大的个体也比系统脆弱。人的有限性和盲目性客观存在，人们看到的往往是局部而非整体。

系统有三大特性：适应性、层次性、自动性。

一是适应性。即要素间的相互影响会形成回路关系。增强回路一旦形成，这个回路就会自我强化，直到系统的上限，这时候就需要调节回路来加以协调。

二是层次性。层级是一种空间关系，表现为系统的结构。层级分上下，上层主导下层，下层决定上层。顶层设计指的就是从系统层面去设计结构。好的结构会让信息流和物质流在各层级高效传输。

三是自动性。当一个系统的要素、结构、目标设定好，这个系统会朝着目标自运转。社会是一个大系统，每个人都是要素。如何不被裹挟着走，独立自主，这是一个大学问，需要明确大势，因势利导，顺应大势，乘势而上。

当前，世界越来越去中心化，我们所处在的系统也越来越复杂。只有以系统性思维来研究，混乱复杂的环境才会变得清晰和有序。

高度不一样，境界和格局就不一样。人若没有高度，看到的都是问题。人若没有格局，就不可能有卓越的领导力。培养系统性思维，要有高度、跨度、深度、长度。

高度，即登高望远。欲穷千里目，更上一层楼。要站在更高维度去观察和思考问题。

跨度，即超越局限。当局者迷，旁观者清。从局限中超脱出来，以上帝的视角去观察和审视，更容易看清事物的本质。

深度，即具体而微。先看整体再看部分、先看全局再看局部、先看宏观再看微观。

长度，即放大时空。把事情放在更长的时空去考量，坚持长期主义思想。看清实物从哪里来，到哪里去；哪些是变化的，哪些是不变的；变化的现象是什么，不变的道是什么。

系统性思维的好处在于：改变一个点，可以改善整个系统的状态。但系统性思维不容易练成，需要阅历、体验、思想、智慧、见识、眼界、悟性来滋养。

三、领导力的三维进阶系统

领导力水平的进阶系统，主要有三个层次，即实践层次、文化层次、规律层次。

一是实践层次。领导力必须具有丰富的实践经验，这是领导力的能力层次。实践层面的实用能力，包括机制建设、管理艺术、绩效导向、用户意识、责任管理、安全管理、时间管理、成本管理、信息化管理等。

二是文化层次。文化是根深蒂固的价值观，文化决定领导者的行为习惯和思维方式，这是领导力的素养层次。领导力的文化素养主要包括：视野开阔，胸怀全局；追求卓越，积极上进；勇于担当，充满信心；与人为善，信任尊重；团队合作，善于激励。欲成大树，莫与草争；将军有剑，不斩草绳；遇到烂人，及时止损；遇到烂事，及时抽身。

三是规律层次。总结普遍规律，优化领导力水平，这是领导力的智慧层次。高度不同，胸襟不同；人若没有高度，看到的都是问题；人若没有格局，心中全是鸡毛蒜皮；自度是一种能力，度人是一种智慧。

以上三个层次，在领导力系统中的体现，不是截然分开的，而是相互融合，呈现出一种整体性。

整体推进是一种统观全局的整体性战略，是系统领导力的重要内涵。整体推进，既有实践体系，又有文化体系，还有规律层面的深层思维。这种思维是辩证思维、创新思维、底线思维、前瞻性思维、全局性思维、整体性思维。

在此谨以教育发展创新的系统思维来进行说明。教育发展与创新的思维是方向性思维，是关于前进方向和发展道路的宏观思维，是关于培养什么人、为谁培养人、怎样培养人的本质思维。

教育守正创新，就是要守科学之正，守真理之正，遵循教育规律和学生成长规律，同时以满腔热情对待一切新事物、新理念、新探索，以新的理论指导新的实践。

具体到学校教育，就是要珍惜学生的天性、个性、灵性、创造性，爱护学生的好奇心、自信心、探索精神，启发创新思维，包容奇思异想，鼓励学生勇于创新，形成一种开放包容、富有养分的学习氛围。

人是教育存在的唯一理由，因而也是教育的中心。育人是教育的使命。教育要培根铸魂，启智润心，培养道德心，培育文化根，塑造中国魂，培养好奇心、自信心，培养生命力、学习力、创新力，培养德、智、体、美、劳全面发展的优秀人才，培养担当中华民族复兴大任的时代新人。

发展素质教育，要提高课堂教学水平，提升学校育人品位，让学生有更多的课程可以选择，形成课程、课堂、活动三位一体，学校、社会、家庭、互联网四位一体，德、智、体、美、劳五育并举的高质量育人体系。

学校建设高质量的人才成长体系，宗旨是为了人生的健康、幸福和发展，为了实现中华民族的伟大复兴，为了促进人类的进步与福祉！其中包含：

一个根本：立德树人：文化引领，教书育人。

两个规律：教育规律和人才成长规律：道不远人，循道而行。

三种思维：战略思维：本质为何，时空如何，从何处来，向何处去；哲学思维：科学的世界观与方法论；系统思维：尊德性而道问学，致广大而尽精微，极高明而道中庸。

三种体系：价值体系：理念、愿景、价值观；治理体系：以人为本，守正创新；育人体系：五育并举，全面发展。价值体系是方向，治理体系是机制，育人体系是生态。

四种生态：文化生态：仁、义、礼、智、信；创新生态：面向未来，开放融通；课程生态：以人为本，共生课程；学习生态：启迪智慧，学会学习。

四、系统领导力的基础性要素

系统领导力的构成要素。Chapman（查普曼）和 O'nell 在《发现，然后培育你的领导力》中提出了一个经典领导力的形成模式，该模式包括六个要素，即充满理想色彩的使命感、果断而正确的决策、共享报酬、高效沟通、足够影响他人的能力和积极的态度。这六个要素中，最为关键的基础性要素，就是充满理想色彩的使命感。思想和理想决定领导力的高度，使命感是领导力的精神源泉。领导力的本质是发动人、团结人、激励人、引领人、影响人，凝聚人心要有理想和情怀，要有以天下为己任的神圣使命感。以教育领导力来说明，北京大学提倡"思想自由，兼容并包"，清华大学提倡"自强不息，厚德载物"，哈佛、耶鲁、牛津、剑桥、斯坦福、爱丁堡等世界著名大学，都是以崇高的使命引领学校的发展。

教育有一种神圣使命——培养良知和慈悯情怀，培养善良而智慧的现代君子。科技向善，教育向善，人心向善，才是人类进步希望之所在。学校是育人的地方：教书育人，使人变得更好；启迪心智，使人更有智慧；尊重个性，解放人的潜能；热爱学生，舒展人的生命；激发潜能，培养创新精神；全面发展，培育健全人格。幸福的教育要舒展生命，真正的教育是灵魂教育。爱是教育的灵魂，德是教育的根本，智是教育的源泉。

教育领导力体现在一所学校的发展上，首先要确立正确的使命，以高远的境界和开阔的胸襟，凝练思想，凝聚智慧，凝聚共识，凝聚力量，创造未来，实现美好的教育梦想。不忘初心，守正创新；立德树人，为国育才；扎根中国，融通中外；立足时代，面向未来。培养道德心，培育文化根，塑造中国魂。培养善良智慧的现代君子，培养担当大任的时代新人，培养心怀大爱的未来人才，培养生命力、学习力、创新力，树立世界基础教育的中国标杆，创建中国灵魂、世界眼光的未来教育。

就校长领导力来说，一位杰出的校长应该具有先进的教育思想、正确的教育理念、鲜明的教育风格、成功的教育实践、丰富的治学经验、深厚的文化修养、崇高的人生使命。人民教育家陶行知先生学问深厚、思想深邃，有杰出的教育思想和成功的教育实践，是一代教育大家。蔡元培先生任北京大学校长时，确立尚自然、展个性、思想自由、兼容并包的思想理念，革新北大，倡导崇尚学术与思想自由之风气，造就了北京大学气象，深刻影响着北京大学的教育。而北京大学的教育又影响着中国现代史的进程。蔡元培先生 1916 年 12 月 26 日出任北京大学校长，1919 年 5 月 9 日辞去北京大学校长职务。蔡元培先生"囊括大典，网罗众家"，强调"与其守成法，毋宁尚自然；与其求划一，毋宁展个性""教育者，非为已往，非为现在，而专为将来"。他注重健全人格的培养，认为："德育实为完全人格之本，若无德则虽体魄智力发达，适足助其为恶，无益也。"大力倡导体育："人的健全，不但靠饮食，尤靠运动。"高度重视美育："纯粹之美育，所以陶养吾人之感情，使有高尚纯洁之习惯，而使人我之见、利己损人之思念，以渐消沮者也。""美育者，与智育相辅而行，以图德育之完成者也。"蔡元培先生的办学成就，来源于其先进的办学思想。有什么样的思想境界，就有什么样的领导力水平。

耶鲁大学校长在 2020 年开学典礼上呼吁人类要有慈悯情怀和互助精神，这振聋发聩的声音，值得人们深长思之。可见，一位杰出的领导者，首先是一位杰出的思想者，有深厚而庄严的使命感。

五、领导力的柔性动态系统

领导力系统应该刚柔并济，既有固态又有液态，形成刚性系统与柔性系统有机结合、固态系统与液态系统相互配合的动态系统。

没有策划是战略的大忌，但完全按照策划来实现战略，也不可能是常态。

战略不可能是事先一次性的决策，更不可能是仅靠逻辑推导、凭空想象而作出的决策。一开始所能明确的，是总体的战略意图和大致的战略方向。

在动态的不确定环境中，更需要依靠对变化的敏锐感知、对未来走势的洞察而随机应变。

《孙子兵法》云："用兵之法，十则围之，五则攻之，倍则分之，敌则能战之，少则能逃之，不若则能避之。故小敌之坚，大敌之擒也。"毛泽东领导红军长征，"经常地转移作战地区，有时向东，有时向西，有时走大路，有时走小路，有时走老路，有时走新路，而唯一的目的是为了在有利条件下求得作战的胜利"。

随机应变，灵活机动。战争永远是不确定的，这对战争双方来说都是如此。所以，关键是谁能够尽量减少自己的不确定性，同时增加对手的不确定性。

如果一切都是确定的，战争就成了拼资源、拼实力、拼消耗。在这种环境下，弱者很少有胜出对手的机会。而在不确定的环境中，弱者反而可以充分利用不确定性所带来的机会，通过机动灵活的行动、虚虚实实的策略，给对手造成更大的不确定性，让对手发生更大的错误，使对手的整个作战体系陷入混乱，从而为自己打败对手创造条件。

真正的高手从来不排斥不确定性，相反会利用不确定性，甚至有意给对手制造更大的不确定性，由此把不确定性带来的收益发挥到极致。

要想做到这一点，就不能依靠常规的、线性的战略思维，战略思维必须是弹性的、开放的、灵动的、随机应变的。

在真正的战争中，形势永远是易变而不稳定的。正是因为形势的这种易变性，所以在真正的高手看来，任何失败都可能是一个潜在的机会，任何成功也都可能是一个潜在的风险。这就需要思维高度灵活，需要打造灵敏性组织，形成柔性灵活敏捷的适应性组织。长征的时候，红军在组织上最大的特点就是敏捷。指挥扁平化，机动应变能力极强。上下沟通效率极高，一线的信息可以迅速传到中央。让听得见炮声的人参与决策。商业管理中有一个著名的帕金森定律：随着组织规模的扩大，行政人员会越来越多，组织成员会越来越忙，而组织效率却越来越低下。再优秀的组织，一旦出现官僚化，就注定会走向平庸。

方向可以大致正确，组织必须充满活力。正如德鲁克所言，在动荡的环境中，一个组织"必须做到既能够经受住突如其来的打击，又能够充分利用突然的意外机会"。

这是一种典型的敏捷型组织，它可以随时在行动中调整计划和改变目标，可以适应多种作战环境、作战条件、作战形态，也可以完成多种作战任务。它具有强大的适应能力和迅速调整资源配置的能力。这样的组织，才能有效地应对各种不确定性的挑战。

六、领导力的七维技能系统

领导力不只是天生的基因带来的能力，而是基于内外因结合而产生的实践性能力。领导力的实践性技能，包括七维领导力技能。

推动发展能力。关注问题，识别分析，推动执行，追求成效，不屈不挠，不达目的绝不放弃，坚定不移地带领团队为取得成效而努力奋斗。

部署安排能力。关注资源调配，善于规划，学会分解，科学管理。一是科学管理：围绕目标，组织管理团队制订计划、分解目标，讨论和优化工作方案，保证效率，保障任务完整实行。二是资源整合：面对市场机会，合理配置人力、物力等资源，指导并带领团队以较低的成本达成目标。

沟通协作能力。以积极主动的思维方式和娴熟的沟通技巧，妥善处理与他人的关系，促成相互理解，获得更多支持。针对实际情况，运用恰当的策略方法，产生影响力，营造良好的内部工作氛围和外部合作环境，以完成任务。

选人用人能力。选才育人，慧眼识人，发现有潜力的员工，支持高潜力人才发展，组建高效团队，通过授权、激励等方式，充分发挥团队成员优势，促进团队合作。

驾驭局势能力。勇于挑战，拥抱变化，面对复杂多变的环境，具有驾驭局势的能力，统筹兼顾，主动调整，稳定局面，行稳致远，不断优化，不断超越。

风险防控能力。要有坚定的意志，坚决防控风险。要有敏锐的眼光，善于发现隐患，消除隐患，化解风险。具有底线思维，坚守原则，在大是大非问题上头脑清晰，绝不妥协以求暂时的所谓功利，绝不迎合不正确的所谓权威以求晋升，绝不冒进急躁，绝不突破底线。

总结提炼能力。总结反思，提炼规律，从实践上升到理论，从具体上升到整体，不断提高领导力水平。此外，高效领导者还应该具备专业技能、组织技能、设计技能、管理技能等多项领导力技能。

七、领导力的七维基因密码

如何识别一个人有没有领导力？领军人才的素质，即热忱、能力、思维、语言、内驱力、应变力和坚韧性。这七项要素是人才基因的真正密码。

热忱。杰出领导者具有满腔的激情，对趋势热情关注，富有感染力，描绘令人振奋的未来图景，乐观自信，对于新科技成果充满热忱，对事业充满热情，主动工作，充满活力，自觉带领全体员工勇于克服困难，让员工时刻感受到信心。

能力。领导力是一种场。气场越强，领导力越大。这种场源于一种巨大的能量，善作善成，求真务实，勇敢坚定，能力超群。想干事，能干事，会干事，干成事。渴望成功，以满足大众的利益为优先，能突破条条框框，积极创造新观念，积极开拓并寻求突破，积极探讨创造性解决方案，将精力集中于最大的事情上，坚持不懈，努力实现目标。

能建立具有凝聚力的团队，寻求合作机会；从多种来源提取信息作出更好的决策；信守诺言，行为正直，作出判断并果断行动。

能动员团队达到目标，能为组织带来持续的动力，优化团队的流程和结构，建立高效的人际网络与联系，开发优秀人才，发掘他们的最大潜力。

思维。善于动脑筋，识别内部联系的本质特征，抓住要害，高屋建瓴，升维思维，触类旁通，以点带面，深入浅出，能高度总结成简单易懂的概念，能创造接受新观念的氛围，传达清晰的方向感，建立一种开放共享的交流环境。

语言。富有感染力的语言对于领导力具有重要的价值。巴顿将军给儿子写信说："要成为优秀的战士，必须了解历史。你要不带偏见地阅读历史，至于日期或战术细节则大可忽略。你真正需要领悟的是：人如何对眼前的局面作出反应。武器在进步，而武器的使用者却丝毫未变。要赢得战斗，不仅要摧毁敌方的武器，更要摧毁其军士的意志和灵魂。"叩击灵魂需要思想的力量，语言是思想的直接现实，语言的作用不能忽视。

丘吉尔深知语言的力量。他在"二战"时发表演说，号召英国人民坚持抵抗法西斯侵略。他以其杰出的语言表达力赢得诺贝尔文学奖。给人类带来巨大变化的，往往是那些将语言视为行动的领袖，他们有语言天赋，通过语言来鼓励人。

内驱力。志存高远，目标明确。成就取决于成就导向和追求卓越的愿望。成就导向高的人自驱力强。

应变力。领袖要有随机应变的能力。随机应变能应对意外之事。

坚韧性。坚韧性是指能在艰苦条件下保持冷静和稳定状态，忍受痛苦和压力。风雨压不垮，苦难中开花。能在艰苦的环境中，克服困难干成事。能转化，以建设性的方式消除敌意，保证自己情绪的稳定，化压力为动力。坚韧性其实就是人生的厚度与韧度。

这七项素质的内在品质与逻辑关系：

热忱是一种态度：热情、敬业、勤勉、敏捷。

能力是一种实力：想干事，能干事，会干事，干成事。

思维是一种素质：善思考，会思考，有思想。

语言是一种素养：准确生动得体，富有感染力。

内驱力是一种志向：志向越远大，动力就越强大。

应变力是一种机智：随机应变，机智灵活。

坚韧性是一种力量：攻坚克难，坚韧不拔。

这七个方面反复锤炼，就构成了领军人才的基本素质：热情、积极、聪明，有强大的场，志存高远，随机应变，有坚韧不拔的毅力。

八、领导力的八维引领系统

领导是领人心，导方向。领导力大师约翰·科特说："管理是确定具体的计划，然后配备人员等资源，并监督和控制执行过程；领导则是确定长远的方向，联合群众朝着这个方向前进，并激励和鼓舞他们。"

八维领导力引领系统包括：启动、发动、行动、心动、榜样、挑战、创新、激励。

启动——使命愿景价值观。一个人要有使命感，使命是一个人的动力和源泉。一个团队要有共同的愿景，愿景是展望未来、令人激动的理想，感召大家为共同愿景而奋斗。团队形成共同的目标，有一致的理想，可以激发员工的热情，调动员工的积极性。

一位企业家感慨："参加世界经济论坛，世界 500 强的 CEO 谈得最多的就是使命和价值观。但国内的企业家很少谈使命和价值观。如果谈这些内容，他们会认为太虚。而今天的很多企业缺的正是使命愿景和价值观，这样的企业只会变老，不会变大。企业有好的使命愿景价值观，才能让人团结在一起，奋斗到明天。"

发动——共同启动理想和目标。领导者除了自己有愿景，还需要发动大家，因为实现一个愿景，完成一个目标，靠一个人的力量是远远不够的，必须实现良性互动。

领导者拥有远见，看到了远处的山峰，有了自己的目标。但这还不够，你还要让下属看见，让下属相信。愿景是用来相信的。如果成员质疑组织的愿景，事情就很难做成。必须相信愿景，它才会变成现实。

因此，必须要将你看到的远方，变成团队的目标。但很多团队没有共同目标，所谓的目标，往往是老板的目标、管理者的目标。下属认为和他们没关系，就不会去干，即便是干，也不会认真干。所以要将远方描绘给下属，让他们看到美好的愿景，然后由自我驱动，从而达成目标。

行动——行动才有希望。行动起来就成功了一半。当遇到困难的时候，不能退在人后面，而是站在大家的前面，身先士卒。领导者的行动要和共同的价值观保持一致，做到知行合一。

率领众人行动。率领众人行动，就是所有人都可以力出一孔。你指到哪里，团队就能打到哪里。如果你的团队里山头林立，没有人听你的话是不行的。你要让每个人都跟随你的脚步。一个人可以走得快，一群人才能走得远。

心动——心的力量最大。只有行动，没有心动，不可能形成合力，也不可能走得更远。要以心为本，赢得人心。领导就是引领人心，启迪人心，激励人心。动之以情，晓之以理，感动人心，发动人心。领导者首先要自己相信并遵从自己提出的价值观，只有这样，才能使人信服，赢得人心。

榜样——言为世则，行为世范。有了使命、愿景和价值观，就要以身作则，率先垂范。使命、愿景和价值观应该在实践中得以体现。是否以身作则，"给我上"还是"跟我上"，两者有本质的区别。

挑战——致力变革。如果你想打造一支强有力的团队，那你本人必须是个强有力的人。挑战现状，挑战权威，挑战苦难，勇于进取。愿景就是远方的山，如果目标非常远，也会疲惫。可以将其拆成阶段性的目标，当你带着团队克服了一些困难，得到阶段性成果时，团队才会信任你，并且充满干劲。你就能带领团队积小胜为大胜，持续打胜仗。

创新——面向未来。领导者通过创意和创新，来寻找改进的机会，进行尝试，取得成功。从实践中探索，要敏锐地发现机会，而不是等待机会。

激励——**激励人心**。这是最重要的领导力。没有激励，就没有动力。如何激励人心？一要进行结果反馈。有反馈，员工得到自己所需要的实惠，就会对新的挑战充满期待。二要在精神上要进行激励，通过表彰，让员工的成绩为更多人看得见。

事情做成之后，一定要激励大家。遇到困难，战胜了困难，很有意义，英雄般的旅程会点燃人们内心的成就感。在敏捷性组织里面，人人有事做，事事有人做，每个人的主观能动性得到充分发挥。

领导力的理想境界，是打造团队无须提醒的自觉。

九、领导力的九维思辨系统

以哲学的眼光认识系统变化的微妙法则，可以智慧地解决问题，获得胜利。

一是因果的相续性。今日面临的问题源自昨日的解，今天用的解决办法，往往会成为明天问题的根源。解决问题，方法不对，往往会带来新的问题。把问题从系统的一部分转移到另一部分，并不能真正解决系统问题。

二是强力的反弹性。越用力推动，系统反弹力往往越大。彼得·圣吉称这种现象为"补偿性回馈"：就是说越是干预，越是引起系统的反弹力。用力越大，反弹就越大。一个团体中，如果总是搞一言堂、瞎折腾，必然会带来更大的问题。

三是事物的辩证性。上天想要消灭一个人，就先让其膨胀。成功往往是失败之母。有时候情况在变糟之前，会先暂时变"好"。要摈弃短视思维，不做那些短期有益、但长期有害的事。要善于从一片大好中看到危机，从危机中看到转机。

四是对策的两面性。对策的正确性非常重要，但对策往往是双刃剑，有时候对策可能比问题更糟。有的解决方案不但没有效果，反而造成更坏的后果。生活中也会有类似的问题，比如有人以饮酒来消除压力，没想到却养成酗酒的坏习惯。显而易见的"解"往往无效。正确的路虽然艰难，但从长期来看却是最有效的。无为无不为，方为正道直行。

五是进度的复杂性。凡事都有一定的进度，要按照进度进行。没有进度，漫无边际，则很难做成事情。但有时候又不能操之过急，因为急躁则险，冒进则危，欲速则不达。事缓则圆，有时候，慢就是快，快就是慢。经典的例子就是揠苗助长的故事，这种情况在现实生活中经常发生。

六是归因的艰巨性。因果不虚，这是规律。但现实世界里，绝大多数人往往不明因果。有时候因与果似乎在时空上并不紧密相连，如果不能明确因果，只是按照惯性思维、主观臆测，简单地归咎于眼前的原因，而原因可能并不在此。进行系统思考时，要抛弃这个倾向，在更大的时间和空间上探寻因果关系。

七是事物的兼容性。鱼与熊掌可以得兼，但需要一个过程。往往以为鱼和熊掌不可得兼，以为二者有矛盾，非此即彼，这其实是一种静态思维。如果用系统的观点来看，会发现矛盾并不存在。采用"动态流程思考"，就能识破静态片段式思考产生的错觉，会看到一幅新的景象。经济学中的"马太效应"可以证明这一点。

八是系统的完整性。三个盲人遇到一头大象。第一个人摸到了大象的一只耳朵说："这是一个又大又糙的家伙，像块地毯。"第二个人摸到了大象的鼻子说："我摸到的才是真相，它就是一根中间空的管子！"第三个人摸到了大象的一条腿说："你们说的都不对，它又硬又结实，像一根柱子。"盲人摸象的故事启示我们，组织系统有其完整性，是一个不可分割的整体。任何一个组织都不可以简单地将其切分为几个独立的部门，否则会找不到关键的杠杆解。因为杠杆解往往是存在于互动中的。所以，一定要有整体性观念。

九是边界的通达性。任何事物没有绝对的内外，系统也没有绝对内外之分。矛盾具有同一性和斗争性，可以利用复杂多变的矛盾来化解难题，解决问题，因势利导，获得成功！

第四章
人格领导力

　　真正的伟大源于心灵，真正的力量源于品格。没有伟大的品格，就没有伟大的人，也就没有卓越的领导力。慈爱与智慧是衡量人生境界的两种尺度，同时具备这两者的人终究是会有大成就的，因而也是幸福的。生活是旷野，并非处处都开满鲜花。风雨压不垮，苦难中开花，凡是挺过来的人，都是真金不怕火炼的。领导力的修炼，是精神的淬炼和人格的砥砺，要在逆境中不屈不挠，在顺境中意志坚强，在无望中燃起希望，在希望中鼓起勇气，竭力为善，健全人格，纯洁并壮大自己的心灵，修炼成菩萨之心和金刚之体。忍苦忍辱，涅槃重生，任何打击都不能动摇崇高的信仰和坚定的信念，都只能使自己变得更加强大！

乔布斯说："带着责任感和担当生活，尝试为这个世界带来点有意义的事情，为更高尚的事情做点贡献。这样你就会发现生活更加有意义，生命不再枯燥。"

勇于担当是一种精神力量，桥的价值在于能承载，人的价值在于能担当。担当得越多，价值越大。担当价值千金，担当任重千钧。

罗曼·罗兰说："除了善良，我不承认世上还有其他高人一等的标志。"心存善良的人是最先、最容易觉醒的。因为怜悯苦难，同情弱者，当了解这些苦难的根本时，会痛恨制造苦难的源头。而那些冷漠无情者却恰恰相反，他们无视正义、愚昧无知。

真正的英雄是靠心灵而伟大的人。只要是庄严伟大的心灵，都是对人有益的。没有伟大的品格，就没有伟大的人，也就没有真正卓越的人生！只有在神圣庄严的心灵中，才有一股清明的力量和强烈的慈爱！

敢于面对困境的人，生命因此坚强；敢于挑战逆境的人，生命因此茁壮。一个人要帮助弱者，必须自己先成为强者，而不是变成弱者；必须先相信自己，别人才会相信你；必须先和自己搏斗，才能够征服困难；必须把抱怨环境的心情，化为上进的力量，才是成功的保证。

真实的、永恒的、高尚的幸福，只能从三样东西中取得：工作、自律和爱。要永远葆有热情，葆有生命中生机勃勃的宏大力量！

生活是广阔的，但并非处处都开满鲜花，有的地方甚至荆棘丛生。凡是挺过来的人都是真金不怕火炼的。任何幻灭都不能动摇自己的信仰。在绝望中燃起希望，竭力为善，纯洁和强壮自己的心灵！

罗曼·罗兰在《约翰·克里斯朵夫》中写道：这个十五岁的小小的清教徒听见了心里的上帝对他的呼声："向前，向前，永远不要停！"

感受着生命的悲哀还愿意欢笑的；感受着生命的空虚还愿意奋进的；感受着生命的卑微还予人以尊严的；感受着生命的欺罔还待人以真诚的；感受着生命的寂寞还温暖他人的；感受着生命的残酷还相信善良的——是人世间的尊者！

修炼领导力人格，要修炼出菩萨心肠与金刚之体。菩萨心肠、金刚手段的人，最具有领导力，最容易获得成功。

这样的人，内心从容，态度平和；待人处事，大方得体；对待亲友，真诚坦然；对待弱者，体贴包容；对待强者，不卑不亢。

这样的人，看似什么都介意，但却什么都和解。可以被信赖，值得被依靠。干事创业，得心应手，在解决问题的时候，既有钢铁般的手腕，也能放低姿态，放下身段，灵活机智。

这样的人，迎难而上，越挫越勇，掌控全局，气场全开；事前有主意，做事有章法，事后有复盘；在未知全貌的时候，不随意评价别人的生活和选择；眼中有光，心中有数，胸怀天下，圆融无碍。

这样的人，内心坚定，冷静理性，看待事务有着自己的道德标准，静坐常思己过，闲谈不论人非。

这样的人，聪慧睿智，学识渊博，活学活用，有实战经验，对局势能准确把控，对局面能有效驾驭。

这样的人，是谨严者。严于律己，严于律下。制定规则，一视同仁，不搞双重标准，保证纪律严明，公正透明。

这样的人，是勇敢者。霹雳手段，雷霆万钧，胆大心细，作战勇敢，统御全局，驾驭整体，直至最终取得全面胜利。

这样的人，有悲悯之心，深明大义。有正确的认知，知道暴虐之人不应做领导者；知道滥杀无辜，生灵涂炭，就会导致军心不稳，百姓怨声载道；知道百姓虽然手无寸铁，但心里像镜子似的，什么都清楚；知道水能载舟，亦能覆舟，公道自在人心，时刻保持敬畏之心。

一、顶天立地为人

高尚人格是灵魂的香味。领导力的修炼就是锤炼灵魂，提升人格境界，使自己的思维进入到更高的维度、视野扩展到更宽的维度、品格上升到更好的维度。超越通常的局限，超越自我，提升水准，跃升到更高的层次。唯其如此，才能把自己的潜力充分开发出来，使自己具有持续发展的强劲动力，作出令自己满意的成就，成为更好的自己。

你想成为什么样的人，就会拥有什么样的人生；你是什么样的人，就会遇见什么样的生活；你对世界的态度，决定了你将拥有怎样的世界。修炼一颗圣贤之心，做自己的生命之王，志存高远，持之以恒，怀着光明的信仰和愿望，去爱，去学习，去创造，永远相信最美好的事情终将发生。

时间的伟大在于它可以见证一切真实与浮华。相信信仰的力量。信仰和爱对一个人来说是非常重要的，特别是对于人的身心健康和家庭的幸福和睦。

信仰的背后有两颗重要的种子：第一颗是向善和爱的种子，第二颗是敬畏因果的种子。信仰和爱有着巨大的能量，是连接宇宙能量的通路。

人与天地合一，人生天地间，应当顶天立地。天以普遍润养万物、生成并化育万物为德能；地以普遍承载万物、涵养并滋培万物为德能，人以赞天地之化育、为往圣继绝学、为万世开太平为德能。如果没有人的德能参与天地之间，那么，天地的德能仍然有所缺憾。正是由于得到人的德能，方使得天地的德能圆满而充足，发挥更大作用，普泽人间，从而达至竖穷三际、横遍十方之无量德能。

人的德能，宗旨为一：止于至善。为善，福虽未至，祸已远离；为恶，祸虽未至，福已远离。大学之道，在明明德，在亲民，在止于至善。

人的德能，至尊为二：潜通佛智，暗合道妙。

人的德能，达德有三：大智、大仁、大勇。智者不惑，仁者无忧，勇者不惧。智者乐，仁者寿，勇者胜。理想的人格，是聪敏的智者，慈爱的仁者，坚强的勇者。

人的德能，修行有四：修齐治平。修身齐家治国平天下，一切以修身为本。

人的德能，境界有五：眼界宽、格局大、能力强、思想深、觉悟高。

人的德能，要义有六：一者敬天爱人：敬畏天道，关爱众生。二者以心为本：顺应本心，真心为民。三者凝心聚力：凝聚人心，汇聚智力。四者诚信为本：真诚可信，建立信任。五者同心同德：团结一致，齐心协力。六者行稳致远：稳如泰山，宁静致远。

人的德能，大端有九：人者，认也，体认真理。人者，仁也，仁者爱人。人者，忍也，忍辱精进。人者，韧也，坚忍不拔。人者，任也，勇当大任。人者，尽也，尽其天职。人者，信也，信仰在心。人者，愿也，弘愿大成。人者，行也，德行日进。

人的德能，重在修心。命自我立，福自我求。善护口业，不讥他过；善护身业，不失律仪；善护意业，清净无染。端身正直，诚意正心，干干净净，堂堂正正。

人的意义，诚为大哉！人的德能，潜力无穷！积微小以至于宏大，可使世界得以改良。身为人类的一分子，每个人的言行，或大或小，都具有影响力。无论专业为何，无论家在何方，无论如何定义自己，每个人都应当以或大或小的方式，奉献自己的德能，让这个世界变得美好。因为，人生天地之间，就要赞天地之化育，修人生之德能，成人生之使命！

顶天立地为人，成就使命为任，德能济世为仁！

二、人格是一切的根源

孔子说："德之不修，学之不讲，是吾忧也。"成就领导力，要俭以养德，勤以修身，静以明心，动以成事，修身养德，自我升华，做一个有情操的人、有道德的人。

领导力的提升既有内因，也有外因。公正的环境、适宜的气候、宽松的氛围、自由的空气、肥沃的土壤，是领导力成长的良好生态。其中公平正义的人文环境尤为重要。只有公平正义，才能造就真正的领导力。

健全的人格、先进的思想、坚韧的意志、专注的力量、锲而不舍的追求，是成就领导力的内在条件。

领导力有根有本，根和本是领导力修炼的内在因素，是不可或缺的。外在因素就是土壤、阳光与气候，也就是外部环境。领导力要扎根于实践的土壤，有丰富的实践经验；扎根于生活的土壤，有深刻的人生感悟；扎根于文化的土壤，有深厚的文化修养；要德才兼备，德力俱足；再加上合适的阳光、土壤、空气，就会不断成长，成才成家。

领导力的提升，根本上是一个自主成长的过程。培养领导力固然需要良好的外部环境，更需要自身的素质与努力。没有对事业的热爱、没有先进的理念、没有植根于实践情境中的丰富经验、没有对经验的反思与升华，就不可能拥有真正的领导力。领导力的核心问题是信仰：对思想的信仰、对人生的信仰、对道德的信仰。由信仰外化出来，就是人生的愿望和理想，就是现实情境中学习、实践和思维的活动，而核心是信仰。

成就领导力，就是不得不伴随着接连不断的创伤，以爱滋润自己的心灵，以痛苦作为代价，以赤子之心与冷酷的现实搏斗，承担起人生的使命。

环境是成长的土壤，人格是一切的根源！

人格的力量。领导力主要包含恒久力、思想力、实践力、感悟力、学习力、创新力和理想力。

领导力包含恒久力。投身于自己所热爱的事业，久久为功，是成功的重要条件。坚定的恒久力能够使人集中心力和精力，产生意想不到的神奇效果。只有长时间凝心聚力，才能成就真正的领导力。领导力是在实践的沃土中产生的，有深刻的体验、执着的追求，学而不厌，诲人不倦，实践与理念融为一体，理想与现实有机结合，专心致志，持之以恒，坚持，坚持，再坚持。

领导力包含思想力。柏拉图说："未经省思的生活不值得过。"培养领导力要感受并沉思自己所生活的世界。当实践活动进入自己的心灵时是生活，经过心灵的化育与陶冶而出来时就是感悟。实践行动经

由心灵的体悟与酝酿，便产生出思想。卓越的领导者应该是思想者，没有思想不可能成就真正的领导力。没有思想、没有人格、没有良知，只是蝇营狗苟于争斗之中，追逐奔忙于交际场所，也许可以暂时获得功名利禄，蝇头微利，但绝对成就不了真正的领导力。成就领导力，就要思想，思想，再思想。

领导力包含实践力。领导力是在实践的沃土中产生的，唯有植根于现实情境中的丰富实践，唯有对实践的反思与升华，才是成就领导力的真正途径。百炼成钢，增益其能。孟子云："天将降大任于是人也，必先苦其心志，劳其筋骨，饿其体肤，空乏其身，行拂乱其所为，所以动心忍性，曾益其所不能。"在事情上磨炼，在环境中历练，方能提升心性，提高功力。纸上得来终觉浅，绝知此事要躬行。实践出真知，奋斗出成果。要实践，实践，再实践。

领导力包含感悟力。培养领导力应该有深刻的体验，用力工作，用脑工作，更用心工作。心跟事业在一起，跟理想在一起。有科学的头脑，深厚的功底，又有灵敏的悟性。动则善成，静则善思，行动生风，宁静生慧，"知止而后有定，定而后能静，静而后能安，安而后能虑，虑而后能得。物有本末，事有始终，知所先后，则近道矣"。因此，要感悟，感悟，再感悟。

领导力包含学习力。问渠那得清如许，为有源头活水来。学习是智慧的源泉，生命的活力，成功的基石。领导者应该对学习有执着的追求，强烈的兴趣，持久的热忱；应该对真理有真诚的热爱；应该有探索研究的态度；应该是勤奋的学习者，是终身发展的典范。

机会常垂青有准备的大脑。学习不仅是为了适应并运化外界，更是为了丰富提升自己。要向内看，向内求，发掘自身的潜能，发展个人内在的精神力量，从而在复杂多变的现实面前获得精神自由。正是凭借这种内在的自由的精神，这种独立人格和独立思考、独立判断、独立自主的能力，那些优秀的灵魂和智慧的大脑，在改善自身命运的同时，也对于改变人类社会的现实、引领个人类社会的发展，发挥了巨大的作用。因此，学习力是领导力的元能力。成就领导力，需要岁月的沉淀和积累，没有捷径可走，只有学习，学习，再学习。

领导力包含创新力。人类生活在一个创新的世界中，随着时代的发展，科学技术更是日新月异，瞬息万变。唯创新者进，唯创新者强，唯创新者胜。领导力应该包含有先进的思想理念，与时偕行的思维品质，开拓进取的创新精神。创新，是领导力的突出特质；创新，是领导力的重要使命。只有创新，才能培养创新人才；只有创新人才，才能更好地适应未来社会的发展。没有创新，人类就会止步不前；只有培养创新人才，才能推动社会进步。值此科技高速发展的时代，科技进步对于社会生活的影响是巨大的。现代科技使学习变得更广泛、更自由、更高效。学习不仅在学校里，随时随地就可以学习。要关注时代发展趋势，关注科技的进步、生活的变化和时代的变革。这种变革是挑战，也是机遇，提供了更广阔的舞台和更大的发展空间，要引领时代，顺应潮流，顺势而为，乘势而上，开拓创新。

领导力包含理想力。理想是前进的灯塔，引导着人生的方向，引导着团体的方向。高远的理想是成功的强大力量，一个人如果怀抱着梦想而工作，就有无穷的动力。一个人有了崇高的理想，并为这个理想而奋斗的时候，就可能会成就自己的领导力。一个人追求的目标越高，他的才力就发展得越充分，对社会就越是有利。在成就领导力的漫漫征途上，要踔厉奋发，勇毅前行。

领导力包含人格力。卓有成效的领导者具有强烈的人格魅力。领导者是一个团体的人格化代表，有着潜移默化的影响力。领导力的示范性决定了领导者必须具有人格修养。无论是日常工作、公众演讲、公开活动或与人当面接触，领导者都在被观察、传播，从理念到行动，从言谈到姿态，都在发挥影响力。

领导者的语默行止是文化素养的呈现。在价值观纷乱、充满不确定性的环境中，一个人格高尚的人应该代表着世俗社会的清流，思想和言论中应该洋溢着理想主义光辉，超越短期功利，更具长期主义，富有学识修养，弘扬正确价值观，倡导先进理念。领导力担负着维护德性底线的角色，承担着坚守格调与品位的任务。从某种意义上说，中华传统文化中的君子人格，应该在中国式领导力的发挥中得以体现。

人格气质来自深厚的文化修养和专业功底。在信息高度发达的社会，强制性权力很难达到效果，而基于人格魅力、愿景激发和核心素养的领导力，才能更好地激发内生动力和创造潜力。比如，一个学校的校长首先应该是教育教学的专家，从教育教学中脱颖而出，对教育教学有深刻的理解，能做教师的教师，同时又具备校长的全面领导力。只有这样，才能真正将育人放在首位，以教学作为中心，引领一个学校沿着正确轨道不断进步。西南联合大学之所以成为中国教育史上的奇迹，就在于这个的校长教授无论遇到何种情况，都坚持为国育才的宗旨，把教学作为学校的中心工作。苏霍姆林斯基之所以能成为著名的教育家，就在于他始终坚持学校的中心工作是教育教学，研究教育，探寻规律，追求教育本真。

人格魅力来自对人生的深刻理解，对于规律的深刻把握。如果无视规律，就会扼杀团体成员的积极性和创造性。真正理解规律的领导者，自觉遵循规律，积极探索领导艺术，让每一个人都能发挥作用，实现价值。

领导力源自一个人的内在性格，以及人们能够真切感受到的性格中深层次的东西。

人格魅力会深刻地引领团队的文化。人性中的光辉往往出自谦逊。要甘为人梯，成人之美。领导力的价值在于成就众人。领导者的可贵之处，就在于用自己坚实的臂膀把人高高地托举起来，而不是相反。

三、人格的基因

人格的基因是家国文化。家国文化熏陶和感染了无数英杰，使之在国家前行的大势中寻找人生价值，聚焦成长坐标。

家国情怀是文化的一个重要组成部分，也是每个时代的领导者应该具备的道德素养和精神品质。在中华文化体系中，"修身齐家治国平天下"构成了家国情怀的基调。中华文明深刻影响了中国人的家国伦理观念。中国人的家国伦理观念体现于家风家训中。家风家训实际上就是一个家庭的价值追求、文化信仰和生活信念。优秀的领导者要置身传承民族和地域文化的高度，浸润、传承、创新传统文化，建塑担当作为的高远志向。

家国情怀，是关乎每个人归属性的一种情怀，是一种亲切而又博大的情怀，是对于家国的热爱，是对于中华文明的高度认同感、归属感和自豪感，是充满人文情怀并关注现实问题、以天下为己任的使命感。

家国文化的要义是修身文化。家国文化特别注重子孙的修身与成才。如何使子孙的修身与成才成为现实，就有了家训和家书。由家训和家书，以及世代相传的家国教育，形成一种家国文化，进而成就一种家风国风。良好的家风国风一旦形成，家庭的文脉就会源源不断，所以中国有个成语叫家学渊源。"家规"是治家教子、修身处世的重要载体，"家训"是国家法制的缩影，"家风"是中华民族传统文化的重要组成部分。家风，是隐藏在家族发展与文脉传承中的文化基因。纵使沧海桑田，家风家训就像精神脐带一样，为后世供应着营养。无论范家"先天下之忧而忧，后天下之乐而乐"，还是翁家"诗书忠厚之泽，可及于无穷"，都昭示着应当拥有的高尚情怀。

《孟子》云："天下之本在国，国之本在家。"家国文化的核心是文化价值观。每个家庭都有其核心价值观，有的写在文字上，有的是在家庭成员中口口相授，代代相传。记得小时候，父亲喜欢跟我们在一起谈心交流。从父亲口中听到最多的一句话是："种瓜得瓜，种豆得豆。"印象最深刻的一句话是："堂堂正正做人，踏踏实实工作，认认真真学习。"等我长大成人，也有了儿子之后，才体会到父亲说这番话绝对不是无意而为，很大程度上是对我的谆谆教诲，对我的一种希望。于是我明白了一个基本道理——种瓜得瓜，种豆得豆。我铭记住了做人的基本原则——堂堂正正做人，踏踏实实工作，认认真真学习。

文化是人格的土壤。人格的深厚底蕴是道德智慧。真正的智慧，是明道理，有道德。

德者，得也。道德之德，在古代有时也被训释为获得之得。有德之人，才能获得成功。道和德结合，合称道德。合道，谓之德。合天地之道，而有天地之德；合人伦之道，而有人伦之德。家国文化特别重视道德。为什么特别重视道德呢？因为有道德才有正能量，积善才有吉庆，修身才能齐家治国平天下。

得天地之道，而有天地之德；得人伦之道，而有人伦之德。何为人伦之道？父子有亲，天经地义。何为人伦之德？孝悌为本，仁义礼智信。"老吾老以及人之老，幼吾幼以及人之幼，天下可运于掌。"孟子认为：爱自己的老人推及其他老人；爱自己的孩子推及其他孩子。

如此推己及人，推而广之。由家庭，而社会国家；由亲情至爱，推广为人间大爱，实行王道，崇尚仁政，体恤民情，关注民生，以人为本，行稳致远，天下可运于掌。

大道之行，天下为公。何为大道？从中华文明到世界文明，人类的发展要遵循自然规律，符合天地正道，建立人间正德，树立崇高信仰，确立正确信念，形成一种明德至善、正大光明的文化，以促进人类的和平、进步与福祉。

淬炼领导力，要从因上发力。怎样才能把自身的领导潜力释放出来，不断提升领导水平？上士畏因，下士畏果。一般的人试图改变结果，智慧的人知道改变原因。提升领导力的根本是从因上发力。

一是自信坚韧。领导力是一种自信坚韧的个性。

自信。当一个人对一切事都有自信能解决，或者他自己相信能解决，就有了领导力。因为，人总是希望聚集在有方向的人周围。通常，人都在成长的过程中。自信使人在面对挫折和失败时，不会垂头丧气，而只会考虑怎么修改外部条件重整旗鼓。

坚韧。逆境并不可怕，可怕的是我们对待逆境的态度。面对逆境要坚韧不拔，带领团队改变模型，在逆境之中实现逆势增长。

二是综合优势。既要善于决断，又要实行民主，更要解放宽容。只有决断力，虽然可以快速决策，但容易一言堂，一旦出错，风险很大。只有民主式，虽然可以集思广益，但决策流程长，容易拖延时间。只有解放宽容式，虽然可以充分发挥员工的创造力，但容易失去控制。最好的方式应该是决断力、民主式与解放包容式有机结合，相辅相成。

领导者仅有单一优势不够，还要有综合优势。既要追求好的绩效，又要善于维护关系；既要成功，又要洞察人性、体察人心；既有突出的特长，又有复合型能力。只有这样，才能成为出色的领导者。传统的仅补短板的方式，效果有限，要找到与该短板相关的交叉行为，提升多方面的能力。同时也不能仅发挥所拥有的长处，也要注重各种能力融合的复合能力。

三是热心公益。找一个公益组织，去当志愿者，投入精力和时间。可以尝试在其中做一个领导者。在这个过程中，会慢慢学会如何通过影响力去领导他人。

为什么要找公益组织呢？如果是在军队中，领导者可以利用军衔带来的级别优势；如果是在商业公司，领导者可以掌握员工的薪水、福利和奖金，让员工配合你。但在这种自发性的公益组织中，你根本不可能凭借职位去领导他人，也不可能强迫组织中的成员参加活动。

四是职场历练。职场是一个人进步的实战场所，在职场的历练中可以增强人的实战本领。所以，要在工作过程中，多学习，多实践，迎接挑战，锻炼能力。

一位年轻人，刚入职场时遇到了一位经理。这位经理手下有几个人合伙作妖，想把经理挤走。经理雷厉风行，抓住那伙人中领头的进行修整，同时各个击破，经常和其他成员交心沟通，取得多数人的信任。那个领头闹事的自知无趣，自动离职。从此团队有了凝聚力。针对团队涣散的问题，经理整肃纪律，同时对表现优秀的给予及时公开的表扬和认可，奖惩分明，设立红线，扩大上限的空间，团队风气变好。

这位年轻人忠诚、能干、素质高，经理发现了这个人才，委以重任，悉心栽培，充分尊重，同时帮扶更多优秀员工，赢得人心。经理善于让利，做事很大方，员工作出成绩时及时表扬。团队忠诚度大增，好的团队文化形成。经理的文韬武略、言行举止影响着团队。团队文化就是领导者的文化。真正的领导力，就是让变化发生，让员工心悦诚服，形成好的团队文化。领导力的形成过程就是这样：先是摸准问题，抓住主要矛盾，整肃团队风气，同时帮助团队成员，提携、激励、表扬、赋能，经过这些努力，形成良好的团队文化，从有所为逐渐达到无为的境界，打造团队无须提醒的自觉。

五是良好关系。要想成为领导者，必须得有人追随，需要去发展一些人际关系。要构建人际关系，只要能够建立起足够良好全面的人际关系，就能够成为组织里真正的领导者。

六是信息畅通。知识匮乏，信息阻塞，成不了领导者。试图领导他人之前，需要花费大量的时间去了解必要的信息。

七是重视直觉。领导者不仅要了解数据，还要关注无形的因素，识别并影响无形的因素，包括团队士气、工作动力、行动时机等。

八是创造成就。没有比辉煌的成就更有说服力了。取得的每一次成功都会让追随者更加信任，也更加愿意听从指挥。读书，阅人。世事洞明皆学问，人情练达即文章。

四、人格的修养

人格就是人的一切。富兰克林的修身准则值得学习。年轻时读富兰克林的传记，记住了富兰克林的人生准则，受益匪浅。富兰克林的人生信条是：一、节制。食不可过饱，饮不可过量。二、缄默。避免无聊的闲扯，言谈必须对人有益。三、秩序。生活物品要放之有序，工作时间要合理安排。四、决心。要做之事，要下决心去做，决心做的事，一定要完成。五、节俭。不得浪费，任何花费都要有益，无论是于人于己。六、勤勉。珍惜每一刻时间，去除一切不必要之举，请做有益之事。七、真诚。不损害他人，不使用欺骗手段，考虑事情要公正合理，说话要依据真实情况。八、正义。不得损人利己，履行应尽的义务。九、中庸。避免任何极端倾向，尽量克制报复心理。十、清洁。身体、衣着和居所要力求清洁。十一、平静。戒除不必要的烦恼，也就是琐事，常见的和不可避免的、不顺利的事。十二、贞洁。不可损害自己和他人的声誉或者安宁。十三、谦逊。以耶稣和苏格拉底为榜样。富兰克林的领导力，是以其高度自律的人格为底色的。

信任是领导力的基石。曾子是孔子的学生，七十二贤之一。有一天，曾子的妻子要到集市上去，她的儿子也想跟着去，于是跟着一边走一边哭。曾子的妻子说："儿子，你回去，等我回家后为你杀一头猪。"她的儿子一听这话就不哭不闹了。等妻子从集市回来，曾子抓住一头猪就要把它杀了，妻子制止说："刚才只不过是与小孩子闹着玩儿罢了，你不要当真。"曾子说："小孩子不懂事，是要靠父母教育，听从父母教诲的。母亲欺骗儿子，做儿子的就不会相信自己的母亲。孩子是看着父母的样子长大的，如果你说话不算话，欺骗孩子，就是教孩子学会欺骗。"于是曾子就把猪杀了。曾子把诚信看得特别重要，讲究言必信，行必果，以诚信为做人之本。

领导力靠的是诚信。强化领导力的重点就是诚信，忠诚于自己的初心，言行如一。验证领导力的终极考验就是面对诱惑时的表现。诚信，有时候是一种终极拷问。

诚信为本，方能取信于民。要制定合理的法律规则，严格要求所有人，包括自己，一旦有人违反就要依法对待，绝对不能徇私枉法、用权力干涉正常的制度，否则会引发人的不满，致使人心不稳。

领导力从本质上来说就是人的人格品质。柯林斯关于领导力的定义是："真正的领导力，只有在人们有选择不跟随的自由的时候而能人人跟随才存在。"

许多领导者认为自己是在领导，但实际上只是在行使权力。有一天，他们可能会惊恐万状地发现，一旦失去权力，就不会有人再跟随他们。如果你的领导力主要建立在级别、头衔、资格、金钱、重赏、名声或者其他形式的职衔与世俗权力的基础上，那么你基本上没有领导力可言。

这个定义的意思是：领导力是一种影响力，是一门心智艺术，它让人渴望达成必须达成的使命和愿景。

这个定义的要点是：第一，领导力要有人格魅力。人格是最高的品位，是真正令人叹服的领导力。第二，领导者要有清醒的头脑，清楚必须完成的事情以及如何完成。第三，领导者要激励人，让人愿意一起做事。不是强迫人完成某件事，而是让人渴望完成这件必须完成的事。激发人从心里愿意去做。第四，领导力是智慧，是科学，也是艺术。第五，领导力真正本质是素质和能力，而不是职位。在不是领导的时候，还有人愿意跟着干，才证明有领导力。第六，领导力是一种影响力。即使没有了所谓领导的光环和权力，仍然有影响力，这才是真正的领导力。

简言之，领导力是建立在人格基础之上的。有健全的人格，才可能有健全的领导力；有高尚的人格，才可能有高尚的领导力；有厚重的人格，才可能有厚重的领导力。因此：

一要锤炼品格。养成真诚厚道的品格，道德推理基于普世价值，尊重事实，尊重真理。有道德水准，不自私自利。

二要提升能力。具有驾驭战略变量的能力，愿意接受挑战，并具备战斗力。

三要坚持正义。即使法律不正义，也绝不屈从。只有在基于正义的情况下，法律才是有效的。法律所许诺的是正义，所以不义的法律就不必服从。

四要健全人格。领导力的性格特质包括成就动机、前瞻性、条理性、开放性、独立性、活力、洞察力、说服力、执行力、意志力、责任心、同理心等。洞察力、决断力、执行力、组织力乃至意志力等，都比智力更为重要。

五要团结群众。领导者不是一个人在奋斗，应该深入群众，与群众打成一片，和光同尘。作为领导者，最重要的就是团结人。工作内容就是见众人，跟人打交道，跟各种各样的人建立关系。这就要求领导者平易近人，有耐心和责任心，深入人群，倾听各种心声，增进关系，促进合作，增强主人翁意识，提升团队实力，提高合作效率。既要强调个人价值，也要把个人价值跟团队绩效挂钩。通过表彰人的卓越表现来激发人的热情。

概言之，理想的领导力品质是：既理想远大，又脚踏实地；既信念坚定，又灵活机动；既聪敏睿智，又朴实厚重；既发展自己，又发展他人；既心智超群，又融入群众。

如果领导者没有影响力，就没有人愿意追随你。真正的领导地位是无法被授予、指派或者委任的。因为真正的领导力来自一个人的影响力，而影响力是无法被委任的，必须靠自己去赢得。

职位和头衔并不能决定谁是真正的领导者。头衔能够给你带来的唯一东西就是一点时间，你可以用这点时间去提升自己的影响力，但也可能在这段时间内让原有的影响力丧失殆尽。

拥有领导力，靠的是品德修养。做事公正，有条有理，言语有情，举止合度，自然就有了领导力和影响力。英国前首相玛格丽特说：权力就像淑女，如果你自己亲口告诉人家你是淑女，那你肯定不是。

"为政以德，譬如北辰，居其所而众星拱之。"德乃人之根本，领导者更应该先具备应有的品德素质。为人诚心正意，朴素无华，以诚待人。品质高尚，有独立人格，取得权势时不蛮横，失落时不媚世，不攀龙附凤。

领导力是通过提供目标、方向和动机来影响人们，并且不断改善组织机构的状况，带领人们完成使命。领导力就是让人愿意去做事，并不是为你而做，而是他们自己想做。领导不同于管理，管理是处理物流和资源事项，确保物流和资源在正确的时间和正确的地点供应到位，而领导是影响人去努力做事。

具备道德力，才具备领导力。一个品行不好的领导者不仅会伤害自己和自己的职业生涯，还会伤害整个组织和团队，所以品德非常重要。为什么这么说呢？你可以成为班上的学习第一名、体育第一名，但你在品德上失败了，就是在领导力方面失败了。因为，当你在品德上失败时，你就失去了信任，也就失去了领导力。

领导力的关键因素属于人格特征。领导力最重要的四个特征是：过一种品德高尚的生活；过一种卓越的生活；过一种为梦想而奋斗的生活；过一种信念坚定、意志坚强的生活。

领导力的关键能力是人格感召力。领导力就是动员团队，实现目标。为此，要有感召力。感召力从何而来？从人格修养而来。感召力就是影响力。拥有感召力的人善于发动群众，赢得人心，经常会说：

"我来！"——扛起责任。

"跟我上！"——身先士卒。

"您说呢？"——善于请教。

"你有什么需要吗？"——关心支持。

"有这样一个故事。"——善于表达。

"你可以这样做。"——善于引导。

"还有什么可以改进的地方吗？"——反思复盘。

"为什么呢？"——深思熟虑。

"失败是成功之母。"——从失败中学习。

"成功了不要骄傲自满。"——保持清醒。

感召力就是拥戴率。只是因为在某种职位才有权力，这不是真正的领导力。真正的领导力要得到群众的认可和拥护。这种认可和拥护，来自领导者对群众的关怀，对下属的赞赏；来自领导者率先垂范，以身作则。

感召力就是驱动力。领导者要与团队一起学习，一起成长，一起收获。要善于帮下属创造价值，善于给下属赋予合理的权力，以挖掘其潜力。只有适当授权，领导者才能从事务性的工作中解脱出来，形成秩序井然的工作状态。领导做领导应该做的事情，管理者做管理者应该做的事情，员工做员工应该做的事情。从他人驱动，变成自我驱动，让每一个人都发挥作用。

感召力就是思想力。思想力是领导力的核心，人格力是领导力的根本。领导者主要是思想的领导和人格的影响，要有强烈的使命感，正确的思想，高尚的人格，以思想信念引领发展。

感召力源于弘毅宽厚的仁德。三国人物中，刘备可以说是深具领导力的风云人物。诸葛亮、关羽、张飞能为刘备所用，充分体现了刘备的领导才能。

看萧何、韩信、曹参、张良，就知道刘季的领导才能。看孙悟空，就知道唐僧的领导才能。看一个人的领导才能有多高，先就得看他能领导什么人。

关羽、张飞、赵云、诸葛亮、庞统、法正、董允、李严、马良等文武大臣、英雄豪杰，能尽心尽力为刘备效命，已经说明了一切。

刘备出身底层，是个小手工业者兼一个摆地摊儿的市井小民，社会地位和经济基础都不高，出身卑贱。可是起点决定不了终点，英雄造时势说的就是刘备这种人。

《群书治要·蜀志》是这样介绍的："先主姓刘，讳备，字玄德，涿郡人也。少言语，善下人，喜怒不形于色，素有大志，爱交结天下豪杰。"

《三国志》史官这样评价："先主之弘毅宽厚，知人待士，盖有高祖之风，英雄之器。折而不挠，终不为下者。"天下公论刘备是真英雄，海内倾心，具有不可思议的领导力。

曹操的那句"天下英雄，唯使君与操耳"，绝对不是空穴来风。刘备无疑是曹操一样充满人格魅力的领导，但是他们又截然相反。曹操因出身官宦世家，家族势力庞大，关系网盘根错节，文韬武略无不一流，起点高又努力，很快聚集了本钱，是十足的实力派。他气魄雄伟，任人唯贤又奸诈自私，把天下利益收入囊中又洒出点点滴滴恩泽四方，由内而外的霸气，形成独裁式领导风格，配合霹雳手段，气概非凡的曹操实为一代枭雄。

德鲁克认为：专注于你的长处，比任何事情都重要！刘备知道自己一介草民，本钱太少，什么东西都靠借来，身上只剩冲天的抱负、顽强的意志。他细致分析内外部客观条件，针对自身内在特质，开辟蹊径，选择了人心真正向往的"仁德"治国的主基调，正如刘备的自评："今指与吾为水火者，曹操也。操以急，吾以宽；操以暴，吾以仁；操以谲，吾以忠；每与操反，事乃可成耳。"

虽然得天下者未必真正得人心，但得人心者才能得天下。面对"白骨露于野，千里无鸡鸣"的现实，因应人民渴望仁君出现、国家统一安定的愿望，刘备深谙得人心者得天下的治国之道，与那些残民以逞、暴虐嗜杀的割据势力判然有别。他身体力行，一有机会便将仁政的思想和实践根植于民心，因而争取到了人心。假设刘备当时未能选择如此鲜明的政治立场，也许刘备也会同董卓、袁绍、吕布等枭雄一样被历史的车轮碾压而过。可见定位非常关键，定位是在追随者心智中占据的位置。刘备的优秀品质，治国、用人上高超的领导艺术在当今时代企业管理乃至其他领域的管理实践中不乏借鉴意义。

刘备"爱交结天下豪杰"，外向性维度高；"善下人"，随和度较高；"素有大志，折而不挠"，一心兴复汉室，有进取心，责任感高；"少言语，喜怒不形于色"，情绪控制能力强，言语潇洒，不讲废话，情商高；刘备早年和公孙瓒、刘德然等人拜卢植为师，喜爱犬马华服，但是又卖得了草鞋，过得了贫寒生活，还能四处投靠人，说明刘备能屈能伸、能大能小，适应环境的能力强……这些个性因素决定了领导的有效性，刘备在几个方面都是佼佼者，而且在随和度和责任感维度方面得分更高。这些长处在其事业中充分发挥，形成了他坚毅、宽厚、仁德、爱民的良好口碑。

从人格到人杰要建立良好的人设。刘备的思想性格正如其字，有玄德仁厚之大善大美，值得深入学习和研究。

一是远见卓识。领导者要洞悉未来，指引方向。刘备在黄巾军之乱，州郡募兵自卫的时候就敏感地发觉，天下即将大乱，对普通人是危机，对英雄是机会。拥有武装力量，自主发展才能在乱世获得主动权，这是刘备事业的开始；刘备在与军阀的周旋中逐渐发觉得人心者得天下，事业一开始就定位仁德，并且身体力行，深得人心。

二是仁德力量。领导者有勇气按照自己的信念行事，坚持赢得合适的人群。刘备最大的特点就是推行仁德。无论是对人才还是对百姓，他都是非常宽厚，仁爱有加。对人才，有三顾茅庐请诸葛亮，多次挽留徐庶不舍得杀掉，为云长报仇等事迹，人们无法拒绝这样发自内心为你着想的领导。对百姓，有携民渡江事迹，老百姓口口相传，认定刘备的仁德。

三是坚韧不拔。刘备果断多谋，敢于冒险：24岁组织武装，47岁还寄人篱下，见孔明后才如鱼得水。23年间屡败屡战，没有放弃过信念。孔融和陶谦求救的时候，即便要与曹操为敌，刘备也没有犹豫，他清楚自己此刻需要的是声望和名誉，甘于冒险。在吕布被曹操捉住后，向他求救，刘备断然出卖了吕布，虽然不够义气，但是对于吕布不需要再讲义气，而且投降曹操的吕布将来会是刘备的劲敌，刘备果断地去掉道德的束缚，葬送了吕布。汉中之战，58岁的刘备亲自上阵冲锋，终于打退曹操，奠定蜀汉疆域。

四是知人善任。领导者要不拘一格用人才。刘备在夺取汉中后，提拔资浅将领魏延为汉中太守而不让张飞驻守，这使三军皆惊。他指出张飞能尊重有才能的士大夫，但却喜酒后鞭挞士卒，并让这些士卒留在身边，很不安全。后来，魏延果然成功守住了汉中，而张飞却被部属杀害。曾劝诸葛亮慎用马谡，结果都如所料。领导者知人善任，对追随者了解，并采取不同领导方法。

五是经营声誉。刘备从布衣起兵，他知道做大本钱的难度，因此在声誉方面苦心经营，先后获得皇叔认证，取得大家认可的正统地位，其次不断以宽厚、仁义的形象向各阶层传播，在道德层面做足了工夫，他知道追随者的喜好。

六是了解自己的优势，善于借力，弥补短板。刘备对自己的实力和优势很清楚，他选择了匹配的领导类型。刘备也善于借力整合资源，他一生都在借资源，借赵云、借曹操的士兵、借荆州。同时，也支持诸葛亮借力借势，如借东风、草船借箭等。

从人格到人设，从人设到人杰，玄德人格领导力给我们以深刻的启示。

总之，卓有成效的领导者是有大境界、大格局的人，具有九个特征：思想、品格、能力、沟通、聚焦、决策、使命、成就、情怀。

五、人格的升华

一个人的言谈举止、语默动静、音容笑貌，无一不是整个人生修养的体现。领导力的修炼，既注重智商，也要注重情商，同时也不可忽视美商。杰出成就的取得往往离不开高尚的审美趣味，要有对美的境界的追求。正如最伟大的科学发现往往蕴含着秩序简洁和美一样，杰出的领导力需要有美的因素。如果缺乏审美的追求，什么低端的事情都敢做、不择手段、阴暗狡诈、言行丑恶，一点都不高雅，无论做什么，都必将不能长久。

人的心灵深处都藏着一个真我，要发现真我；每个人的心灵深处都藏着对美好生活的向往，要启发人的理想；每个人的心灵深处都藏着巨大的能量，要激发人的能量；每个人的心灵深处都有两种力量，要扬善惩恶、弘扬真理和正义；每个人的心灵深处都藏着真、善、美的种子，要唤醒心灵中的真、善、美。

个性、思想、信念及其精神生活的财富，是一种能激发反省和教育自己的力量。追求理想是人自我成长的动力，没有自我成长就不能想象会有完美的精神生活。自己教育自己，实现自我成长，是终身教育，是一种高级的教育艺术。自我教育需要强有力的促进因素——自尊心、自信心和上进心。

成长就是不得不伴随着接连不断的创伤，用爱滋润自己的心灵，用痛苦作为代价，用赤子之心与冷酷的现实搏斗。接纳不完美的自己，百分之百地承担起责任。

当有人拥戴你、仰慕你，觉得你好，你的样子也就成了他想活成的样子，他也愿意为之付出积极、持久的行动。今天的积蕴，是为了明天的放飞。

人格之树。尼采说："人与树其实是相同的。他越是想上升到光明的高处，他的根就越是坚定地伸向泥土中，向下深入，进入那黑暗的深处去"，要想成为"大树"一样的栋梁之材。必须具备六个条件。

要有时间。没有一棵大树是树苗一种下去，马上就变成了大树，一定是岁月刻画着年轮，一圈圈地成长，一点一点地长高。要想成功，一定要给自己时间。持之以恒，久久为功。

要有定力。一棵大树，一定是根扎在地下，在所扎根的地方稳定地成长，屹立不动。做人也要任凭风吹雨打，我自岿然不动，坚守信念，专注内功，保持定力！

扎好根基。树有千百万条根，粗根、细根、微根，深入地底，不停地吸收营养。根深叶茂，没有一棵树没有根。一定要不断学习，不断充实自己。自己扎好根，事业才能基业常青。树高千尺，营养在根。

向上生长。大树是向上长的，一定是先长主干再长细枝，一直向上长。一定要向上，不断向上才会有更大的空间。

向着阳光。阳光是树木生长的营养所在，必须为自己争取更多的阳光，才有希望长得更高。一定要接受阳光的沐浴，向着光明生长。

经历风雨。经风霜，历雨雪，历尽沧桑。正是无数次的风吹雨打，才最终成为大树。风雨压不垮，苦难中开花。

灵魂中的英雄。尼采《查拉图斯特拉如是说》："这棵树孤独地生长在这里的山中；它生长得如此之高，甚至超越了人类与动物。如果它要开口说话，那么没有人能够理解它：它长得如此之高。现在它一再地等待，可是它在等待着什么呢？它所居之处离云层太近了；它也许在等待着第一道闪电？"

查拉图斯特拉说道："因为你还不自由，所以你仍在追寻着自由。你的追求使你过于清醒，彻夜难以入眠。你想要到达那自由的高处；你的灵魂渴望着星辰。但是甚至你那糟糕的本能也在渴望着自由。"

"精神上的自由者仍有必要净化自己。他的身上仍然存在着很多禁锢和污垢；他的眼神仍然需要变得更为纯净。"

"我用我的爱与希望恳请你：不要抛弃你的爱与希望！你仍然感觉自己很高贵，而其他对你心怀怨恨，或是向你投来恶意的目光的人也仍然觉得你很高贵。因为，你要知道这一点，那就是，高贵的人会成为任何一个人的障碍物。甚至对于一个好人来说，高贵的人也是障碍物：即使好人们把他称之为好人，他们也总是极力想排挤他。高贵的人想要创造一种新事物与一种新美德。"

"我用我的爱与希望恳求你：不要抛弃你灵魂中的英雄！维护你那神圣的最高的希望吧！"

时间是一个伟大的作者，它会给善良的人写出完美的结局来。只要种了善和希望的种子，定会结出善美的果实。

宇宙间有一种伟大的力量。深深扎根，敞开心胸，纳天地之正气，养心中之灵气，跟自然交流、跟社会交流，与天地和谐共生，与纯真美好的心灵在一起，使灵魂的能量不断增强！

泛爱众而亲仁。善心善行，润泽生命。同情是善良之本，慈悯是贤德的种子。波斯古语云：温暖的手，能用头发牵着大象走。爱支撑着生命。一点慈悲，不但是积德的种子，也是积福的根苗，哪有不慈悲的圣贤。一念容忍，不但是无上的德器，也是无量的福田，哪有不容忍的君子。

《论语》说："泛爱众而亲仁。"一个人能够遇到有德行和智慧的人，亲近仁德，尊敬智者，聆听其教诲，是人生的幸运。

道德智慧是最宝贵的财富，这样的财富是人生幸福、事业成功的基石，是生命最大的力量源。生命中有了这样的精神财富，遇顺境则不为所迷，遇逆境则愈显其光。

道德与智慧是一体两面，有机统一。自然即"道"，顺应自然即"德"。"自然"作为一个哲学概念，是对宇宙人生的本真描述，包含自然规律的含义在内。

道德作为一个哲学命题，不仅指人的品行，更指宇宙人生的本质。从这个意义上说，与道德合一，就是与自然合一，就是顺应自然规律。只有道德与智慧合一，才能顺应规律，赋予人生以真正的力量，实现德慧双增。

博学可以得智慧，审问可以得智慧，慎思可以得智慧，明辨可以得智慧，笃行可以得智慧，与智者交往可以得智慧，静定深思可以得智慧。虚一而静，静能生慧，智慧来自心灵，应该清净自己的心灵，宁静自己的心灵，在清静与宁静中聆听心灵之声。

把自己活成一道光。纪伯伦说：一个伟大的人有两颗心，一颗心在流血，一颗心在宽容。领导力是以生命影响生命的事业。首先应该把自己的生命塑造好，把自己的心灵修炼好。修身齐家治国平天下，一切皆以修身为本。修身必先修心，要提升心灵的境界，修养仁爱之心、宽容之心、真诚之心、平等之心。仁者，爱人；宽者，容人；真者，感人；平者，得人。

最重要的品质是善良，心应该是慈悲的、宽容的，给软弱者以坚强，给自卑者以信心，以无望者以希望，给苦恼者以欢喜，给孤独者

以温暖，给不幸者以幸福，给幸福者以激励。慈悲者以一颗善良的心对待众生，一个眼神、一个微笑、一句话语、一举一动都能给人以温暖、以慰藉、以鼓励，都能传达善和爱。

每天多说一句好语，多做一件好事，积善成德。一个人自觉尚不够，还要利他。自觉之后要利他，在人际相处中，随时随地发心去利益别人。我们交友、说话、立志、情爱、健康、管理，种种问题环绕四周。这是一生的修行，一辈子的功课，庞大也罢，繁复也罢，人我关系，因缘相会，能在每一时刻让心灯通体明亮，从内心向外烛照。就是生命的无上之宝，就是对所处世间的一个光明供养。

每天说一些欢喜的话，激励自己不要悲伤，每天做一些利人的事，激励自己融入群众，每天谈一些励志的事，激励自己增长智慧，每天观想圣者的慈祥，激励自己增加内心的善美。当我们面带笑容，笑容是发光的；当我们口出赞叹，赞美是发光的；当我们伸手扶持，温暖的双手是发光的；当我们静心倾听，倾听的神情是发光的。因为发心，我们可以拥有一个发光的人生。

泰戈尔诗云："把自己活成一道光，因为你不知道，谁会借着你的光，走出了黑暗；请保持心中的善良，因为你不知道，谁会借着你的善良，走出了绝望；请保持心中的信仰，因为你不知道，谁会借着你的信仰，走出了迷茫。"

第五章

淬炼领导力

千淘万漉虽辛苦，吹尽狂沙始到金。未经一番寒彻骨，哪得梅花沁心香！生命的成长是一种长期的修炼，领导力的提升是一种身心灵的淬炼。明德亲民至善，一切以修身为本。世界上唯有一个真理：便是忠实于内心，热爱生命，在人生中经受锻炼，从而拥有智慧，明心见性，转迷为悟，超凡入圣。自律即自由。一个志存高远的人，一定善于自律、堂堂正正、干干净净、永葆踔厉奋发的勇气和追求理想的激情。善者行善，从明入明；积善成德，神明自得。领导力提升的前提是自强不息的成长力，经过长期淬炼，修炼出内圣外王的境界。内圣，就是要有圣贤一样的心灵；外王，就是要做自己生命的王者。

不经一番寒彻骨，怎得梅花扑鼻香！生命成长是一种长期的磨炼。与其说是由于成就而成为伟大，毋宁说是由于修炼而成为伟大。在高尚的人格中，有一种精神的力量像激流一般澎湃激荡。

世界上唯有一个真理：便是忠实于人生，热爱人生，在人生中经受锻炼，从而拥有智慧。

罗曼·罗兰说：累累的创伤，就是生命给你的最好的东西，因为在每个创伤上面，都标志着前进的一步。

真正的英雄，是看清这个世界，然后爱它；是经历磨炼，然后依然坚强。领导力是一门迷恋生命成长的学问。全身心地投入所热爱的事业中，专心致志，不断涌现新思想，将热爱融入自己的使命之中，从心底里相信自己的潜能，顺天致性，自由发展，坚定自信，阳光向上，追求真、善、美，给予自己充足的时间和空间，自己定义自己，成长为更好的自己！

领导力的提升就是解放心灵，激发潜能。伟大的进展源于承认无知，源于思想自由。崇尚思想自由，不惧怕质疑而且欢迎并讨论质疑，毫不妥协地坚持拥有这种自由的精神——这是领导力所应有的精神。

领导力的提升就是身心灵的修炼：内外兼修，形神兼美，德才兼备，德艺双馨；自立立人，自达达人，自育育人，自度度人。一个志存高远的人，一定会善于自律，懂得克制欲望，不沉溺于物质生活的享受，而永葆拼搏奋进的勇气和追求理想的激情。

领导力学者沃伦·本尼斯和伯特·纳努斯对 90 位来自不同行业的优秀领导者做了一项研究，发现"自我发展和不断提高自己的技能水平，是领导者与其追随者之间最本质的区别"。

冠军并不是在擂台上成为冠军的，他们只是在那里得到了认可。即使是天赋异禀的人，也必须通过艰辛努力、刻苦训练，才能获得成功。这并非不重视结果，如果需要激励自己前进，就应该重视结果；但如果想提高自己的能力，就需要参与到争取成功的过程中，并始终持之以恒。

结果能激励人做决策，而过程能锻炼人的意志；结果是用来激励人的，过程是用来磨砺人的；结果是用来展示成绩的，过程是用来培养毅力的；结果可以证明一个人，过程可以磨炼一个人。

没有人是天生的成功者。在通往成功的道路上，没有捷径，没有宽敞的道路，没有不拥挤的时候。会有各种路障挡着你。你可能会跌倒，甚至非常痛苦。但只要坚定地选择了这条道路，只要战胜了前进道路上的艰难险阻，收获的将是领导力水平的提升。

约翰·克里斯朵夫说："我曾经奋斗，曾经痛苦，曾经流浪，曾经创作……有一天，我将为了新的战斗而再生！"

一、领导力的九维智慧修炼系统

九维领导力智慧修炼系统，即思维力、学习力、教育力、决策力、行动力、宽容力、影响力、觉知力、凝心力。

第一，思想力

领导力思想内核。领导力是以思想为指导的。没有正确的思想就没有正确的领导力，没有先进的思想就没有先进的领导力，没有深刻的思想就没有深刻的领导力，没有高度的思想就没有高度的领导力。思想是行动的先导，思想是领导力的灵魂。杰出的领导者要从特定的环境中升华出来，从具体的琐事中超越上来，重视细节，同时更理解大理念、大思维、大系统、长周期，生成自己的思想体系。

领导力哲学思维。一阴一阳之谓道，这个道理对于领导力具有启示意义。例如，要批评别人，"否定之前先肯定"；遇到领导和平民，心里要"把官看低，把民看高"，方能不卑不亢、进退自若；对一些人的态度——敬而远之；处世态度——外圆内方。

中国哲学强调"反者道之动"，任何事物中都包含着相反相承的因素，任何运动过程都是在正向运动中又向着相反的方向运动。阴阳互动，阴阳交替，相反相成，相辅相成。

老子说："道生一，一生二，二生三，三生万物。"道生无极，无极生太极，太极生阴阳，阴阳生两仪，两仪生三才，三才生四象，四象生五行，五行生六合，六合生七星，七星生八卦，八卦生九宫，九宫生十方，十方生万物，万物生万欲，万欲生文明，文明生世界。道是领导力的本原。

领导力人文修养。英国文化委员会一项调查显示：国际上超过50%的领导者持有人文社会科学的学位，而75%的商界领袖表示，其最重要的职场能力与人文社会学科有关，即同理心、文化修养、人文情怀、宏观战略能力、洞察问题的能力、人际沟通的能力、演讲和写作能力等。人文社会学科正是构建生命格局、唤醒自我意识、塑造性格特点、获得真知灼见的源泉，也是保证领导者正确处理好人与人、人与社会、人与自然、人的身心关系的内在光源。

领导力思维水平。思维能力是一个人素质的重要体现。一个人的成功要以健全人格、高尚品德为基础，同时思维品质和思维能力也是领导力的重要因素。培养思维能力，对于培养新时代的领导力尤为重要。思维能力外化出来就是领导力的语言与行动能力。抓住思维能力，也就抓住了领导力的关键。通过思维，可以对于客观情况作出更为科学的考量。思维的内涵应该深刻，站在理论与实践相结合的高度，借鉴古今中外的文明成果，丰富理论素养与实践思考，提升思维高度，深化思维内涵，建构思想体系，以思想指导实践。

领导力辩证观念。普遍联系的观点：事物都是普遍联系的，要用联系的头脑来理解事物。一分为二的观点：事物都是一分为二的，要用一分为二的眼光来分析事物。不断变化的观点：事物都是不断变化的，要用变化的眼光来看待事物。

领导力全息思维。有智慧的领导者应该具备宏观性视野和全息性思维，即全体、全局、全面、全程。全体即整体性思维，全局即大局性思维，全面即全方位思维，全程即全流程四维。

领导力创新思维。守其正而出其新，守正，就是坚守正义，坚守真理，坚守规律；出新，就是开拓创新，踔厉奋发，勇毅前行，创造未来。重个性而尚灵明，尊重个性，顺天致性，崇尚灵明，解放心灵。

创新是世界重建的强大动力。世界的发展越来越显示出创新的巨大潜力。创新，是一个民族进步的灵魂。创新，是一个组织进步的前提。唯创新者胜，唯创新者强。创新是未来领导力存在的重要理由。世界永远在变，只有深入的理论研究才能让你对变化有深度理解，从而对于创新有更为密切的关注。

领导力系统思维。好的系统会有一种系统之美。美的系统处于良性动态中，输入与输出平衡，整体与局部协调，信息和物质流动顺畅，表现出和谐的结构美。

即使是良好的系统，也需要根据不断变化的实际情况进行动态调整。一是调整目标：如果事情不顺利，可能是因为目标不合适，适当调整目标，才能顺利破局。二是调整结构：如果因为结构不对，导致元素之间的连接有问题，就需要调整系统的层次结构，理顺关系，重置框架。三是找杠杆点：通过系统性思维解决问题，善于在系统中找到杠杆点，撬动系统发生改变，起到事半功倍的效果。面临系统性问题，不要仅仅从要素层级去解决，而是要从结构、目标、回路、连接等几个维度去思考研究，找准杠杆点。

领导力前瞻思维。就是高瞻远瞩，预见未来，能够看到尚未发生的事情，能够敏锐地捕捉先机，看清事情的走向，看清事物的发展方向，看清大势。顺势而为，乘势而上。

第二，学习力

学习力是人的成长能力，是改变自己适应变化的能力。学习力源于内驱力，内驱力源于人的理想、志向和目标，发挥人的特长、优势和禀赋，起于人的兴趣、意志和热情。

学习力不单纯指读书能力。适应环境、改变自己、超越自己、提升自己，才是学习力的核心。领导者应该是首席学习者、终生学习者，向天地万物学习，自强不息，生机盎然。

富兰克林说："以知识武装自己，以史为鉴，直面历史，正视过去。正确的历史，是美好的现在与明天的基础。"学习力是一个人不断获取新知、提升认知水平、开阔视野、多视角看待世界、以前瞻性预见未来的能力。这种能力让我们跨越时空，进行多方位、多元化思考；让我们拥有丰富的学识，以清晰的目标走向未来。

学习力是领导力的元能力。一个热爱学习、善于学习的领导者可以带出一个学习型组织。一个好的团体，应该是学习共同体，智慧共同体，价值共同体。

博学而笃志，切问而近思。《论语·子张》曰："博学而笃志，切问而近思，仁在其中矣。"意思是：广泛学习而笃于志向，从自己最关切的事情发问，从自己最切近的地方来思考，仁就在其中了。学而时习之，不亦乐乎！学习要有方向，这就是自己的理想志向。要忠实于自己的理想志向，实实在在地为实现理想志向而努力奋斗。要用理想志向时时激励自己。要成为仁者吗？就要用仁德砥砺自己。要成为领袖人才吗？就要锻炼自己的领袖素质。要成为文学家吗？就要潜心于读书写作，提高写作水平。要成为科学家吗？就要投身科学研究，进行科技创新。要成为政治家吗？就要关心政治，提高政治素质和领导力。不要忘了自己的志向，实实在在按自己的志向来做事、来学习，博学而笃志，立志以成才。

博学与笃志，是相辅相成的关系。广泛学习，打好基础；通识教育，增长见识；立志成才，瞄准方向；做好选择，重点努力；博学精研，相互结合；宽厚基础，创新引领。

学而不思则罔，思而不学则殆。要学会发问和思考，切问而近思。从自己切身的事情来问，比如在研究科学项目时遇到问题及时发问，问自己、问老师、问科学家。提出问题比解决问题更重要，要大胆提问，善于发问。所谓近思，就是要切近思考，由近及远，由远及近，由表及里，深入浅出。学、志、问、思，广泛学习，立定志向，善于发问，切近思考，是成人成才的功课，是修养德行的途径。所以说，博学而笃志，切问而近思，仁在其中矣。

学习的本质是知行合一。著名科学家费曼以其丰硕的研究成果、出众的天赋闻名于世，他的学习方法也同样出名。作为一名天才，他的学习方法却适用于所有人。费曼学习法是全世界公认的高效学习法，费曼学习法的核心：将自己正在学习的知识传授给他人。简而言之，就是模拟教学法，可以自己讲给自己听，也可以讲给别人听。费曼学习法认为，能够将知识以自己的语言讲述给别人听，并能回答别人的问题，使别人听懂，就是掌握了这个知识。

对于领导力的提升来说，在实践中学习显得尤为重要。有一位优秀教师谈成长经历：刚毕业来到学校，从没接触过双语教学的我们面对全英的教材自己先学习，为了让学生能够听懂、学会，我们一起自编校本教材和练习，学生参加 SAT2 考试，我们老师先去考试，均获得满分，只有我们老师对考试题型了如指掌，才能指导我们的学生。刚毕业我们对工作充满了热情，每天一起工作到深夜，从没觉得累，我们编写了第一版的校本教材和导学案。刚把 SAT2 研究完，发现对孩子的申请用处不大，而 AP 成绩才是国外大学看重的，又是一个新的课程，对我们来说又是一个新的开始和新的挑战，我们有大纲、外文教材，但是知识点庞杂，非常厚重，两年学完高中所有内容并参加考试，时间紧、任务重，我们的老师依然没有退缩，从新开始，结合普高的教材和逻辑，梳理国外教材，编写新的校本教材和练习册。当时我们学科老师的口头禅是"变是唯一的不变"，似乎课程一直在变，由于没有教参，我们每年都在编写新的教材和习题册，目前已经更新了四五版，每个学科完成了比较完善的课程体系，成为非常宝贵的一笔财富。在学习过程中，我们的老师们得到了新的成长。学校从战略出发开设了融通班，对我们提出了第三次挑战，从年龄上我们算是老教师，但对高考来说我们是小白，我们要积极主动多学习，提升自我。就是由于这种超强的学习力，让我们成长得特别快。

第三，教育力

教育力是带领团队、培育人才的能力。一般认为，有六种领导力风格。一是裁判型，二是亲切型，三是强势型，四是放手型，五是民主型，六是教师型。以上风格各有利弊。其中，教师型领导可能是最好的一种领导力。教师型领导意识到管理需要亲和力，会给员工提出纠正性的反馈意见，不是羞辱，而是帮助提高员工的素质。相信能力和技能是可教的，将管理视为行为训练，注重发现团队的长处和短处，帮助团队成长。大家做得好的时候就赞美。当他们犯了错误时，把它作为一个正常的工作部分，接受工作人员的问题解决，并为具体的改进作出指导。注重进步，认为每个人都有能力学习。

GE 的 CEO 韦尔奇认为，领导者的能力即学习加培养人才的能力，也就是学习力加教导力。在知识经济年代，不擅长教导就不会领导。真正给 GE 带来变化的是曾以全新眼光审视公司业务的韦尔奇，也是曾收购了 530 亿美元资产，同时又剥离了 160 亿美元资产的韦尔奇，更是作为世界一流教导者的韦尔奇。韦尔奇每两周一次都会去 GE 克劳顿领导力中心进行授课，每年要用 1/3 的时间用于培养人，而且一直坚持20 多年。他其实更像是一位教师，不断传递着 GE 的使命、愿景和价值观，解说着他所谋划的战略发展方向。

第四，决策力

决策力是高瞻远瞩、运筹帷幄的能力。决策力是通过对比分析，对方案（方法、步骤）进行判断或选择的能力，是在纷繁的事物之中，能够抓住事情的关键，选择最佳时机，及时作出正确的决策。决策需要审时度势，需要科学思维，需要不偏不倚、恰到好处。有时还需要作出难而正确的选择和决策。

作出好的选择和决策需要洞察力。洞见是成为领袖的关键，洞见

是一种智慧。洞见就是眼明心亮，洞灼幽微，明察秋毫，看清真相，透过现象看本质，把握事物的规律性。

波司登 2022 年 3 月 31 日的年度财报显示，其在 2022 财年（2021 年 3 月 31 日至 2022 年 3 月 31 日）实现了 162.1 亿元的营业收入，同比增长了 20.0%；毛利率则同比上升了 1.5%，达到了 60.1%。

几年前，还一度被外界质疑"品牌老化"，仿佛挣扎在垂死边缘的波司登，自创始人高德康"多元经营""高端路线"的战略决策后，不仅在羽绒服领域的高端化之路走得顺风顺水，且随着高温天的到来，在天猫旗舰店里波司登的"骄阳系列"防晒衣产销量节节攀升。看来在高德康的决策下，主营羽绒服波司登不仅在冬季找对了路子，而且在夏季也找对了方向。

事实上，企业的兴衰归根到底在于领导人的决策力。日本著名企业家、京瓷公司创始人稻盛和夫认为：在评价一名企业家的价值时，决策能力应该占到 50%……决策能力的重要性可见一斑。

第五，行动力

行动力是一种特别重要的能力，行动就有希望。知行合一是行动力的理论基础。行动力与过程、行为、能力和情境等密切相关，它们共同构成行动链。积极行动起来，主动思考探索，发现机会和问题，善于抓住机遇，及时解决问题。未雨绸缪，善于创造新的机会，提前预测，主动作为，从而提高绩效。

戴尔的创始人迈克尔·戴尔先生就具有远见与很强的执行力，"迈克尔·戴尔的特质之一是极有远见，他通常在认定一个大方向以后就亲自披挂上阵，带领全公司彻底执行"。

事其大夫之贤者，友其士之仁者。子贡问为仁。子曰："工欲善其事，必先利其器。居是邦也，事其大夫之贤者，友其士之仁者。"当子贡问仁，孔子则从环境和助力的角度来说。工欲善其事，必先利其器，是说工匠要想把事情做好，一定要先让工具锋利起来。孔子是要说明：实行仁德要有好的环境和助力，要有帮助自己的力量。正如荀子所言，"君子性非异也，善假于物也"，君子本性跟别人没有不同，只是善假借于物罢了。王安石在《游褒禅山记》中说：人的成功主要有三个因素：志、力、物。首先是志向，其次是力量，最后是外物的帮助。实行仁德要内外发力，人我一体，既强调主观能动性，又重视环境的作用和他人的帮助。孔子就是这样，他既强调主观努力的重要性，强调我欲仁，斯仁至矣，同时又强调环境和助力的作用。

第六，宽容力

每一种个性都有价值，尊重个性，发展个性，用其所长，人尽其才。宽容是领导者的成功之道，要想将不同性格、不同特长、不同类型的人凝聚在一起，需要宽容的力量。

宽容别人，其实就是宽容自己。多一点对别人的宽容，自己的生命中就多了一点空间。宽容不是软弱。宽容所体现出来的是退让有度，主动权永远掌握在自己手中。

坚持正确方向与适当妥协让步并不矛盾。适当的妥协有时候是对正确方向的坚持。方向不能妥协，原则不能妥协。但有时适当妥协和变通，会更有利于目标的实现。明智的妥协是一种适当的交换。为了实现主要目标，可以在次要目标上作出适当让步。坚持与妥协，是一种善于变通的领导艺术，具备这种高超的艺术，是领导者的重要素质。

管理不是"非黑即白"，而是要在具体的情况下采取相应的对策；如果管理者坚持用一种标准进行管理，很可能让企业内部的矛盾激化。

管理要讲究开放，过于严厉、苛刻的管理并不利于公司长期稳定地发展建设。宽容和妥协也是管理者不可或缺的品质。管理者要懂得

开放管理。任正非说："当企业发展到一定阶段，必须保持适当的宽松，不骄不躁，保持36℃的体温，激励创新。36℃的体温，为华为人提供了开放、舒适的环境，激励他们爆发出更多的能量。"

宽容，是领导者的成功之道。知识型组织的核心特征，是传播与创造新知，对于知识工作者的激励，强制权力很难达到效果，发号施令常常适得其反。愿景激发和人际影响，才能激发员工的主人翁意识，调动其积极性和创造力。

第七，影响力

领导力不是权力，而是一种影响力。影响力是影响心灵的能力，是吸引被领导者的能力，是通过不断完善自身、提升自我、提高领导力水平而形成的一种人格魅力，是一种依靠人格和信仰去影响和激励的能力。

领导力就是影响力。特别是在互联网和人工智能时代，传播方式多元化，传播速度非常快。影响力的内涵也发生了巨大变化。有边界组织与无边界组织共存，现实世界和网络世界共存，对于影响力的理解有了更多的新意。真正的领导力是能长期延续自己的生命，超越自己的生命，发挥深远的影响力。

领导力不是职务，不是地位，不是谋略。领导力是一个人改变和影响他人心理和行为的能力。领导者若要拥有心甘情愿的追随者，就必须要用深邃的思想、闪光的品格、优秀的个性、非凡的魅力去感染人、激励人。

权力是一种组织形式，而领导力是无形的，是心理上影响他人的能力；权力是一定组织所赋予的外在力量，领导力是领导者通过自我修炼而形成的内在品质；权力只是领导力量的暂时行为，领导力则是领导力量的长远保证。

在没有权力，或者授予极小权力，也就是微权力，或者非权力情况下，仍然能够影响别人，组织别人做事，并且能做好，做得出色，这样的能力，才是真正的领导力，也才是持久的领导力。

影响力就是发挥个人思想人格魅力的能力。影响力是人与人之间的一个能量场，是思想信念与人格魅力所构成的天然资源，是一种人和人相互影响的氛围。善于通过讲述理由、陈述事实来影响对方接受自己的观点。善于换位思考，站在别人的角度思考和表达。善于用策略施加影响，通过微妙的方式影响人。

不是先成为领导再去提升领导力，而是先提升自身的领导力，才有可能成为领导。领导力将是你成就未来大厦的基石，是决定你能够走多远的必备能力。无论是 2500 多年前颠沛流离却在历史上影响深远的孔子，还是 50 多年前能聚集 25 万人聆听《我有一个梦想》演讲的马丁·路德·金，或是互联网时代通过创新改变世界的乔布斯、马斯克、黄仁勋……这些强大的人物，都有三个特质。

一是坚定的理想信念。领导力是引领未来的。有着什么样的信念，所带领的团队就为什么信念而存在。坚定的理想信念和正确的价值观，是团队文化的核心所在。正如乔布斯所说："你是想一辈子卖汽水，还是和我一起改变世界？"不同的理想信造就不同的人，也早就不同的团队文化。

二是强烈的人格魅力。如正直、诚实、谦逊、敏锐、勇气、责任、真诚、激情、自信等，是领导者与人建立情感价值观联系、鼓舞激励人心的重要品质。

三是卓越的领导能力。强者的特点是能力过人，敢于迎接挑战。领导行为跟拥有领导的头衔不一样。领导行为意味着不管形势多么恶劣，局面多么错综复杂，领导者都能以自己的领导实力，勇敢接受挑战，带领团队作战，实现奋斗目标。

互联网时代，领导力的方式有了巨大变化。创新，成为新时代领导力的重要特质。移动互联出现后，人们可以在任何地点与其他人通信响应。扁平、透明、平等、自由、迅速成为互联网时代的显著特点。从某种意义上说，此时已经消泯了传统的领导者与追随者的概念，而是领导行为的共同创造者。

第八，觉知力

有聪敏的直觉，洞悉发展大势。有前瞻力，洞察先机、预测趋势、把握未来。有捕捉信息的能力。保持灵敏度，善于捕捉机会，抓住灵感，及时作出反应，及时调整布局，及时谋划发展。随时了解动态，敏锐识别机会和风险，善用分析性、阐释性、评鉴性思考，集思广益，解决问题，善于发现创新的火花。

对于道的把握有敏锐的觉知力，敬因果而善觉知。世界上的事情往往是互为因果的。因此，真正的高人敬畏因果，一定会在因上用功夫。只有在因上正向发力，才能在果上修成正果。

领导力大师约翰·H.曾格提出一个著名的因果定律：领导者→员工→顾客→公司利润。这个因果定律启示：企业的利润和竞争力，根源在于领导者；企业要发展，就要持续提升领导力水准。

中国有一句古语："水能载舟，亦能覆舟。"这句话说明，百姓能够成全领导者，也能够颠覆领导者。因此可以得出这样一个公式：被领导者—领导者。群众是水，领导是舟。水能载舟，亦能覆舟。老百姓是山，老百姓是地，老百姓是领导者的力量源泉。有这样的觉知，就要懂得换位思考。每个人拥有领导力之前，可能都要经历被领导的历练。领导者与领导者常常要换位思考。领导者要经常想想自己被领导时的感受，被领导者要经常想想领导者的感受。领导者经常想想自己被领导时的感受，就能领导被领导者；被领导者经常想想领导者的感受，就能领导领导者。

美国经济学家罗斯巴德认为，企业家的才能就是预测不确定的未来的。能否提前意识到历史转弯处的到来，这就是对企业家见识的考验。预见未来，就是一种觉知力。

第九，凝心力

领导力就是领团队、导方向。领导力的体现，就是带领大家实现他们个人所不能实现的成就，就是激励大家共同超越自我、达成更高目标的一种能力。因此，必须要凝心聚力。

凝人心而聚智慧。领导力就是一种凝心聚力的能力。顺人人心悦，顺天天意从，人心是最大的政治。人心齐，泰山移，顺应天下大势，唯有凝聚人心，守住人心。众人的力量是巨大的，要善于发动众人之力，把人的内在动力激发起来、内在积极性调动起来。前进的过程就是发动力量、凝聚力量、发动群众、共同进步的过程，就是凝心聚力的过程。

九维领导力智慧修炼系统的内在关系。九维领导力智慧修炼系统中的思维力、学习力、教育力、决策力、行动力、宽容力、影响力、觉知力、凝心力，是一个完整的有机体。

思想力是灵魂，学习力是元能力，教育力是提升团队水平的原动力，决策力是战略的体现，行动力是实施战略和策略的关键，宽容力是赢得众人支持的重要修养，影响力是领导力的重要体现，觉知力是源自心灵的灵明智慧，凝心力是获得胜利的根本力量。

同时，要有前瞻力和洞察力，才能作出正确的决策。前进的过程中要与时俱进，开拓创新。为了使大家同心同德，齐心协力，就要善于协调各方，统筹兼顾，形成合力。要做到以上这些，需要高素质的领导者。为了提高素质，就必须终身学习。因此，学习力是领导力的元能力。

二、领袖型大狮子人格的淬炼

自信强大、高贵大气、以惊人的决断力和气场领导千军万马的统帅——大狮子，是领袖型人格的强势特征。"秦王扫六合，虎视何雄哉！挥剑决浮云，诸侯尽西来。"指点江山、统率千军、一往无前的指挥官和统御天下、莫敢不从的帝王，其主导功能是分析性的外倾思考，这赋予了他们高度的目标导向和直面挑战的刚硬气魄；强大的自信力和极高的工作效率，特别容易出人头地的禀赋，优秀的认知深度和宽阔的眼界，心中有极强的全局意识（大空间观）和未来导向（大时间观）；在大局观体系中有着极强的自身能动性，指挥若定，从容不迫，有很高的自律精神，精神强健、极度自信，计划性和全局感都很强；看到不理想的事物，总想要高屋建瓴地发表意见；具有追求卓越的性格，展现出非凡的领袖气质——这几个方面的有机结合，使得狮子人格的人往往是极其豪迈、大气磅礴的领袖和统帅。

领袖型人格是有根性的，领袖型人格根性的培养越早越好，孩子五六岁，正是开始培养根性的最好时机。人和人之间没有太大的区别，如果想成为一个领袖，就要培养超群出众的性格——领袖根性。

领袖型人格的主要特征，可以做这样的描述：领袖型人格大气磅礴、豪爽仗义、自信坚强。目标明确，不愿被人控制，具有较强的掌控力。领袖型人格实力强大，独立自主，不靠他人，更不从属于权威，有正义感，坚守公平正义，大情大义。领袖型人格说话底气醇厚，慷慨激昂；做事雷厉风行，稳重如山；做人温润如玉，铁骨铮铮。领袖型人格气宇非凡，有大将风范，目光深邃，视野开阔，不拘小节，豪气满怀，昂首阔步。领袖型人格渴望成功，希望有作为，勇于担当，敢作敢为，判断力和决策力超群出众。领袖型人格主动积极，充满活力，讨厌虚伪狡诈，性格直爽，有主见，有谋略，有定力。领袖型人格自尊心强，喜欢被人尊重，但不在意是否被人喜欢。通常会支持扶助弱者，会保护支持自己的家人和朋友，在外说一不二，在家里和善随缘。领袖型人格反抗强权，有坚强的意志力，喜欢挑战性，相信自己能战胜一切挑战和困境，能克服一切的艰难险阻。领袖型人格乐善好施，不喜欢求人，觉得求人不如求自己，所以修炼身心，淬炼品格，不断提升自己的能力。领袖型人格善于运筹帷幄之中，决胜千里之外。内驱力强，思维力强，行动力强，有强大的内驱力和主动性。

在诸多领袖型人格特征中，可以提炼出几点作为杰出领袖型人格的主要特质。

一是非凡的自信心。领袖的自信来自长期历练中对自己实力的不断证明，来自追随者的拥护，来自对未来形势的掌控。比如，汉高祖刘邦在楚汉争霸中，可谓屡战屡败、屡败屡战，但一直被追随者宣传为"沛公殆天授"的形象，最终以少胜多，战胜项羽，平定四海，建立大汉帝国。

二是无穷的勇敢心。领袖在困难面前都充满着斗争的勇气，有时甚至以与剽悍的敌人作战为乐趣，以与勇猛的敌人交手而兴奋不已。成吉思汗在父亲被仇敌毒杀后，十几岁就担起了保护家人的重任，面对部族分裂、妻子被掳受辱、势力分崩离析的局面，与敌人顽强斗争，通过杰出的政治谋略及超群的战略战术，终于统一了蒙古草原，创立了横跨中欧的大蒙古汗国。

三是超强的判断力。领袖在危难时刻都善于抓住主要矛盾，抓住

关键性环节和因素，带领追随者披荆斩棘，走向光明。在第五次反"围剿"失败、长征陷入危急关头，毛泽东独具慧眼，领导红军经过四渡赤水、巧渡金沙江、转战云贵、飞越六盘山，完成了两万五千里长征，冲破敌人围追堵截，挽救了党和红军。

四是深厚的价值信仰。毛泽东说："真正的铜墙铁壁是什么？是群众，是千百万真心实意地拥护革命的群众。这是真正的铜墙铁壁，什么力量也打不破的，完全打不破的。"在一生的斗争中，毛泽东一直都秉持着一心一意为人民服务的价值信仰，正是这种一心为民的信念，铸就了毛泽东无与伦比的领袖气质。

领袖的特质有先天因素，但可以锤炼而成。历史上那些伟大的领袖，都是怀着坚定的信仰，在艰苦斗争的熔炉里淬炼而成的。罗素说："对于容易被吓倒的人，他会产生逃避世人注意的愿望；对于大胆之徒，它会刺激他们去追求能使他们对别人施加暴力而不受他人暴行之苦的地位。"

五是沉稳的定慧力。领袖的厚重根性是沉稳。一个人如果沉稳，一定是缜密、厚重、强大、完美的。人的格局都是委屈撑大的。领袖都要承受委屈，因此要学会沉稳。清朝康熙皇帝开疆辟土，版图特别大。康熙皇帝8岁登基，父亲顺治的遗诏特别交代4个亲王辅佐他：索尼，年纪太大；苏克萨哈，年纪太小；遏必隆，个性太软弱；还有鳌拜。康熙皇帝14岁开始亲政，那时，鳌拜要杀苏克萨哈，康熙皇帝不愿意，鳌拜居然挥拳，我说杀就杀！非死不可！于是苏克萨哈人头落地。康熙皇帝一定非常难受，想要干掉鳌拜！孝庄皇太后站在后面正好听到，她说，放肆！这话如果鳌拜听到还有你当皇帝的份？康熙皇帝发誓16岁干掉鳌拜。16岁上，鳌拜有一天上朝，是一个人进去的，康熙皇帝就把他抓起来，关在牢里。康熙皇帝每天都在等。8岁受鳌拜的气，一直等到 16 岁才把鳌拜抓起来。非常的沉稳！

面对不确定的世界、整个社会的开放、国计民生的商机，每个人都是心猿意马、摩拳擦掌，这时候最重要的是——沉稳。

沉稳的人遇到危机不会惊慌失措；沉稳的人面临背叛和欺骗不会坐困愁城、一筹莫展；沉稳的人碰到市场出现逆转的情况不会无计可施、失去斗志。有一次，日本丰田汽车的季度销售量超过美国通用公司 8.8 万辆车，面临这种局面，有人采访美国通用公司总裁瓦格纳，瓦格纳先生潇洒地说：暂时的超越又不是世界末日。沉稳的人面对危机绝对不会消沉，面对重要的投资绝对不会草率行事。

六是持续的进化迭代力。战略成功的唯一路径是演化迭代。适者生存的本质是持续进化，获取持续竞争力的本质是进化迭代，基业常青的根本是演化迭代。这就是可持续成功、可持续竞争的秘密，几乎所有连续成功的商业案例，都是持续战略演化迭代的结果，比如 IBM 从大型机到计算机，从智慧地球到云服务和人工智能战略；亚马逊飞轮战略里从电商到会员服务体系，从物流和供应链管理到云服务和数字化，都是不断演化迭代、持续进化的结果。

在自然界里存活下来的物种都是持续进化过程中的适者生存。适者生存不是改变环境，而是通过不断进化以适应环境。什么样的物种能够存活下来，一定是那些最适应环境的物种。现在的互联网科技企业也同样如此，无论是软件和硬件，或者软硬件集成，最根本的就是持续的迭代升级，手机几乎是年年出新。

这就揭示了从自然界到商业界的一条根本规律，只有持续演化、进化、迭代的企业，才能构建持续的生存和竞争优势，无论环境怎么变化，都能把握住市场的趋势和需求，为客户创造价值，这才是持续构建战略优势和走向成功的关键。稳健、守正、创新、进化，持续发力，不断迭代，精进智慧，这是领导力长期淬炼而成的品质。

三、指挥官人格与强者思维的淬炼

指挥官人格。我们的时间是有限的，所以不要浪费它为别人而活。不要陷入教条，活在他人的思想成果之中。不要让他人的意见产生的噪声淹没自己的心声。最重要的是，要拥有追随自己的内心和直觉的勇气，以及知道自己真正想成为什么，其他所有都是次要的。

指挥官人格类型的人是天生的领导者。这种人格类型的人天生具有魅力和信心，所散发的权威性能召集大家为着一个共同目标努力，但与领导者人格类型有所不同的是，他们的性格中有着超强的理性，用强大的动力、坚定的决心和锋芒毕露的思想实现目标。

幸福来自获得成就时的喜悦。如果有什么东西是"指挥官"们所热爱的，那一定非挑战莫属。无论挑战大小，都会坚定地相信，只要有足够的时间和资源，就没有无法达成的目标。这种品质让指挥官型人格类型的人成为睿智的企业家，他们高瞻远瞩，能够将精力长期集中在自己的目标上，并且按部就班地执行自己的计划，矢志不移，最终成为强大的领导者。这种决断通常是一种自我实现的预言，因为指挥官人格类型的人会凭借纯粹的意志力努力达成目标，如果换成其他人则可能半途而废，另寻出路，而他们拥有的社交技能也会督促激励着身边的人，并取得丰硕的成果。

如果问起指挥官会尊重什么，那就是能够在智力上与之比肩的人，行事的准确度和质量能够与之旗鼓相当的人。指挥官人格类型的人在发现他人的才能方面可谓天赋异禀。

培养人际关系技巧。由于其社会属性，指挥官人格类型的人所展现的情绪尤其公开，会有更多的人直接感知到他们的情绪。尤其是在专业的环境下，指挥官人格类型的人动辄就会粉碎一些人敏感的神经，在他们眼里，这些人效率低下，资质平庸或者浑浑噩噩。对于具有指挥官人格类型的人来说，表露情绪就是在展示自己的弱点，他们很容易因此树敌——他们必须牢记一点，自己的成功绝对离不开一个正常运转的团队，这不仅是为了实现自己的目标，更是为了得到认可和反馈，而奇怪的是，指挥官人格类型的人对于这些极为敏感。

指挥官人格类型的人是名副其实的能量库，树立了一种英雄般的形象——事实上，这种人担得起"英雄"这一称谓。如果说要对指挥官人格类型的人提出忠告的话，那就是：他们的地位不仅是通过自己的奋斗得来的，也有团队成员在背后的支持，因此，要承认团队成员的贡献和需要，从情感角度认可团队成员的支持协作，这一点至关重要。即便他们奉行的是"假装可以，直到自己真正做到"，如果指挥官人格类型的人能够将情绪方面的健康关注点与自身的各项优势结合起来，他们将收获深刻而又令人满意的人际关系，以及所有值得拥有的艰难胜利。

指挥官人格的人，他们是强势的主导者，喜欢指挥别人，总是本能地站在一个较高的高度去指挥他人做事，融合了很多领导的基本素质。比如，富有激情和创造力，对事物的发展有着超乎寻常的远见，极具战略思维。对人对事客观公正，认真负责。

指挥官型人格代表人物，比如，史蒂夫·乔布斯（SteveJobs），美国发明家、企业家、苹果公司联合创始人。乔布斯被认为是计算机业界与娱乐业界的标志性人物，他经历了苹果公司几十年的起落与兴衰，先后领导和推出了麦金塔计算机、iMac、iPod、iPhone、iPad 等风靡全球的电子产品，深刻地改变了现代通信、娱乐、生活方式。乔布斯同时也是前皮克斯动画工作室的董事长及首席执行官。比如，富兰克林·德拉诺·罗斯福（Franklin Delano Roosevelt），美国第 32 任总统。华人称为"小罗斯福"，美国第 32 任总统（1933—1945），美国历史上首位连任四届（病逝于第四届任期）的总统。1911 年，罗斯福进入纽约州参议院，直至 1913 年被威尔逊总统任命为助理海军部长，1920 年辞职。1929—1932 年，任纽约州州长一职，并于 1932 年大选击败胡佛，当选为美国总统。

强者思维。真正的强者思维：蓄势、谋势和借势。在生活的舞台上，我们常常会面临各种挑战和困难。真正的强者，不仅拥有坚定的意志和过人的能力，更懂得运用智慧，以蓄势、谋势和借势的策略来应对人生的起起落落。这种强者思维，能够让他们在逆境中逆袭，在顺境中更加辉煌。

蓄势待发，是强者的基本素养。古人云："博观而约取，厚积而薄发。"真正的强者，懂得在默默无闻的时光里积累力量，等待时机的到来。就像蝉在地下生活多年，只为了在夏天唱出嘹亮的歌声。司马迁，中国古代伟大的史学家，为了撰写《史记》，他耗费了大量的时间和精力，广泛阅读各种史书典籍，积累知识。在遭受宫刑之后，他并没有放弃自己的理想，而是忍辱负重，继续潜心写作。最终，他完成了这部史学巨著，为后世留下了宝贵的文化遗产。蓄势待发，需要我们在平凡的日子里坚守本心，不断提升自己的能力和素养。只有这样，当机会来临时，我们才能抓住它，一飞冲天。

谋势而动，是强者的智慧所在。正所谓："善弈者谋势，不善弈者谋子。"一个真正的强者，能够洞察局势，制定出合理的战略，从而取得胜利。在三国时期，诸葛亮就是一位善于谋势的智者。他在隆中隐居时，就对天下大势有着深刻的认识。后来，他辅佐刘备建立蜀汉政权，与曹操、孙权三分天下。在治理蜀汉的过程中，诸葛亮也展现出了高超的谋势能力。他推行屯田政策，发展农业生产，使得蜀汉国力逐渐强大。谋势而动，需要我们具备敏锐的洞察力和卓越的判断力。我们要学会分析形势，把握机遇，制订出合理的计划和策略。只有这样，我们才能在人生的道路上走得更远。

借势而为，是强者的高明之处。《孙子兵法》云："故善战人之势，如转圆石于千仞之山者，势也。"一个真正的强者，懂得借助外部的力量和资源，让自己的事业更上一层楼。牛顿说："如果我看得比别人更远些，那是因为我站在巨人的肩膀上。"他借助伽利略、开普勒等科学家的研究成果，最终发现了万有引力定律，成为物理学史上的一位巨匠。借势而为，需要我们有开放的心态和广阔的视野。我们要善于学习他人的经验和智慧，借助各种有利条件，实现自己的目标。

总之，蓄势、谋势和借势是真正强者思维的核心要素。蓄势待发，让我们在平凡中积累力量；谋势而动，让我们在复杂的环境中找到方向；借势而为，让我们在有限的资源条件下创造无限的可能。只有拥有这种强者思维，我们才能在人生的道路上走得更远，成为真正的强者。让我们一起努力，用强者思维塑造自己，创造更加辉煌的未来！

四、淬炼好这颗心

亚里士多德说："人生最终的价值在于觉醒和思想的力量，而不在于生存。"提高领导力，从心开始。美好心灵是吸引美好结果的原因。修炼好这颗心，是提高领导力是水平的根本所在。成就领导力要修炼信仰心、精进心、赤诚心、敬德心、仁爱心、谦和心、自信心、幸福心、使命心和文化心。

信仰心。领导力的信仰，一是人生的信仰，二是家国的信仰，三是心灵的信仰。信仰真、信仰善、信仰美，让信仰之光照耀人生之路。

孟子说，人生有三乐：父母兄弟俱在，乐也；得天下英才而育之，乐也；上不愧于天，俯不怍于人，乐也。家庭的幸福，这是生活之乐；得英才而育之，这是事业之乐；无愧于天地人伦，这是心灵之乐。人要有生活之乐和事业之乐，更要有心灵之乐：上不愧于天，俯不愧于人。有了这样的心灵之乐，生活之乐和事业之乐才有根基。人生在世，堂堂正正，不愧于天，无愧于人。俯仰无愧，方能心安；心所安处，即是良知；心有良知，方有所乐；心灵之乐，源于良知。

心有所信，方能行远。选择值得奉献的事业，而不是将事业作为牟取名利的手段。有崇高的信仰，为信仰而奉献。为名利而工作，或许能够获取名利，但永远不可能成为伟大的人物。只有为信仰工作，才会有高远的理想和高尚的境界。有了信仰，才会有正确的方向和宏大的愿望；有了正确的方向和宏大的愿望，自身的能量才会发动起来，天地的能量才会源源不断地加持。愿力宏大，天赞地助，方能玉成其心，终成正果。

脚踏实地，仰望星空。领导力的提升要脚踏实地，有根有本，真正的领导力一定要有丰富的实践，扎根于实践的土壤，再加上适合的阳光、土壤、空气，才会产生所希望的结果。领导力的提升要仰望星空，有信仰，有理想，为信仰而生活，为理想而奋斗。只有对事业的信仰、对人生的信仰、对文化的信仰，才能转化为追求成功的动力。

精进心。怀抱伟大梦想而工作，这一天便是为梦想而设。精进心最终转化为一种外在的能力，主要包括思想力、实践力、感悟力、学习力、创新力和理想力。实践活动进入自己的心灵时是体验，经过心灵的陶冶之后出来的就是感悟。领导力要有实践力，唯有植根于情景中的丰富实践，唯有对实践的反思与升华，才是提升领导力的真正途径。要有感悟力，应该有深刻的体验，用力工作，用脑工作，更用心工作。要有科学家的头脑，有诗人的颖悟力，有终身的学习力，对学习有执着的追求。要有创新力，具有先进的理念、开拓进取的精神。要有理想力，高远的理想是人生成功的强大动力。一个人如果每一天都怀抱着伟大的梦想而工作，那么每一天都是精进的时光。

有位教授谈道：为什么中国企业家都有把企业做大的思维，但缺少把企业做久的思维？这一点尤其令人惋惜。要有长期主义精神，以精进之心感受智慧的火花，进行思想的碰撞，经历心灵的涤荡，用聪明勤奋为人生增添活力与光华；学会在彷徨中找到目标，在挫折中接受挑战，在困顿时砥砺勇气，永不辜负梦想，凭借努力与坚持，成为矫健的雄鹰，展翅高飞，搏击蓝天！

赤诚心。怀有赤子之心，以感恩之心待人，始终心怀感恩，不忘对他人施以关爱和善意。这样的心态就是吸引美好结果的原因。

对天地怀有赤子之心，循天地之道，法天地之德；对世界怀有赤子之心，意识到只有培养人类良知，方能利于人类的和平与进步；对祖国怀有赤子之心，认识到教育是实现中华民族伟大复兴的基础工程，应该塑造中国魂；对事业怀有赤子之心，体会到事业的神圣与崇高，捧着一颗心来，不带半根草去，默默奉献，甘愿做泥土的事业。领导团队离不开育人，育人应该提升德性，只有这样，才是有道德的领导力。

敬德心。怀有敬德之心。敬自己，敬他人，敬人类，敬天敬地！一个人是否尊敬德性、心存德性，决定了是否能按自然规律和道德准则行事，也决定了所能达到的境界和成功的高度。以敬畏之心修身。古人云："畏则不敢肆而德以成，无畏则从其所欲而及于祸。"常怀一颗敬畏之心，敬畏生命、敬畏天道、敬畏真理；研究规律，尊重规律，敬畏规律；不浮躁、不功利、不折腾。人生有敬才有价值，有敬的人生活才有教养。保持敬畏之心，遵守法律，敬畏天道，在和谐的氛围中度过幸福人生。人生不能越界，底线必须坚守。哪怕风雨兼程，哪怕披荆斩棘，也要时刻坚守底线。因为只有这样，才能把今生这个"人"字写得堂堂正正。

《易》曰："知止无咎。"老子曰："吾有三宝，一曰慈，二曰俭，三曰不敢为天下先。"孔子曰："从心所欲，不逾矩。"所谓"不逾矩"说的就是"君子有三畏"，对天地要有敬畏，对生命要有敬畏，对圣言要有敬畏。

仁爱心。爱是灵魂，要有仁爱之心。热爱能产生神奇的力量。爱事业，对事业就会无限投入；爱生活，对生活就会乐此不疲；爱众生，对众生就会无私奉献。有赤诚之爱，就会有浓厚的兴趣、满腔的热忱。热爱、兴趣、热忱，是成功的原动力。要用爱培育爱、激发爱、传播爱。

仁爱心是善良慈祥的。人生的成功与失败，领导力是决定性因素，采用的方式和情绪是造成气氛和情境的主因。领导力影响所及，能够让人活得愉快或悲惨；可以是创造痛苦的工具，也可以是启发灵感的工具；能使人痛苦，也能使人开心……这一切都决定于领导力的良知。

谦和心。每个人都是了不起的，要用谦和之心来对待他人。"每见寒士将达，必有一段谦光可掬……谦则受教有地，而取善无穷。"（袁了凡《了凡四训》）海纳百川，有容乃大，虚怀若谷，方能进步，保持谦虚进取的心，才能不断地向更高的目标攀登。

中国自古即是礼仪之邦，而礼之运作，离不开"谦和"之德。谦和有礼是一种崇高的姿态，也是一种处世的智慧。谦和有礼是宽容的表现，是自信的体现。"路怒族""空怒族""暴戾族"的出现，都是人们不谦和、缺礼仪的表现。作为中华民族文化的传承者，应该有"海纳百川，有容乃大"的胸襟，有"博学于文，约之以礼"的境界，有宽容和理解的心，修炼心灵，让自己的心灵高贵而安详。

自信心。徐特立先生说："任何人都应该有自尊心、自信心、独立性，不然就是奴才。"面对新科技、新信息不断涌现，新思想、新制度不断碰撞的崭新时代，要想使自己能够适应于这个时代，立身于这个时代，就必须拥有自尊自信。徐特立先生还说："自信不是自满，独立不是孤立。"拥有自尊自信，不妄自菲薄，不骄傲自大，永远保持谦虚谨慎、戒骄戒躁、艰苦奋斗的作风。

保持一颗自信心。每一个人都是无比珍贵的，都有无穷的潜能，无限的可能。无论在什么地方，都要追求卓越，创造卓越，掌握自己的命运，以自己的能力回报社会，将自己的聪明才智奉献给这个世界。珍惜内心深处对梦想的渴望，使潜能充分发挥。珍惜灵魂中的明珠！

幸福心。以梦想追求幸福，以拼搏创造幸福，以乐观的心态感受幸福，每一个人首要的就是使人生美好而幸福。以健康之心立命。有追求幸福的梦想并为之努力，还要用心去感受。幸福的前提条件是身心健康，热爱生命，珍惜生命，加强体育锻炼，永远保持青春的朝气和活力。用心血和汗水、聪明和勤奋，为人生奠定坚实的基础，拥有幸福人生。为了幸福要保证身体健康，把身体健康放在第一位，任何损害健康的事都不做，找到一种终身喜爱的运动，久久为功。要珍爱生命，健康美好，让生命闪耀青春的光彩、谱写壮美的华章！

使命心。生命与使命同行，既要立功，又要立言，更要立德。要有未来心。领导者应该有现实的眼光，是现实主义者；还要有世界的眼光和未来的眼光，是理想主义者。实践与理念融为一体，理想与现实有机结合。离开现实的理想，就像鲁迅先生说的要拔着自己的头发离开地面一样，往往要失败；没有理想的现实又可能沦为平庸。要在理想与现实之间寻找一个适合点，在实践与理论之间寻找一个结合点，融通古今文化，熔铸中外精华，创造美好未来。为未来赋能，要密切关注社会的发展和科技的进步，与时俱进，预见未来，守正创新，引领未来。

为未来培养人才，通过人才培养与国家前途和人类命运紧密相连。领导者面对的是活生生的、有无限发展潜力的人。使命在身，心系天下，一切为了人的健康、幸福与成长，一切为了中华民族的伟大复兴，一切为了人类的和平与进步。对人类命运要有一种深切的关怀，"为天地立心，为生民立命，为往圣继绝学，为万世开太平"。

文化心。领导力要有文化心。恩格斯说："文化上的每一个进步，都是迈向自由的一步。"阅读经典，对话大师，站在巨人的肩膀上。缺少文化，难成大家。造就未来的领导力，不能忽略文化的作用。领导力应该有深厚的文化功底，在博览群书的基础上阅读经典。不仅要阅读教育的经典，还要阅读更广领域的经典著作。博览群书是一方面，读经典是更重要的一方面。应该站在巨人的肩膀上，与先哲对话，与大师对话，有大家风范，成大家气象。

"人心唯危，道心唯微，唯精唯一，允执厥中。"这颗心永远在行动，像水一样，随物赋形。"唯水为能习行于险"是儒家的水哲学；柔韧包容是道家的水哲学；以水洗身洗心，是佛家的水哲学。

帕斯卡说："人，只不过是一根苇草，是自然界最脆弱的东西，但他是一根能思想的苇草。"人的全部尊严就在于思想，在于心灵。

这十颗心，最重要的是信仰心。一是对人生的信仰，二是对家国的信仰，三是对真、善、美的信仰。

信仰是太阳，照亮大地和人生；信仰是力量，为心灵注满能量。找到值得为之奉献的事业，不是作为牟取功利的手段。怀有崇高的信仰，为事业而奉献，为信仰而工作。为功利而工作永远成不了伟大的人物，只有为信仰工作，才有高远的境界，自身的能量才会调动起来，天地的能量才会成全自己。

万法皆空，唯有因果不空；万物皆空，唯有精神长存；气象万千，唯有灵魂永恒。

当一个人完成了在人世间的创造，让普通人寻找到生机，让卓越者继续改变世界，这也许是生而为人此生的使命。

认识你自己。当看过世界，见过众生，才发现要见的世面，是自己内心的勇敢和自信；当见过风云变幻，才发现真正的美景是自己内心的淡定与从容；当历经风雨，回到内心，才发现信仰的力量有多么强大。

西方哲学家毕达哥拉斯说："不能制约自己的人，不能称之为自由的人。"只有修身才有自由。因为修身是痛苦时的支撑力量，是你迷茫时的抉择，是治愈自己的最好方法。

真正的领导力，永远不是术上的东西，而是道，是那颗同理心，为他人考虑的心。唯有秉持此心，才能真正得到拥护；唯有秉持此心，才可能感悟生命的终极意义。《左传》曰："太上有立德，其次有立功，其次有立言，虽久不废，此之谓不朽。"

智者不惑，仁者不忧，勇者不惧。物有本末，事有终始，知所先后，则近道矣。与天地合其德，与日月合其明，与四时合其序；为天地立心，为生民立命，为往圣继绝学，为万世开太平！

第六章
共生领导力

———

　　共生领导力源于共情力和同理心。共情力和同理心源于慈悯智慧的强大心灵。人心是靠仁爱和宽容征服的。成就卓越领导力，不仅要百炼成钢，更要百炼钢化为绕指柔，刚柔并济，内柔外刚，刚则坚强无比，柔则内心慈祥，既有大丈夫气概，又有温良恭俭让。世界上只有一种真正的英雄主义，那就是在认清生活的真相之后，依然热爱生活。世界上只有一种真正的善良，那就是在认清世俗的丑恶之后，依然保持善良。世界上只有一种真正的乐观，那就是在经历痛苦之后，依然自信乐观。因为真正的热爱是一种慈悯，真正的善良是一种信仰，真正的乐观是生而乐观。修炼出这样的一颗心，就有了真正卓越的领导力——因为领导力的最高境界是灵魂对灵魂的影响！

激发心灵的梦想，因为梦想会让人发出不同的光芒。激发心灵的热情，因为热情能产生强烈的共生效应。

当今时代，人们的生存压力越来越大，导致人心浮躁空虚；不确定的社会，变幻莫测，纷纭复杂，导致人心莫衷一是。如果缺乏独立思考的能力，缺乏对于善恶的分辨力，缺乏追求善和抵制恶的行动，就会陷入思想的泥沼。

只有拥有健康的灵魂，用理性指导心灵，以正确的思想指导行动，才能使集体之中的个体不是机器而是具有生命意义的主体。

只有每个人都学会思考，做正确判断，行正当之事，人类才可以真正从历史中吸取教训，走上自由与尊严的道路。只有注重文化引领，使人对正确的价值观念有所理解并产生热烈的感情，才能引发共鸣，形成共生力。

只有使人对美和道德上的善有鲜明的感受力和强烈的归属感，才能营造和谐美好的文化氛围。

只有积极与群众建立联系，发展和谐的人际关系，才能使人们付出心力，发挥能量。真正的领导力是，人们追随不是因为没有选择，而是因为心甘情愿。

只有当群众知道你有多么在乎他们时，他们才会真正在乎你。因为领导力的实质就是影响力，要影响群众，必须与群众心连心。

有人说领导者是孤独的，因为是站在山顶上。但真正具有领导力的人不这样认为，而是从山顶上走下来，来到群众中间，和群众建立联系。当领导者再次回到山顶时，已经不再孤独，因为这不是一个人的攀登，而是带领人们一起登上山顶。

只有率众而行，才能跑得更远。一味追求速度，很可能只是一个人的长跑，真正的领导者是带领人们一起奔跑。

只有真正为了群众，关怀群众，依靠群众，为群众谋福利，才能赢得群众的支持。正如《道德经》所言："圣人后其身而身先，外其身而身存。非以其无私邪，故能成其私！"

唯其如此，真正的领导力才会发生！

一、凝心领导力

怎样造就团队核能？造就团队核能，必须以领导力凝心聚力。克里斯蒂娜·考弗曼的《团队核能》一书中提到一个员工公式：安全感＋归属感＋自信心＝信任。团队凝聚力跟团队领导的管理方式有较大关系。如果比较研究"民主""专制"和"放任"这三种领导方式，通过各实验小组的凝聚力和团队气氛的比较，勒温等人的经典实验发现，民主型领导方式这一实验小组的效果更为突出，这一组的成员之间彼此更加友善，情感更为积极，思想更为活跃，凝聚力更强。

凝心力源于共情心。凝心聚力是一种精神领导力，来自深刻的共情心，将心比心、换位思考、互相理解，感情共鸣，以德感召、平等尊重，领导者的情商更高。世事洞明皆学问，人情练达即文章。共情力发达的人，能够知道对方想什么，需要什么，并能作出相应的呼应

和行为，是一个让人喜欢并愿意与之相处的人。

凝心力源于共同愿景。贝尔宾团队角色理论认为，一个卓越的团队内部应该有九种角色，分别是智慧型领导、资源融通者、协调者、推进者、监督评论者、凝聚者、实干家、善始善终者、专家。团队固然需要不同身怀绝技的成员一起作战，但是能够把团队聚合起来、拧成一股绳、向着一致的目标作战是最重要的，所以，目标的一致性是团队合力的源泉，是团队凝聚力的重要影响因素。卓越的团队相信信念的力量，领导力以信念、使命、愿景和情感凝心聚力。

凝心力源于利益共同体。合力共赢，同舟共济。领导力的重要能力就是发动群众、团结群众、组织群众、指挥群众的能力。发动群众要深入了解群众的需要，跟群众的利益和命运结合起来，建立利益共同体和命运共同体。强有力的领导力，就是要让更广的群众意识到自己的需要和大家的共同利益，并且团结起来，为之而奋斗。

凝心力源于道德力。一德立而百善生，以德为政是领导力之根。道德是一种最深厚恒久的力量，宋代理学家程颐说："一德立而百善从之。"道德是人的立身之本，是真、善、美的根基，是人生幸福、生命发展、世界和谐、人类和平的基石。一个有道德的人，才是一个有尊严的人；一个有道德的民族，才是一个有希望的民族；一个有道德的世界，才是一个能长久和平的世界。凝心聚力的根本是德政。美德是生命之根，自律是幸福之源，同情是善良之本，慈悯是贤德的种子，精进是成功的基石，智慧是精神的财富。

凝心力源于四颗心。一是仁爱心，仁者爱人，深怀仁者之心，营造有爱心的团队。二是和谐心，营造和谐的人文环境。三是觉知心，有悟性，有聪敏的直觉，洞悉人性和发展大势。四是包容心，相信每一个人都有价值，尊重个性，发展个性，用其所长，人尽其才。包容心有多大，领导力就有多大。

信任是凝心领导力的根基。旅行时你会发现有的人有很强的领导力，大家都愿意跟着他走，这就是信任。领导者必须把握这一点，要让所有人的心在一起，然后让团队成员跟随自己的脚步，这就是归属领导力。一个人可以走得更快，但一群人能够走得更远。

人的因素是第一位的，要靠吸引力吸引人才，而不是靠控制力控制人才。脱离于实体的个体创业者已经存在，这个时代要控制是控制不了的，必须增加吸引力和感召力，必须打造归属领导力。

盖洛普的数据显示，全球范围内积极投入每日工作并为所服务公司创造价值的敬业员工比例只有10%，这10%是精英，领导者可以重视并依靠这10%的人，但是这10%的人远远不够，应该发动更多的人积极工作。盖洛普有一个奖项叫最佳工作场所奖，获得这个奖项的企业员工敬业率高达70%，在这些企业中敬业员工的数量与怠工员工的数量的比值为17.5∶1，是全美平均比值的近7倍，是世界平均比值的21倍。所以领导者要想办法营造最佳工作场所、最佳的人际环境、最佳的文化环境。

"胡萝卜和大棒"的管理方式已经过时。德鲁克对于"胡萝卜和大棒"有精辟的分析。胡萝卜是利诱，大棒是威胁。两者都是以操控为目的，这不符合管理的本质。在发达国家中，"胡萝卜和大棒"的管理方式甚至对体力劳动者也不起作用了，而对于知识工作者来说，这种管理方式在任何地方都不会起到好的作用。管理人员已经没有大棒可用，而胡萝卜作为刺激的作用也越来越小。

智慧是精神的财富。学问精深方能成为众人之师，品行高尚方能成为世间楷模。学高为师，身正为范，臻于这样的境界，生命就是光明的。而要臻于此境，就要自立立人，自育育人，乘风破万里浪，甘

面壁谈十年书，修炼精进智慧之心。

赋能，领导力的动力之源。领导力的动力来源于赋能。领导者要让同事明白，奋斗目标不是领导者个人的目标，而是大家的共同目标，它产生于群体，又引领着群体。领导一定是能成就别人和赋能别人的人，赋能才是领导力逻辑的根本。

领导力的关键就是赋能，也就是通过多种方式来成就员工、成就团队。有没有赋能的能力，能不能赋能，才是决定你的领导力水平的底层逻辑，这个才是最关键的。

要充分思考如何搭建你的赋能体系，高管团队整体的赋能和个人的赋能都要有所设计和明确，赋能才是未来领导力逻辑和驱动力的根本。

微软总裁萨提亚曾提出一个基于文化重塑和同理心去赋能员工的理念。比如，强调员工要锻造成长型思维，提供各种工作过程中赋能的机会，鼓励创新、鼓励学习、鼓励尝试，重视员工职业生涯发展，提供大量的培训和发展机会，通过 AISchool 等在线平台帮助员工掌握人工智能相关技术，并且根据员工的兴趣和需求，提供个性化的培训方案，提供实实在在的帮助。

如果说过去组织的授权传导依靠产权、资源和利益，那么未来的组织授权传导主要是依靠赋能，所以需要企业和管理者构建多个层次的赋能能力才行。

赋能是打破产权和利益重塑组织驱动和运作逻辑的根本，一定要把握住这个根本，不管是企业内部还是企业外部，赋能将会成为建立链接和影响力传导的最主要要素。

领导一定是能成就事业和团队的人，是具备更高能量和智慧的人。

领导一定是能赋能别人和成就别人的人，是能从更高的层次成就事业、成就团队的人。

领导知道要筹备什么样的条件，会聚什么样的人才，提供什么样的平台，给予什么样的支持，才能做成事业。

这样的人就是站在更高层次的人，领导不只是引领和指导，最重要的是成就事业、成就团队，这需要很高的能量和智慧，不是谁都能叫领导的。

今天的组织需要的是由一群平凡的人，作出不平凡的事。因此，慧眼识人，发挥人的所长，是卓越领导者的一种明智的用人方式。一个团队中，人人都有所长，将不同特点的人凝聚为一个有机的整体，需要确立正确的使命愿景和方向，并将其化为团队成员的共识，促进成员之间的合作关系，恰当调和个人福祉与共同利益之间的关系，以待遇留人，以情感团结人，以共同的理想凝聚人心。

格局大的人都懂得一个道理，强者互帮，弱者互撕，人性最大的愚蠢就是互相为难。自度是一种能力，度人是一种格局。

二、共情领导力

一个人可以走得更快，一群人方能走得更远。共情力是领导力的核心能力之一。一个有共情心的领导者，更能赢得人心；一个有同理心的领导者，更能凝聚人心。将心比心，换位思考，这些耳熟能详的话蕴含着很深的道理。心有所向，方能行远，同心同德，其利断金。领导者要善于激发活力，激励人心。

领导力的存在就是因为人跟人之间建立起来的具有归属感的人际关系，这种关系具有人际的聚合力，具有较强的黏合性。别人跟着你是因为跟着你会有一种归属感，因为你带领跟着你的这个团队在做非常有意义的事情，因为你理解具有共情心。当你的员工要离开你的时候，他们会非常舍不得；当你要离开你的员工的时候，作为领导者也会舍不得，这就是一种归属感。

关系聚合力的形成源自尊重人的个性和尊严。坚持以人为中心，促进人的发展，是工作的出发点。团队进步的主要动力是由知识、科技、管理、创新产生的，其中人是第一位的。

领导力要研究如何调动人的积极性，激发人的创造性，凝聚人的智慧和力量，形成合力，推动发展。工作纷繁复杂、千头万绪，但只要是把人放在第一位，依靠众人，发动众人，众人拾柴火焰高，就可以把事情做好，使组织更好。要使内部机制永远处于激活状态，互相激励，形成比学赶帮超的良好态势。

管理就是效益。一个组织最重要的问题往往是管理，要汲取国内外优秀的管理经验，选拔德才兼备的优秀人才充实管理队伍。要有自我更新能力，不可盲目自大，永远保持谦逊的品德。

坚持人人平等。尊重不是一个空洞的概念，也不是一句漂亮的口号。它有具体的内涵和丰富的外延。"尊"，勿使之卑；"重"，勿使之轻。应该在人格、情感、智力上不看低别人，不看轻别人，把他们看得和自己一样高一样重，把人当作一个独立的、平等的个体来对待，这才是真正意义上的平等。有了这个前提，才能真正从本质上做到尊重。

坚持正面激励，凝聚优秀的人才。吸引人才把团队激活，特别要吸引青年人。团队需要激活，一旦激活，就会有无穷的力量。要不断进行体制机制创新，形成科学高效、充满活力的运行机制，使团队永远处于激活状态。

共情领导力要有良好的文化生态环境，营造和谐的文化场。一个组织中的管理，较低的层次是靠人治，人治有诸多不合理的地方，弄不好就会出问题。再一个靠制度，就是法治，走向制度管理，组织就比较好了。但这还不够，要走向文化引领，要有优秀的组织文化。

优秀的组织文化是开放式的文化。要创造开放式的文化，积极开展跨界合作，建立液态平台。液态平台就是随时流动、充满活力、开放式的创新平台，要创造这样的平台，并积极参与到富于养分的文化空间中来。

文化生生不息。人类智慧有极大的创造力。以文化人，育人为本，营造最佳文化环境。国家和国家的竞争，组织与组织的竞争，是人才的竞争。各国经济的竞争体现的是科学技术竞争，科学技术优势是由教育构成的。只有靠文化，靠教育，才能从人的头脑中挖掘资源；只有坚持科教兴国战略，国家才有希望。

文化的核心是价值观。文化不是娱乐活动，而是一种价值体系。凝聚人心靠的是价值观，价值观与教育的行为一旦形成闭合循环，将会像江河一样自我流动，不断优化与完善。不断地流动，不断地优化；再不断地流动，不断地优化。循环不止，不断升华，正所谓不废江河万古流。由此经过长期努力，逐渐做到无为而治，就可以从必然王国走向自由王国了。

优秀的组织文化要坚持正确的行动原则。例如，坚持以质量为生命，靠精益求精保证质量。坚持全局效益提升，发挥整体效应。坚持去中心化，削减层级内耗，让每一个人都能发挥作用。坚持创新是发展第一动力。坚持提升自身能力，打铁还需自身硬，实力为王。坚持凝聚团队合力，众人拾柴火焰高。坚持正确方向，方法可以试，方向不能错。坚持反对烦琐哲学，大道至简，化繁为简。坚持反对盲目折腾，瞎折腾贻害无穷。坚持流程的科学性，对流程进行充分论证，不断加以完善优化。坚持让明白人主导变革，让有全局观的人协调各方，让

专业而有实践经验的人有发言权。

优秀的组织文化要倡导正确的人生观。德才兼备，敬天爱人。孝敬父母，对亲人负责，关心他人，关怀祖国命运。有自律精神，有良好的个人修养。实事求是、求真务实是行动的准则。物质利益固然重要，但仅靠物质利益绝对建立不起一个强大的团队，真正能够凝聚人心的是文化的力量。

《菜根谭》中说："立身不高一步立，如尘里振衣，泥中濯足，如何超达？处世不退一步处，如飞蛾投烛，羝羊触藩，如何安乐？"人生处世，既要超达，又要安乐。就必须认清形势，善于自处，守住底线，进退自如。

在市场经济的背景下，社会更愿意从市场规则来认识评判企业，新旧交织，道德多元，人们的信仰、价值观也必将呈现多元局面，这提出了严峻的挑战。价值观的不同、文化观念的交锋是关键所在。"善用兵者，攻心为上，攻城为下。"用自己的真心、诚心与爱心，达到文化氛围的和谐性。

促进文化不断改进。深化文化内涵，加强日常组织行为改进，从解决真实问题出发开展研究，以自我反思的方式促进发展，提高能力和水平。

领导者要有人际亲和力。领导者不应是一座孤岛，要理解所生活的社会与世界，敞开心扉与人交往，接纳善人善言、善行善德。语言具有能量，语言之重要，正如骏马对于骑士的重要。同样，作为领导者，要将互动交流视为重点，注重解决问题的能力，将沟通技能变成领导能力，辅以良好的素养，与人沟通交流，实现合作共赢。

奋斗者是最可宝贵的人才。在各种资源中，人才是第一资源，忠诚干净担当、乐于奋斗、甘于奉献，自律自信自强、有富有创造能力和开拓精神的优秀人才。吸引并培养这样优秀的人才，虽然是十分艰难的事情，但却是领导者的重要任务。

认真负责和卓有成效的奋斗者是团队的最大财富。尊重人才、尊重知识、踔厉奋进，是事业可持续成长的内在要求。建立科学灵活的工作机制，激活人力。任用德才兼备的优秀人才。

卓越的公司，排在第一位的不是你支付报酬多少，而是你将报酬支付给何人。薪酬改革要体现正确的价值导向。薪酬改革是重要管理杠杆。要让奋斗者有获得感，让真正敬业奉献的优秀人才有更大的获得感，要特别重视奋斗在一线的人，承担工作量大的人，水平高、业绩突出的人。要通过薪酬改革体现用人导向，体现管理理念，多劳多得、优劳优得，付出必有收获，体现优秀人才的价值，以奋斗者为本。

让有责任心的人担任重要职务。遵循人才成长规律，让有突出才干和突出贡献者得到晋升。待遇不仅指薪酬，还包括职务的分配、责任的承担。赋能于人，适当放权，让明白而有责任心的人对流程进行例行管理。流程中设立若干监控点，不断分析研判，这样才能从有为而治到无为而治。

实现理想，要依靠点点滴滴的辛勤努力、锲而不舍的艰苦奋斗、坚韧不拔的顽强毅力和众志成城的全力以赴。领导者就是如何利用别人的长处来实现自己目标的人，领导者的任务在于运用每一个人的才干。为此，就要坚定不移地以奋斗者为本。

领导做什么？哈佛商学院教授、领导变革之父约翰·科特认为："领导是用来做什么的？是用来构建一个远景和策略的，是用来协调、拟定策略和协调相关人士的，他要排除障碍，提升员工的能力，以实现远景。什么是管理？管理不仅仅是上面的这些东西，管理是运用计划、预算、组织、人事、控制以及问题来解决、维持既有的体系。"

管理者关注现在，关注业绩，保持稳定，领导者关注未来，关注长期发展，引领变革。

管理者在组织中有一线的职能，权力来源于职位的权威，而领导者则源于追随者认可的权威，不必通过正式的命令链作用，与追随者建立情感联系。

管理要正确地做事，实施政策与程序，对组织负责、达成组织目标；而领导者要做正确的事，对追随者负责，达到追随者目标，创造一种具有共同价值观的文化。

管理和领导虽然不同，其实是一体两面，领导注重规划，而管理注重实施。每个领导都有管理和领导两方面，只不过侧重点不同。

影响人、引导人，需要的是领导力。领导力技能主要是指导、激励和带领团队的能力。包括谈判、勇气、沟通、问题解决、批判性思维和创新性思维。引导者要有远见卓识、系统思考力、直觉判断力、伦理道德意识，要正直果敢，积极乐观，善于表扬，乐于合作，关注要事，有效管理冲突，有效沟通，终身学习，创建高效团队。

理事和管人相辅相成。理事，可以理性规划，使用管理的手段。管人，只能进行引领和影响。领导和管理的最终目的是要把事情做好。

管理是管事，把事情规划好，跟踪进度，交付成果。领导是理人，让员工高效工作。要成为一个好的领导者，要注重人际交往，研究人的行为和动机。

正确地做事，更重要的是做正确的事，往哪里走，比如何走更重要。

领导者对工作要坚持高标准，通过不断提高标准，激励团队提供优质产品、服务和流程。要靠管理和激励，从人的头脑中挖掘出财富。

三、本固而邦宁

《尚书》云："民唯邦本，本固邦宁。"顺人人心悦，顺天天意从。领导力的核心是以民为本，顺应民意，赢得民心，凝心聚力。用慈悲、善良、正直、德行点亮心灯。真诚地捧出自己的心，会赢得真心的回报。多一点爱，多一点尊重，多一点鼓励，哪怕是一个微笑、一句赞许的话，都可能改变人文生态。

德鲁克说："管理者天天都要面对既可爱又不完美的人，面对人性中的善，人性中的恶，人的潜能、长处和人的弱点。管理的本质，是激发和释放每一个人的善意，管理者要激发和释放人本身固有的潜能，创造价值，为他人谋福祉。"

以人为本。人具有自己独立的价值，同时又相互依存、相互促进、相互成就。既要促进个人的发展，也要促进团队的发展。个人的发展是团队发展的前提，团队发展是个人发展的条件，要实现个人与团队的共同发展。

唯才是举。招聘和培养最优秀的人才，不断提升招聘和提拔员工的标准，识别杰出人才，并乐于在组织中通过轮岗磨砺他们。人才招聘要形成招聘标准和流程，看重人才的三个特质：创新实干、主人翁精神、内心力量强大。

让员工更多地参与到建设和发展中来，建立与员工的畅通渠道，激发其责任感、荣誉感、幸福感。马克思主义唯物史观强调，人作为现实的人，不是一个孤立的相互封闭的主体，而是一个承担特定社会角色的"关系的存在"，其发展取决于和他直接或者间接交往的其他一切人的发展。换言之，个人的发展与成长需要集体。要建立新型组织，以专业互助、生命服务为目的将人凝聚起来，将人心调动起来。

人文生态，价值引领。关怀理论是关于人文关怀和人际交往的理论，其主要内容是人与人之间通过正向激发所产生的关怀情意，这种正向激发正是领导者所应该营造的人文环境。要更好地发挥领导力，就要营造良好的人文生态，建立并发展积极真诚的关系，使得每一个个性和每一个人的看法都得到珍视。正确的价值导向是精神指南。价值引领，思想信念特别重要。要积极倡导正确的世界观、人生观、价值观，倡导和谐、尊重与关怀，营造良好人文生态。

建立成长共同体，树立共生理念，实现共生效应，相信人人都有成功的潜力。建立成长共同体，各美其美，美人之美，美美与共，和谐共生。

以理想和愿景引领发展。价值引领要明确发展愿景，发展愿景是确定往哪里去，指明方向，树立高远目标。如果不树立发展的目标和方向，就建立不起信任，也建立不起的远大奋斗目标和团结拼搏精神。

目标就是方向，目标就是激励。要让人看到希望，得到鼓舞，受到激励。我任校长期间，以创建中国灵魂、世界眼光的未来教育为使命，把学校师生的眼光引向未来，激励师生奋发图强，追求卓越，树立世界基础教育的中国标杆。

随着社会的发展，特别是随着科学技术的进步，学科分化和社会分工更加精细，使得学科之间呈现新的关系，其主要表现是学科之间的进一步交叉融合。既高度分化，又高度综合，以高度综合为主。整体化趋势是时代发展的基本特征之一。

重视全员培训并形成制度。员工的培训以高标准来要求，进行顶层设计，既要主题鲜明，又要丰富生动。通过培训，培育团队合作氛围和群体奋斗精神，实现促进集体奋斗的宗旨。有了集体奋斗的土壤，才能促使个性的种子健康成长，激发人的善意，形成正能量充分涌流的团队合力。岗位设置一定要依据能力与责任心来选拔。一切根据实际能力、承担的责任来考核识别干部。要培养一批敏于创新、努力奋斗的人，这样的人，一是具有聪敏的创新力，二是具有不屈不挠的进取精神，三是具有为团队负责的精神。要构筑宽松的环境和肥沃的土壤，尊重人的创造精神，激励大家努力奋斗。这样，当新机遇出现，即使面临巨大的挑战，也能有勇敢者站出来开拓进取，创造发展先机。

促进队伍整体素质的提升。培训要力求视野广、层次高、理念新、规模大、参与度高、形式多元，形成学习型团队文化氛围。面向全体实施系统性、科学性的校本培训，同时针对不同的群体，开发多元培训资源，满足个性化的学习需求。通过精神文化的引领，凝聚智慧与力量，形成激励机制。将理论学习与实践应用、集中培训与自主学习、个体反思与团队研讨、专家指导与员工互助相结合，实现内容与形式的最佳契合。

以宗旨和文化会聚人才。通过成就人才与提供机会，制定相应政策，吸引一流人才。德才兼备，以德为先，德是第一位的。关心生命成长，为员工的发展提供更多助力。对员工的尊重最重要的是促使其实现人生价值。忽视了生命成长，员工就没有幸福感。要建立兼顾团队发展与生命成长的员工发展体系，建立员工作为团队成员的身份认同，这种身份认同的建立，主要是人格层面的塑造。

集体人格的塑造是无形的功夫，更是深厚的功夫，一旦做好，效力无穷。在精神层面予以引导，在人格方面予以尊重，建立新型的运行机制，为员工发展提供动力，增强其归属感和主动性，提升其荣誉感和成就感。

优化心智共生体。心智共生展现了一幅心智水平协调发展的理想

图景，同时提供了思维导图、实践路径等能使理念落地的强大工具。只有这种"有方法的思想"和"有思想的方法"，才能完成全系统的改变。

心智成长是一个神奇的过程。人全身的细胞每七年更换一次，成为一个全新的人；人的心智模式也需要不断迭代，重塑全新的自我。提升自我，是一个淬炼的过程，需要不断升级认知、自我精进、发掘潜力以及自我重塑，找到终身成长的路径。

寻找自我，是一段漫长的旅途。知道自己应该做什么，成为什么样的人，构建自己的人生观、价值观、世界观，将自己的过去、现在、未来整合成有机的整体，找到自己。

点燃心智激情。成功来自兴奋与积极的大脑，来自自在与活跃的身心。令人称奇的成就源于好奇心、想象力和批判性思维。要建立梦想，树立信心，将团队建设成心智共生体；点燃激情，激发力量，享受共同学习进步的过程，享受干事创业的快乐与成功，从中获得意义与价值，把热情注入人的心灵深处，形成智慧共同体。

营造良好生态。营造良好的人文生态，建立并发展积极真诚的关系，使得每一个个性和看法都得到珍视。

倡导正确观念。正确的价值导向是精神指南。价值引领，思想特别重要。要积极倡导正确的世界观、人生观、价值观，形成和谐、尊重、关怀、激励的团队文化价值体系。

激发爱心和善意。每个人心中都有善意，每个人都有爱别人的动机和接受别人爱的需求。要激发善意，善意一旦被激发，就会形成一种善意之场。由此循环往复，爱会越来越深，善意会越来越浓。

强化内在驱动力。丹尼尔·平克的畅销书《驱动力》中指出：精通、自主和目标是驱动力的基础。简单来说，精通就是指你变得熟练掌握某件事情；自主意味着你有一定程度的控制权；目标则是说你发自内心想要去完成某件事，你的动机是真实的。只有不断追求生命成长，主体生命意义的动力源泉才能具备，才能在生活的每一天创造丰富多彩的人生。

锻造领导力，要有驱动力。提升领导者素养，不仅要有肥沃的土壤、适宜的环境，更要有自主学习、自我发展的内在驱动力。

强化驱动力，要有信念做指导。信念指导行动，精进是成功基石。首先要把自己深层的内在力量引导出来，将使命感和价值感唤醒。真正的成长是生命主体性成长，是灵魂的自我觉醒。

强化驱动力，要做小学生。学习是生命的源头活水。毛泽东说："要做人民的先生，先做人民的学生。"先做学生，就是要爱上学习，虚心学习，终身学习；有过硬的功夫，深厚的功底，过人的能力；善于思考、善于探索、善于创新；有较好的悟性，从实践、文化和自己心灵中不断汲取智慧的源泉；注重行动学习，在行动中研究，在行动中感悟，在行动中成长；热忱积极，自主规划，自主创新，激发潜能，实现自主成长，提升自我发展能力。

强化驱动力，要有环境助力。在实际工作中，一个人的领导风格是个人化的，但就发展而言，也会向他人学到许多，会受到环境的影响。人的感官与思维并非单独运作，而是需要根源于生活的环境文化作为发展助力。有了环境文化的助力，才能有更大的驱动力，发挥更大的创造力。

强化驱动力，要有共生理念。充分发挥文化的共生价值，强调共生的理念、共赢的追求、共享的思想，提升共生领导力。培养广阔的胸怀和丰富的创造力，提倡自由与自律的精神。

强化驱动力，要有共生效应。要充分发挥学习生态的共生效应。学习是对人类已有知识的吸收，更是对未知世界的探索。实践性学习是从问题情境出发进行探索研究，从而获得真知。这个过程主要包括冲突、理解、分析、试错、验证、修正、重构等一系列思维活动。学习者完成头脑中的思维过程，还要通过互动，到他人那里去寻求验证或者是寻求新的解决方案，通过倾听他人完善自己的方案，更好地解决认知冲突，体会到学习的成就感，产生新的学习动机，从而使学习不断持续和深化。

强化驱动力，要在事上磨炼。李贽说："动人以言者，其感不深；动人以行者，其应必速。"领导力需要在书本中学习、在环境中磨炼、在事情上锻炼、在静定中体悟。实践智慧不是说先掌握所有的知识体系之后才可以形成，而是在做的过程中，不断地生成、发展与完善。要用力工作，用脑思考，用心感悟。用力工作是勤奋的，用脑思考是聪明的，用心感悟是智慧的。真正的领导力，是知行合一的力量。

强化驱动力，要有爱悟功。让人生成为一本精彩的大书，这本大书中写着爱、悟、功三个字。"爱"字有一个"友"字旁，说明只有跟每一天的生活做朋友，跟世界做朋友，做员工的良师益友，热爱众生，才会具有共生领导力。"悟"的意思是自己要用心来感悟，只有亲身实践，在情境中磨炼，敞开心灵，深刻感悟，才能不断提升领导力。"功"是用力工作。勤于用功，久久为功，方能功底厚、功夫深、功力强、功绩大，提升领导功力，获得成功人生！

第七章
灵心领导力

王阳明是立德、立功、立言的圣贤，被称为"千古第一等人"。走进王阳明的心灵世界，参悟王阳明的心学智慧，可以领略灵心领导力的奥秘；研究王阳明的人生经历，感悟王阳明的领导艺术，可以得到灵心领导力的启迪。"人需在事上磨，方可立得住，方能静亦定，动亦定"，王阳明主张知行合一的理论，知行合一即致良知，致良知即知行合一。

心灵之中与心灵之上。你未看此花时，此花与汝同归于寂；你来看此花时，则此花颜色一时明白起来。心灵点亮了一株花，这株花点亮了心灵。心灵的世界充满光明，整个世界也充满光明。

人要做自己的王。心灵是人生的王。良知是心灵的王。人不能做外物的奴隶，不能为外物所奴役。做自己的王者，活成自己。做最好的自己，不负此生。

回到自己的心灵中，倾听内心的声音，那是良知在发声。回到自己的灵魂中，探寻内心的灵光，那是灵魂在发光。让良知的声音引领人生，让心灵的光源点亮智慧。

唤醒良知，需要回归心灵；觉醒心灵，需要崇高信仰。心灵之中有良知，心灵之上有信仰！

一、领导力与阳明心学：强大内心的智慧之源

王阳明是立德、立功、立言的圣贤，被称为"千古第一等人"。王士祯说："王文成公为明第一流人物，立德、立功、立言，皆居绝顶。"

走进王阳明的心灵世界，能够领略灵心领导力的奥秘；研究王阳明的人生经历，可以得到灵心领导力的启迪。

立一等志向，思一等境界，做一等学问，成一等人才。有人探索光，有人追寻光，我们自己要成为一道光，让更多人看到光明与希望。

王阳明（1472—1529 年），名守仁，字伯安，号阳明，明代浙江余姚人。因曾筑室于会稽山阳明洞，自号阳明子，世称阳明先生。阳明，指太阳神。

王阳明经历了明朝正德皇帝和嘉靖皇帝两朝，官至兵部尚书、都察院左都御史，开创了心学。除了心学的成就之外，王阳明世俗中的成就是封伯爵。在中国古代封爵非常困难，非有奇功而不可得。

王阳明精通儒、道、佛三家之学。朱彝尊称赞王阳明："诗笔清婉，书法尤通神，足为临池之模范。"纪昀说："守仁勋业气节，卓然见诸施行，而为文博大昌达，诗亦秀逸有致，不独事功可称，其文章自足传世也。"

王阳明被称为"千古第一等人"。中国学者评价王阳明为明第一流人物，极具伟大，军事上、政治上多有很大的勋业。思想界认为王阳明的学说直接影响了日本的明治维新。

王阳明一生波澜壮阔，历经磨难。他左手持剑，力挽大明江山；右手抚卷，创立浩瀚心学。正如王阳明本人所说，事上磨炼乃真修行，否则终无长进。一个成大器的人，须历经种种磨炼。

阳明学，即心学，最早可推溯自孟子。王阳明提倡"致良知"，从自己内心中寻找"理"，"理"在人"心"，"理"化生宇宙天地万物，人秉其秀气，所以人心自秉其精华。强调知行合一，要知更要行，知中有行，行中有知，二者互为表里，不可分离。知必然要表现为行，不行则不能算真知。

王阳明的学生徐爱称赞先生说："先生明睿天授，然和乐坦易。少时豪迈不羁，又尝泛滥于辞章，出入佛道之学。先生居夷三年，处困养精，精一之功，固已超入圣域。但见先生之道，即之若易，而仰之弥高；见之若粗，而探之愈精；就之若近，而造之愈益无穷。"

王阳明诗云："吾心自有光明月，千古团圆永无缺。"张岱说："阳明先生创良知之说，为暗室一炬。"魏禧说："阳明先生以道德之事功，为三百年一人。"作为历来为人所称道的立德、立功、立言三不朽之人，王阳明阐述了心学的智慧境界，对于提升领导力具有醍醐灌顶般的教益。

王阳明对于《大学》的要义进行了深刻体悟，论述了《大学》三纲"大学之道在明明德，在亲民，在止于至善"的主旨，阐述了《大学》八条目"格物、致知、诚意、正心、修身、齐家、治国、平天下"的内涵。格，有深究的意思，也有格除的意思。深究事物，得到智慧，这是朱熹的解释。阳明格竹，依照朱熹的思路深究来深究去，始终达不到目的。于是阳明将格物之格做格除来解释，豁然开朗。格物就是格除物欲，得到真知。

什么是天理？天理就是天道。表现在人的身上，就是一颗没有私欲和物欲被净化了的心。心即理，心中的理其实也就是世间万物的理在心中的体现。没有经过心消化吸收的理，对于每一个个体来说其实是不存在的。天理只有入心，才能为心所有。因此，心要获得天理，需要格物致知，自省实践，即"知行合一"。

王阳明主张"致良知"，倡导"知行合一"，提出"无善无恶心之体，有善有恶意之动，知善知恶是良知，为善去恶是格物"的学说。

王阳明认为"圣人之道，吾性自足"。他论述了什么是"圣人之心"——"圣人之心，以天地万物为一体，其视天下之人，无外内远近：凡有血气，皆其昆弟赤子之亲，莫不欲安全而教养之，以遂其万物一体之念。"（王阳明《传习录》）"大人者，以天地万物为一体者也，其视天下犹一家，中国犹一人焉。"（《王阳明全集》）王阳明认为统治者应该"推其天地万物一体之仁以教天下"（《传习录中》）。

阳明心学是明朝中后期的一次思想解放运动，和资本主义工商业的发展息息相关，和欧洲的文艺复兴运动基本是同时期的。可惜在政治严酷的明朝，阳明心学没有开出工业革命的硕果。

系统学习阳明心学，首先要找一个学习的基准点。这个基准点毫无疑问就是《传习录》。想成为内心强大的人，不妨看看《传习录》，可以从中汲取王阳明知行合一的力量。《传习录》是成功修身的文化经典。

读懂王阳明的人，一般都会找到真正的自己。阳明心学是修炼强大内心的智慧之源。

二、领导力的启蒙：好奇心和想象力

王阳明出生于一个家学渊源的仕宦世家。他的远祖是东晋的大书法家王羲之。据《年谱》记载。王阳明出生前，他的祖母梦见有人从云中送子而来。梦醒时王阳明刚好出生。于是，他的祖父便为他起名叫王云。乡里的人也称其降生处为瑞云楼。

但王阳明到了5岁时还不会说话，家里人非常着急。有一天，一位高僧经过他的家乡时，正好看见王阳明，于是抚摩着他的头说："好个孩儿，可惜道破。"意思是说，他的名字"云"道破了他出生的秘密。他的祖父一听这才恍然大悟，给他改名为守仁，名字一改完，王阳明便开口说话了。

王阳明一说话，就能把爷爷王天叙经常吟诵的经典书籍的内容朗诵出来。这个故事多少带点神话色彩，但从中我们也可以看出王阳明的聪慧。

家庭中对于王阳明的天性和天赋全心呵护的是王阳明的爷爷王天叙，爷爷以爱心和智慧全心全意支持阳明自主自由、自在和谐地成长。爷爷和蔼可亲，饱读诗书，学识渊博，思想开放，有特别好的教育思想和理念，尊重阳明的个性，支持阳明按照自己的想法行事。爷爷的爱护和教育，是王阳明一生最大的财富。由于爷爷的加持，王阳明的童年和少年生活丰富多彩，充满阳光。幸福的童年可以治愈一生，不幸的童年要用一生来治愈。王阳明有一个幸福的童年和少年。阳明童年和少年时代的阳光一直照耀着他的一生，使阳明的心中充满光明。

在祖父的教导下，王阳明进步非常神速。10 岁那年，他的父亲考中状元。他随父亲赴京，路过金山寺时，他父亲与朋友聚会，在酒宴上，有人提议作诗吟咏金山寺。王阳明才思敏捷，瞬间成诗，吟咏而出："金山一点大如拳，打破维扬水中天。醉倚妙高台上月，玉箫吹彻洞龙眠。"

吟咏之后，四座无不惊叹，于是大家又让他作一首《蔽月山房诗》，王阳明又随口吟诵出："山近月远觉月小，便道此山大于月。若人有眼大如天，还见山小月更阔。"

从这两首诗中不难看出，小小年纪的王阳明就已经表现出了非凡的想象力和深厚的文化素养。

王阳明从少年时代起就从不循规蹈矩。他兴趣广泛，好奇心强，一学就入迷，而且经常出游边关，练习骑马、射箭，同时博览各种兵书以及道家养生秘籍。遇到宾客来访的时候，就会用果核摆列阵法与宾客玩起军事游戏。

明弘治十二年（1499 年），28 岁的王阳明考取进士，授兵部主事。

当时朝廷上下都知道他是博学之士。但提督军务的太监张忠认为，王阳明是以文士授兵部主事的，觉得他很文弱，所以很看不起他。有一次，张忠竟当着全军的面，强令王阳明当众射箭，想让他出丑。王阳明再三推辞之后，终究拗不过张忠，只好弯弓搭箭，刷、刷、刷三箭，三发全中红心，引来了全军的欢呼，张忠则羞愧万分。

可见，王阳明是一位文武全才。要想成为才华卓越、本领高强的人，需要好的教育，需要立定志向、勤奋好学，在这个成长过程中，强烈的好奇心和自由的想象力非常重要。因此，好的教育要像爱护眼睛一样，爱护孩子的好奇心和想象力；要想培育幼苗一样，培育孩子的好奇心和想象力。爱护和培养孩子的好奇心和想象力，需要和谐的氛围、宽松的环境，需要真正的尊重和热情的鼓励。

领导力的培养要顺天致性。王阳明年少有为，早年的成长经历丰富多彩。幼年的王守仁，生长在良好的世家，有着宽厚的成长环境，是闻着书香长大的。

王守仁 12 岁时正式就读私塾，13 岁时母亲郑氏不幸去世。那么小的年龄上忽然失去了亲爱的母亲，对于王阳明来说是一个莫大的打击，也是王阳明成长过程中遇到的一个巨大的不幸。遭遇这样的不幸，一方面需要王阳明有强大的心理力量，另一方面需要家人亲情的充满爱心的呵护和支持。13 岁的王阳明还是一个孩子，这就更需要亲人的至爱与呵护。好在王阳明拥有百般爱护他的亲人。父亲王华才华横溢，喜欢吟诗作赋，对王阳明影响很大。祖父王天叙学识渊博，有很好的教育理念。他认为：人才不是管出来的，而是教育出来的。最好的教育是引导，是尊重，是唤醒，不是强制，不是管束，应该顺应孩子天性，尊重孩子个性，培养孩子德性，激发孩子创造性。要欣赏自己的子孙，坚信自己的子孙将来必有大成！

三、领导力的动力之源：志存高远

什么是人生第一等大事呢？ 1483 年的一天，正在北京私塾读书的王阳明，一本正经地问老师："何谓第一等事？"这一问，是王阳明一生中最早也是最重要的一问。这是一位天才少年对人生终极价值的发问。

老师听到王阳明一问，吃了一惊。没想到年幼的学生会发出这样的一问。老师不假思索，很快作出了回答："当然是读书做大官啊！"

王阳明用亮晶晶的眼睛看着老师，认真地说："我认为不是这样。"顿了顿，王阳明郑重地说道："我以为第一等事应是读书做圣贤。"

这一年，王阳明刚刚 12 岁。

这一问，问出了人生的一个重大课题。而王阳明的自问自答，回答了人生真正的价值和意义。

这一问，表明了王阳明超群出众的思想境界，而王阳明的回答，更表明了他的理想和志向。志存高远，有愿必成。读书做圣贤，成为王阳明一生的追求。

这一问，传到了王阳明的父亲王华的耳里。有一天，王华看到儿子站在院子里仰望天空，凝神思索，就问儿子："儿子，听说你要做圣贤？"

王阳明对父亲点了点头，说："当然。"王华说："什么叫圣贤？"

王阳明说："圣人就是为天地立心，为生民立命，为往圣继绝学，为万世开太平的人！"一个人的志向非常重要。树立什么样的志向，成就什么样的人生。王阳明从小立志做圣贤，后来果然成为圣贤。

人生第一等大事是读书做圣贤——王阳明说得多好啊！

志不立，天下无可成之事。志向，就是理想，就是方向。只有志存高远，才能意志坚定，凝心聚力，坚韧不拔，精进不息，实现宏图大志。

人为什么一定要立志呢？回答：立志是知道自己这一生要干什么。王阳明说："立志者，为学之心也；为学者，立志之事也。""志不立，如无舵之舟，无衔之马，漂荡奔逸，终亦何所抵乎？"

我想，我能，我一定能行！王阳明从小立志做圣贤，经过持之以恒的努力，果然成为圣贤，可见树立高远的志向是多么重要！"学本于立志，志立而学问之功已过半矣。"做人做学问，要先立其大者，古人诚不欺我。

古人言：求其上而得其中，求其中而得其下。所以立志一定要高远，志存高远，即使不能完全实现人生目标，也不会差到哪里去。

少年时期的王阳明，就显现出不同寻常。如问老师"何谓天下第一等事"，能够问出这样深刻的问题，就很不寻常。当被老师告知"读书登第是第一等事"，王阳明却不以为然，而立志要做个圣贤。为了"成圣"，王阳明认真学习诗词、文章、书法、骑射、兵法等知识，内心与外界互通，眼睛所观察到的花木，人物的一举一动，都是外界带给我们的反馈，嘈杂的世界也代表了嘈杂的内心。让内心平静，为自身的志向留存坚韧之念。让志向之念，持续影响着内心的世界，待到心念结果，志向则必然有所成就。

有志者，事竟成。时刻保持"想要"的念头，抛开阻挠的因素，便会发现，所有的"我想"，都会慢慢变成"我能"，时间更久之后慢慢变成我一定能行。树立志向，志存高远，大胆一些，坚定一些，以前不敢想的事情，未必做不到。坚持心之所向，才能获得成功。王阳明说："故立志而圣，则圣矣；立志而贤，则贤矣。""已立志为君子，自当从事于学，凡学之不勤，必其志之尚未笃也。"

王阳明志存高远，不同凡俗，读书做圣贤的宏伟志向一直激励着他，使他不断探索，寻求内圣外王之道。王阳明兴趣广泛，有强烈的好奇心。聪慧，元气充沛，精力饱满。他喜欢跟小朋友们玩军事游戏，制作了大小旗帜数面，自己装扮成指挥官从中调度，摆兵布阵。除了进行军事模拟之外，他还苦练骑射、遍览兵法，将历史上著名军事家的著名战役在现实中还原，进行模拟。

王阳明不喜欢应试做官这条路，但是，他喜欢探索，喜欢读书，他曾广泛阅读儒家经典，有一段时间还沉迷于词章之学，而且写出了不少才情洋溢的文章辞赋。

明朝时期，宋代理学家朱熹的思想学说很盛行。王阳明按照朱熹对于格物致知的解释，曾经与一位好友一起格竹子。两人来到竹子面前盯着那棵竹子看，但格了好几天，格得头昏脑涨，甚至出现了幻觉，也没有格出个所以然。于是，王阳明对朱熹的一些观点产生了动摇。在苦恼了一段时间后，王阳明适时转向。山重水复疑无路，柳暗花明又一村。王阳明在探索过程中，既有勇往直前的勇气，又有灵活转身的智慧。如此智勇双全，方可成就大事！

王阳明从小聪慧好学，兴趣广泛，喜欢探索，善于行动，具有强烈的好奇心，这是成功者的素质。这一切，都是成就一代心学大师的阅历和历练！

圣贤可学而至。王阳明曾经遇见一位神秘大师。1488年，17岁的王阳明按照长辈的约定，到江西南昌迎娶江西布政司参议诸养和的女儿。可在结婚当日，他不知不觉走到一处道观，上写"铁柱宫"三个大字。或许命运使然，灯火阑珊，一位仙风道骨的道士在那里静坐。道士鹤发童颜，眼神清亮。王阳明猜不出道士的年龄，忍不住问道：

"您高寿啊？"

道士回答："惭愧，才 96 岁。"

王阳明一惊，不禁羡慕道士的长寿，殷切地问道："您是高人，请问有什么养生妙法？"

道士微微一笑："养生之道，就是静坐。养生诀窍，在于清净。老子清净，庄子逍遥。清净而逍遥，人生之乐也。"王阳明与道士相谈甚欢，甚至都忘记了时间推移，待到忽然想起此时正是自己的新婚之夜，便与道士告别。

道士说："你要多保重，我们还会有见面的机会。再次见面，你的人生将迎来转折点。"王阳明问何时才能再见面。道士回答："20 年后。"

1489 年秋天，黄叶飘飞，菊花飘香。18 岁的王阳明携年轻的妻子离开南昌回故乡余姚，途经广信时，拜访理学家娄谅。

娄谅精研佛道思想，善于静坐。王阳明向娄谅请教如何做圣贤，娄谅回答："圣人是可以靠后天学习而获得的。"怎样学习做圣贤呢？娄谅认为：只有先"内圣"，然后才能"外王"。

随着年龄的增长，王阳明潜心向学，思索探究，他学习了儒、佛、道三家学说，出入于儒、道、佛之间，对于儒、道、佛都有很深的造诣。

提升领导力要培养定力。王阳明说："汝以不得第为耻，吾以不得第动心而为耻。"20 岁时，王守仁中举人，22 岁时考进士没有考中，1496 年在会试中再度名落孙山。王阳明却无动于衷，淡定地说："世以不得第为耻，吾以不得第动心为耻。"

人生不如意事十有八九，人人都不可能永远一帆风顺，遭受挫折就一蹶不振，那是人生的弱者。遭受挫折，愈挫愈勇，勇敢坚强，勇往直前，才是人生的强者。王阳明落第之后不以为耻，正说明他有强大的心理能量，有更加高远的志向和境界。

越是艰难处，越是修心时。人生会遇到各种艰难困苦，艰难困苦，玉汝于成。文天祥说：时穷节乃现。艰难困苦最能考验心性修养的功夫，唯有修养深厚者能做到泰然处之。

王阳明以做圣贤为志向，具有"会当凌绝顶，一览众山小"的气魄，拥有"不畏浮云遮望眼，自缘身在最高层"的境界。王阳明深知"千淘万漉虽辛苦，吹尽狂沙始到金"的道理，深知人须在事上磨，方能立得住，方能静亦定，动亦定。艰难困苦，正是对心性的最好磨砺。因此，王阳明才能做到"不管风吹浪打，胜似闲庭信步"。

四、领导力的磨砺：度过人生至暗时刻

杭州钱塘江边，35岁的王阳明遭遇了人生的至暗时刻。

王阳明因为仗义执言，遭受迫害，被投入监狱，出狱后，宦官刘瑾又一路追杀，王阳明机智地躲过一劫，一路跋涉来到龙场，九死一生。在这人生的至暗时刻，他没有被击垮，反而更加坚强，内在的力量更加强大，终于有一天，他顿然大悟，觉悟了圣贤之道。龙场悟道有力地昭示了一个道理：无论遭受多大的不幸，只要精神足够强大，人生的至暗时刻，就会成为迎接黎明的前奏，任何黑夜都不可能阻挡黎明的到来。无论遭受多么大的打击，都要挺住。熬过黎明前最黑暗的时候，就会迎来最壮丽的日出！

圣人之道，吾性自足！修炼领导力，要有悟性，要有信心。犹如在茫茫旷野中点燃一团火，王阳明龙场悟道，照亮了历史的天空。

以龙场悟道为分界线，王阳明对圣人这个概念的理解产生了质的变化。龙场之前，这个概念是，想做圣人，要通过学习各个领域的知

识，然后成为圣人。龙场之后，这个概念变成了，我就是圣人，要做圣人该做的事。只有做圣人该做的事情，才是圣人。

为什么龙场悟道前后会有这么大的变化？答案在于"圣人之道，吾性自足"。庄子说过："吾生也有涯，而知也无涯。以有涯随无涯，殆已。"一个人的人生是很短暂的，用这么短的人生去求天下万物之理，是不可能的。

王阳明的遭遇改变了他，也让他之前为成为圣人而做的努力没有白费。量变引起了质变。龙场的境遇，让王阳明一度陷入悲观的景况。

王阳明不知道贬为驿丞会不会是终点，会不会有更严重的诏书下来，比如赐死；会不会有锦衣卫来了结他的性命；离家万里，不知家中情况如何，有没有受他的影响。当地穷山恶水，生活环境极为恶劣。能交流的除了几个仆役，就剩下语言不通的少数民族，环境气候也不好。在这种情况下，王阳明问自己："圣人处此，更有何道？"如果孔子、孟子，他们在我这个情况下会怎么做？他们会怎么处理我现在面临的困境？他坐在棺材里，日夜探究，有一天，他终于顿悟："圣人之道，吾性自足！"

龙场悟道，王阳明找到了前半生一直在寻找的答案："圣人之道，吾性自足！"龙场悟道，直面苦难，忍苦忍辱，顿悟人生。磨难、挫折，遇到的困境越大，就越要坚强，越要去克服它，越要精进悟道，这就是每个人的"龙场悟道"。

龙场在明朝时是一个偏僻落后甚至有生命危险的地方，但恰恰是在这个艰险的环境中，王阳明能够有时间沉思静心，他把自己融合于天地之间，思考人生的终极价值。龙场悟道后，王阳明已经完全超脱得失荣辱和生死之念。

王阳明提出"知行合一"的观点，与以后提出的"致良知"一脉相承，为形成心学理论体系奠定了基础。

从这个意义上来说，苦难对于意志薄弱的人是难以忍受的磨难，而对于心志高远的人则是最好的历练！

龙场对王阳明悟道最大的助力，就是这个地方刚好是他人生的最低谷。

如果说龙场悟道带给我们什么启示的话，那就是：人一定要自信坚强！面对劫难，乐观坚定，坚韧不拔，忍苦忍辱，精进不息，坚信圣人之道，吾性自足！

直面自己人生中碰到的那些挫折，挫折越大对你的成长帮助就越大。若此时放过，闲时讲学何用？人正要在此等时磨炼。

不要浪费人生中的任何一个寒冬！

不要浪费每一个磨难！

当你站在冬天看春天，每一个日子都是接近春天的日子。

当你站在山顶上往下看，每一条路都是登上山顶的道路。

五、领导力的运筹帷幄：攻心为上

王阳明一身正气，足智多谋，具拨乱反正之才，展救世安民之略，善于运筹帷幄，智勇双全，战功赫赫，用兵如神。

1518 年，王阳明以心学理论，运用智谋，恩威并施，平定了江西数十年的祸乱。

1519 年，王阳明在鄱阳湖中仿效赤壁之战，平定朱宸濠之乱。

1528 年，王明明平定西南部的思恩、田州土瑶叛乱和断藤峡盗贼祸乱。

南中地带曾经盗贼蜂起。前任巡抚文森托病去职。谢志山联合乐昌的盗贼夺取大庾，进攻南康、赣州，赣县主簿战死。王阳明知道官府中有不少人是盗贼的耳目，于是责问年老而狡黠的仆役，仆役浑身哆嗦不敢隐瞒，如实坦白。王守仁赦免了他们的罪过，让他们暗中侦探叛军，王阳明因此掌握盗贼情况，传檄福建、广东会兵一处，讨伐盗贼。他用兵"诡异"、多谋善断，素有"狡诈专兵"之名。王阳明亲自率领精锐，假装撤退，出其不意，发起进攻，接连破敌，为民除害，荡平为患数十年的盗贼，人们都惊呼王阳明是神人。

黄景昉称赞王阳明说："王新建（守仁）能用度外人，收罗甚富，如致仕县丞、捕盗老人、报效生员、儒士、义官、义民、杀手、打手等，皆在笼络奔走中，即土目亦为心死。大都眼高襟豁，从学问澄彻来。"

王阳明以谋略平定朱宸濠之乱，但他的平叛大功却没有得到武宗的认同。武宗身边的奸邪之臣，平时与朱宸濠交往密切，心态复杂。有的奸臣希望王守仁将朱宸濠释放，然后再让已经南巡的武宗亲自"擒获"朱宸濠，以满足武宗的虚荣心。面对复杂的形势，王守仁急流勇退。他将朱宸濠交付当时尚属正直的太监张永，然后称病，以避免卷入更多的政治事端中。

所以，武宗当朝时，王守仁平叛之功并没有得到朝廷封赏。直到正德十六年（1521 年），明世宗即位，才加封王守仁为新建伯，世袭。

嘉靖元年（1522 年），父亲王华去世，王守仁回乡守制。

王阳明 54 岁时，辞官回乡，专心讲学，创建书院，宣讲"心学"，在天泉桥开示心学四句教法，史称"天泉证道"：无善无恶心之体，有善有恶意之动。知善知恶是良知，为善去恶是格物。

世事洞明皆学问。王阳明平定战乱，有勇有谋，功勋卓著。但是，取得胜利，立了战功，却遭受嫉恨，受人陷害，遭遇了人生的险境。王阳明遇险不惊，心静如水，不争名利，进退自如，从而度过了激流险滩，保全了自身的平安。可见，人生在世，要审时度势，智勇双全，保持定力，淡泊名利，相机而动，进退自如。

领导力的上善韬略是攻心之法。王守仁说："兵惟凶器，不得已而后用。"嘉靖六年（1527年），思恩、田州的卢苏、王受起兵造反，朝廷下诏让王守仁总督两广兼巡抚。王守仁了解到卢苏、王受之所以造反，是当时地方政府官员逼出来的。王守仁利用叛军首领的心理，动之以情，晓之以理，特别是晓以利害，王守仁给卢苏和王受写信，首先站在他们的立场来考虑，对于他们当初受压榨的遭遇深表同情，同时真诚地向二人保证，只要两人放下武器，将来绝对不会再遭受当初的压榨，保证他们的生命安全，把广西建成一个他们心目中的理想家园。王阳明更是严正地指出：他们两人投降，对他们有好处，可以免掉兵戎相见，会存活很多人，而活人一命可是最大的功德。

经过反复劝说，同时刚柔并施，从各个方面展开心理攻势，终于使叛军首领回心转意，投降了王守仁。"兵惟凶器，不得已而后用"，王守仁用智慧和谋略，用攻心之法，不战而胜。兵法说：不战而屈人之兵，善之善者也。

为什么说"他一疑，事就成了"？王阳明善用攻心之策，在平定朱宸濠叛乱时，曾用过一个计谋。他假造了一封信，信中所写是有关答复朱宸濠手下重臣李士实和刘养正投诚的内容，同时又假造朱宸濠手下指挥官们的投降密状。然后派人前往，找到平时与朱宸濠结交的人相谈，谈话结束时故意将这些信件遗落。这些假造的信件都到了朱宸濠手里。

有人对这些计谋不以为然，问："这有用吗？"王阳明反问道："先不说是否有用，只说朱宸濠疑不疑？"有人不假思索地回答："肯定会疑。"王阳明笑道："他一疑，事就成了。"

王阳明启示我们，做任何事情，要攻心为上，力求不战而屈人之兵，才是上策。

领导力的神奇心法：此心不动，随机而动。王阳明说："此心不动，随机而动。"这八个字有无穷的妙处。此心不动，就是要有定力；随机而动，就是要灵活机智。

此心动与不动，是决定胜负的关键。有弟子问王阳明：老师为什么用兵如神？是不是有什么特别的诀窍？王阳明回答：诀窍就是努力做学问，养得此心不动——此心不动，随机而动！

有些人平时学问历练功夫不到家，一临事就慌乱失措。要锻炼出急中生智的智慧，全靠平时学问纯笃厚重空灵的内功。

投机取巧是投机者的小聪明。只有真正的智者才会从大本大原上用功，正如老子所说：大巧若拙，大智若愚。无为而无不为。

要历事炼心，磨炼心性，锻炼心智，通过刻苦的修炼，养成此心不动随机而动的深厚功力。

内心要有主宰。世事纷纭，复杂多变，能不能动我心，是由我的心来决定的。只要练得此心浩瀚如海，稳如泰山，厚重如大地，空灵如天空，即使遇到再大的打击和磨难，哪怕是天崩地裂、洪水滔天、电闪雷鸣、风狂雨暴，只要我心中安然、泰然、淡然、定然，便永远是乾坤朗朗。

根源总在心源。只要我心不动，就一定吉祥安康。我由我不由天。此心不动，随机而动，方能获得成功！

六、领导力的光源：光明存于心中

王阳明的弟子徐樾，确信已经理解王阳明心学，获得真谛。王阳明让他举例说明，徐樾举一个，王阳明否定一个。这样举了十几个。此时，王阳明指点道：你不能太执着于事物。徐樾不理解，王阳明就指着船里蜡烛的光说："这是光。"往空中的烛光一指，说："这也是光。"又指向船外被烛光照耀的湖面说："这也是光。"再指向目力所及处："这还是光。"徐樾沉思片刻，兴奋地说："老师我懂了。"王阳明说："不要执着，光不仅在烛上，记住这点。"

由此推知：如果心中有光，光便无处不在。因为我们的心已经是太阳，正大光明，普照万物。真正的光明，存在于心中。

我们看待世间万物，千万不可拘泥执着。"死心眼儿""一根筋"，只是盯着一点点小事，只是追求蝇头微利，这样的心态要不得。要放开眼光，放大格局，看到更远的地方。要"无我相、人相、众生相、寿者相""不取于相，如如不动"。

山间的花与心中的花。你未看此花时，此花与汝心同归于寂；你来看此花时，则此花颜色一时明白起来。王阳明的那朵花，是山间之花，更是心中之花。你没有看这朵花时，这花就和你的心一样是寂然的，像是没有存在过一样；当你来看此花时，此花的颜色才一时间明明白白地展示在你的面前，由此说来，便知道这朵花并不是独立于你的意识而存在的。

一朵花，没有进入你的视野，这朵花对于你的内心来说，就不存在任何意义。人生处世，事物进入你的心里，要经过你心中的良知进行鉴别，经过内心良知的明鉴，才能赋予事物以源自心中的事理，所以，王阳明说：心即理。

你所遇见的一切，都与你心中的感受密切相关。放下眼前的是非，用美好的心灵面对更广阔的天地，万物也会以美好待你。放下荣辱得失，远离偏见与成见，活出自己的样子，才是最美的样子。

世界进入你的心中，你的心中才有世界。你对了，世界就对了；心美好，一切都美好！

天地人物，只有与人心中的灵明产生关系，才能进入心中的世界。人的良知，就是天地万物的灵明。

佛说："万法唯心造。"山间之花，自开自落，如果我看不到此花，则此花对于我的心来说是不存在的，而我一看到此花，此花映入眼帘，与我便产生了关系。人与花的关系如此，人与人的关系也如此。

七、领导力的成长途径：磨炼心志

怎样磨炼心志？ 1505 年，王阳明冒死上书，请求释放被诬陷的好友，结果被贬贵州龙场做驿丞。当时的龙场，处于万山丛棘之中，瘴气弥漫，驿站也破败根本无法居住。

王阳明只能在山洞边的小山上搭一间矮小茅屋栖身。

虽遭遇困厄，但他没有意志消沉，还安慰随从，只要苦不入心、心中不苦，生活便是甜的。

他白天开荒种菜，晚上打坐修心，才有了著名的"龙场悟道"，王阳明也因此成为一代心学大师。越是艰难时，越是修心时。人若想成大器，就要经得起磨难。

人生所有的南行的路，不过是为了登顶所必经的路而已。如果你停止，就是谷底；如果你还在继续，就是往上走。

南宋诗人陆游五起五落，一生坎坷，也一生豁达。一次屋顶瓦片被狂风掀掉，墙壁被大雨淋湿快要坍塌，家中无米揭不开锅，他并无忧愁，即兴赋诗："昨夕风掀屋，今朝雨淋墙。虽知柴米贵，不废野歌长。"33岁入仕时，他因触怒宋孝宗，被罢官回老家赋闲四年，其间写下了千古名句："山重水复疑无路，柳暗花明又一村。"陆游平日最大嗜好，就是种花赏花。身处逆境，以此解忧。正是这种豁达的性格，让他成为诗坛最长寿的诗人，活到了85岁。

人生如酿酒，只有等待，才有苦尽甘来的一天。如果能跑，那就跑；如果不能跑，那就走；如果不能走，那就爬。没有走不出的困境，没有爬不出的低谷。

怎样锻炼能力？15岁那年，王阳明为稳定边关建言献策，写了一封奏疏交给父亲："我已写好平安策，请转交皇上，我愿出关，讨平鞑靼。"父亲把奏疏一扔："无知至极，狂妄至极。"

15岁的王阳明，无论是资质还是能力，都不足以让人信服，莽撞的行为非但不能成事，反而会招来杀身之祸。听了父亲的教训后，王阳明从此心无杂念，苦读兵法，26岁时就几乎看遍了所有的兵书战策。

人若想有所长进，功夫下得越深，根基就扎得越稳。

1957年，有出版社决定翻译出版《堂吉诃德》，找到了杨绛先生。为了翻译好这部著作，48岁的杨绛开始自学西班牙语，每天抱着字典，从零开始，一个单词一个单词地啃。就这样苦学了四年，才掌握了西班牙语。《堂吉诃德》译本一经出版，便好评如潮，被公认为是优秀的翻译之作。

有人说："复杂的事情简单做，你就是专家；简单的事情重复做，你就是行家；重复的事情用心做，你就是赢家。"所以，任何时候，都不要忘记深耕自己。

八、领导力的治本之策：教化为先

怎样修炼思维？你的所见、所闻、所感、所想，构成了你世界的全部，什么是你真实的世界？你能够把握的世界，才是你真实的世界。你把握的确定性，越高越好，越高越真实。

电影《教父》里有句经典台词："花一秒钟就能看透事物本质的人，和花半辈子都看不清事物本质的人，注定是截然不同的命运。"真正拉开人与人差距的，是你洞察事物本质的能力。

同样一件事，不同思维模式的人做，结果注定大相径庭。优秀的人敬畏因果，改善原因，优化思维。

明朝正德年间，朝政荒废，加上土地兼并严重，自然灾害频发，各地盗贼蜂起。南赣地区位于四省交界之处，地形复杂，沟壑纵横，森林茂密，便于山贼藏匿。

地方官府对此无能为力，多次围剿始终难以根除。这块难啃的骨头，落到了王阳明手里。到任后，王阳明并不急于剿匪，通过走访了解到，沉重的赋税让很多年富力强的士兵迫于生计，做了土匪。

剿匪只是治标不治本，要想彻底解决南赣匪患问题得另想他法，最后王阳明想到了一个根治的办法：教育，办学校。从思想上去教育民众，然后改善当地的吏治、民生。

就这样，王阳明彻底根除了南赣地区山贼出没几十年的难题。

真正限制一个人的，从来不是生活上的贫穷，而是认知上的困顿。思维的深度，决定人生的高度。

九、领导力的骨血：致良知

天泉证道，是历史上一个充满神奇色彩的故事。王阳明在最后一次赴两广地区平定叛乱的时候，向他的弟子们道出了心学的精髓。我们来看一下《明朝那些事儿》所记载的王阳明和弟子们的一段对话吧：

钱德洪和王畿肃穆地看着老师，他们在等待着。

王守仁打破了沉默："我即将赴任，但此去必定再无返乡之日，此刻即是永别之时，望你们用心于学，今后我不能再教你们了。"

钱德洪和王畿当即泪流满面，马上跪倒在地，连声说道："老师哪里话！老师哪里话！"

王守仁却笑着摇摇头："生死之事，上天自有定数，我已五十有六，人生已然如此，别无牵挂，只是有一件事情还要交代。"

钱德洪和王畿停止了悲泣，抬起了头。"我死之后，心学必定大盛，我之平生所学，已经全部教给了你们，但心学之精髓，你们却尚未领悟，我有四句话要传给你们，毕生所学，皆在于此，你们要用心领会，将之发扬光大，普济世人。"

天地竟是如此之宁静，大风拂过了空旷的天泉桥，在四周传来的阵阵风声中，王守仁高声吟道：无善无恶心之体，有善有恶意之动。知善知恶是良知，为善去恶是格物。

钱德洪与王畿一言不发，屏气凝神，记下了这四句话。这就是所说的心学四诀，流传千古，至今不衰。

王阳明心学中的诸多论述，比如"人须在事上磨，方能立得住，方能静亦定，动亦定""吾性自足""唯精唯一""知行合一"等，最终都可以用这心学四诀来总结。

王阳明说："良知只是个是非之心。"一念开明，反身而诚。静处体悟，事上磨炼。"良知者，孟子所谓'是非之心，人皆有之'者也。是非之心，不待虑而知，不待学而能，是故谓之良知。"良知一说出自《孟子·尽心上》："人之所不学而能者，其良能也；所不虑而知者，其良知也。"

人要有良知。你做的事，良心会不会安？良心安，无怨无悔，义无反顾。如果良心不安，不要去做，做了也没有好结果。

知行合一，通过"行"来加深对知的认知和肯定。没有什么经历的人和经历丰富的人，两者的效果是不一样的。对于经历丰富的人来说，知，是亲身省悟的，已经成为一种本能，成为一种智慧。

王阳明诗云：问君何事日憧憧？烦恼场中错用功。莫道圣门无口诀，"良知"二字是参同。

致良知，是人生终极的安身立命之根本！

能克己，方能成己，是领导力的律己之道："克己须扫除廓清，一毫不存，方是。有一毫在，则众恶相引而来。"

活得剔透的人都明白，人生最大的敌人是自己。我们有毅力帮别人改掉一个陋习，却很难拿出同样的毅力改正自己的毛病。"克己"真是太难了！

克己才是真功夫。王阳明说："能克己，方能成己。"克己之人，方能成就自己。克制自己，主要是克制自己的欲念。欲念一多，人心就会散乱。所以真正的功夫，就是懂得收束自己的内心。化解内心的妄念，萃取出美好的良知，这就是修行的功夫。

懂得克己的人，知道什么对自己有益，就用心去做，也知道什么对自己有害，就立即修正。在调整中，不断提升完善自我，又怎能不

成器？

但凡成大器的人，大都能管控自己的情绪。王阳明在《与王纯甫》里写道："天下事虽万变，吾所以应之，不出乎喜怒哀乐四者。此为学之要，而为政亦在其中矣。"大意是：不管做学问，还是为人处世，只要能处理好喜怒哀乐这些情绪，能时时保持心平气和、真心诚意，那么就没什么事不能顺遂了。

心旷福之门，心定慧之源。王阳明说："心狭为祸之根，心旷为福之门。"心胸狭窄的人，喜欢钻牛角尖，容易引发祸事，而心胸开阔的人，能容纳万千愁绪，保持乐观积极，自然有福气临门。

因此，生活中要铭记：让自己的心胸开阔，任何情绪，都能容纳消解，做到自控并不难。不被情绪掌控，做情绪的主人，才能接受到身边更多的善意与理解，任何难事从此变得不再难做。

敞亮心灵，打开幽暗的心理世界大门的一把钥匙，是洞穿纷繁复杂的社会现象的一双眼睛。心宽天地宽，向着自由王国，放飞自我，完善自我，提升思想境界。

内心定力。为什么说人不能受欲望支配？王明阳的弟子欧阳德向王明阳请教过一个问题："寻常意思多忙，有事固忙，无事亦忙，何也？"人经常在生活中，内心烦躁忙乱，无法安定自若，有事没事都很忙。为什么会这样？

王明阳回答道：一个人对天理认识得不够，就会受各种欲望影响支配。人不可能没有欲望，但要懂得约束欲望，若任由欲望泛滥，就会迷失内心，整日被各种欲望折磨着，陷入忙乱，不得自在。

古人尚且容易被各种欲望支配不可自拔，在这个高度发达的现代社会，每个人都面对着物欲横流的考验，若能悟透"心忙"的原因，就能获得内心自在。

怎样修炼内心的定力？阳明心学的主旨就在于修养内心，以到达"触之不动"的境界。所谓"触之不动"，就是指无论荣辱得失，顺境逆境，都能保持内心平静，不被外境所扰，该做什么，就做什么。

王阳明曾先后三次参加科举考试，看同年的考生，有因金榜题名而扬扬得意的，也有因榜上无名而悲戚绝望的。阳明先生的反应却不同，虽多次落榜，仍能淡然自处，不为所动。

王阳明说："世以不得第为耻，吾以不得第动心为耻。"这世间的读书人都以未考中为耻辱，而我以因未考中而内心动荡为耻辱。

《儒林外史》中的《范进中举》的故事，正是学子为功名而动、丑态百出的生动写照，这种极端例子只是为了向世人说明，当人的内心被所谓荣辱得失占据时，有多么疯狂愚昧。

所以，无论身处人生巅峰还是人生低谷，我们都应养成自省的习惯，随时修整内心，保持安宁，不被外境所困扰。

站在巅峰不忘形，记得谨慎自处，居安思危。处在低谷不失志，全面客观地看待自身处境，该努力时，继续努力，该休息时，不忘休息。养精蓄锐，韬光养晦，坚忍不拔，蓄势待发。

万化根源总在心。心是领导力的定盘针。王阳明诗云："人人自有定盘针，万化根源总在心。却笑从前颠倒见，枝枝叶叶外边寻。"

为什么要关照内在的生命状态？王阳明在龙场悟道后提出知行合一。知行合一是知行并重，重点在于"一"。一代表你内心的一个本原，可以称作"心体"，或者良知，任何行为的发生和意念的产生都是由心体发出的，感受到心体的存在，感受到良知的存在，就会明白你该做什么。

小到每件事，大到人生的应对，做决定的永远应该是自己，而非外在的那些东西。

"格物"就是"格心",让阳光朗照出自性的光芒,不断了解自我意识是如何把自性本体遮蔽掉的,除了诚意的自我反省和认真的克己功夫,也需要思想的点拨,以精确关照内在的生命状态。

王阳明既是军事家,还是文学家、思想家、哲学家,干出一番了不起的成就,成为立德、立功、立言的三不朽圣人,并且创立了自己的学问体系。

人心之得其正者即道心;道心之失其正者即人心。心是根本,心有多大,成功就有多大。从心出发,知行合一,倾听心灵的声音,觉知心中的良知,感悟生命的原动力。

领导力的强大力量是知行合一。知之真切笃实处即是行,行之明觉精察处即是知。未有知而不行者。知而不行,只是未知。知是行之始,行是知之成。圣人思想就像天上的星辰,指引着世人前行。

淬炼领导力,需在事上磨炼。王阳明说:"人需在事上磨,方可立得住,方能静亦定,动亦定。"

有人跟王阳明说:"先生所讲的学,的确很好,只因为文件和案件太繁重,没有时间做学问。"

王阳明说:"我何尝教你撇开文件案件悬空去讲学?你既然需要断案,就从断案上去学,这才是真正的格物。比如你在审判时,不能因为对方的无礼而发怒,也不能因对方言辞委婉而高兴。不能因讨厌他的请托而故意整治他,也不能因他本人的哀求而屈意宽待他。不能因自己事务繁忙而随意草率结案,也不能因别人的诽谤与陷害而屈从别人的想法去处置。这里所讲的情况都是私,只有你自己知道。你应该精细地省察与克治,唯恐心中有一丝不公正而错判了是非,这便是格物致知。处理文件与诉讼,无不是实在的学问,如果撇开事物去学,只会是空中楼阁。"

明朝精英的思想基本被程朱理学垄断。程朱理学作为认知世界的补充是不错的，可是如果垄断了思想就会产生恶劣的影响。当时太多人是学一套做一套。言必称圣贤之道，做起来一个比一个苟且。理论与实践，思想和行为严重背离。

在这种社会现实下，王阳明提出"知行合一"的概念，指出人们的认知必须要和行为一致才算是真正掌握了知识。这在当时无疑是思想界的一股清流。知行合一，切中了当时社会精英的病灶。

人需在事上磨。万事开头难，人生的路只要大胆走就好，不必思虑，不必顾念。只要踏出了第一步，以后的路慢慢就会找到。敢于尝试，敢于实践，才有可能找到自己的成功之路。

我们总是祝福一世平安。但是谁的人生没有坎坷困苦呢？对于真正的智者而言，困苦不是灾难，而是契机。唯有在事上磨炼，跨过千难万难，一个人才能真正成长起来。

不经风雨不见彩虹，不经风霜不闻梅香。在行走的过程中，历事炼心，磨炼自己的心性。

"破山中之贼易，破心中之贼难。"君子之学以明其心。心之所发处便是行，一念不善，便是恶行。诚意，非常重要！唯天下之至诚，能立天下之大本。与人交往，靠的是一个"真"。你真诚待人，别人才能真诚待你，这样才算是真交情。与自己相处，靠的也是一个真。糊弄别人容易，糊弄自己很难。真诚对待自己，反省自己，一个人才能真正抵达自己。

本心之明，皎如日月，一念改过，当时即得本心。

人生大病，只是一"傲"字。谦者众善之基，傲者众恶之魁。要谦虚其心，宏大其量。

夫过者，自大贤所不免，然不害其卒为大贤者，为其能改也。故不贵于无过，而贵于能改过。改过的过程就是破心中贼的过程！

做人重要的不是不犯错，重要的是知道自己的不足而能改过。谦虚其心，宏大其量。内心要谦虚不自满，胸怀要宽宏大度、能够容人。

种树者必培其根，种德者必养其心。要想培育一棵大树，要从树根培育；要想播种美德，就要从养心开始。养心，就要养正；养正就要破心中贼。

十、领导力的境界：此心光明

做一个光明磊落的人！

怎样才能参破生死，尽性知命，与天地民物同体呢？

古人云："死生亦大矣。"生死之外无大事。不必担忧，不必焦虑。人生是一个过程，有开始就有终结。谁又知道，此生的终点不是另一生的开始呢？

王阳明用自己的行动践行自己的理论，用自己的理论来实实在在地改造世界。圣人与天地民物同体，儒、道、佛皆通，是之谓大道。

1528 年，阴历十二月二十八日，夜，王阳明做了一个美得出奇的梦。

翌日凌晨，王阳明叫人把弟子周积叫进来。周积含泪问道："老师有何遗言？"

王阳明说："此心光明，亦复何言！"

人生在世，就是要修炼这颗心。你未看此花时，此花与汝同归于寂；你来看此花时，则此花颜色一时明白起来，便知此花不在你的心外。

心无外物，物以心生。心即道，道即天，知心则知道知天。欲修身先修心。心即理也，天下又有心外之事、心外之理乎？万事万物都在人心里，安顿好自己的心，修炼好这颗心，这是一生的使命。

稻盛和夫说："世间万物，始于心，终于心，提高自己的心性，让它变得更纯粹、更美好。"内心强大的人，无论外界如何动荡混浊，依然澄明安宁。

同样一件事，对于内心强大的人而言是云淡风轻，对于内心软弱的人却是天塌地陷。学会放宽自己的心，放大自己的视野，你的世界也会因此宽阔起来。

身外物不奢恋。可以得到的才是自己的，要好好珍惜。不可以得到的就不是自己的，不可以强留。人类获取物质是为了获得幸福，而不是为了获得负担。如果获取外物反而牺牲了自己的幸福，那就是舍本而逐末了。

山中莫道无供给，明月清风不用钱。人活一世，活的是心情。身外之物，不必太多，够用就好。只有不被外物牵绊，回归本心，一个人才能有真正意义上的洒脱平和。

心是最重要的，是人的灵魂之所在。善念发，而知之，而充之；恶念发，而知之，而遏之。恶念者，习气也；善念者，本性也。

良知乃吾师。真正的人生导师就是每人心中与生俱来的良知。无善无恶心之体，有善有恶意之动。知善知恶是良知，为善去恶是格物。心的本体是没有善没有恶的，有善有恶是你的意念在活动了。知道善、知道恶是良知。努力为善、去掉恶行就是格物。此心光明，亦复何言？这颗心纯正光明，还说什么呢？！

谨在此概述阳明心学要旨：

阳明融会贯通，善于整合，善于创造。不受任何限制，了无拘束，心无挂碍。登高望远，视野开阔。

心灵自由，思想解放，放大心量，廓然大公。内圣外王，宁静光明。圣人之道，吾性自足。知行合一，事上磨炼。心即理。心外无物。

无善无恶心之体，有善有恶意之动。知善知恶是良知，为善去恶是格物。

格物致知诚意正心，修身齐家治国平天下。致良知。良知自明，明照万物。

本心。心是主宰。

吾心不动，随机而动。

我是自己的主宰，心是我的主宰。

阳明心学之提升：

信仰提升心性，信仰升华良知。

让信仰之光照进心灵，以弘大心愿引领人生，将所有经历化为力量，以宇宙智慧成就永恒，金光住心，光明善好！

第八章

创新领导力

领导力是引领未来的，领导者是生活在未来的。未来是需要我们创造的地方。创新是重建世界的原动力，是未来领导力的能量源。创新力，永远是最稀缺的核心竞争力。未来需要更多的创新型领袖主导创新的世界。通过文化提升自己的智慧，通过创新提升自己的价值，这是未来一个人的立身之本！未来不是奴性的竞争，而是创造力、领导力的竞争！领导力进化的根本原因来自新科技浪潮。身处人工智能时代，面向新奇的未来世界，人类必将面临一场深刻的触及灵魂的变革。植入聪敏基因，对人工智能保持敏感、对新的变革保持敏锐，将成为未来创新领导力的基本要义。

这是一个 AI 突飞猛进的新科技文明时代，AI 正以前所未有的强劲力量改变着世界。这样一个伟大的变革时代，领导力与创新力必须融为一体，没有 AI，就没有面向未来的创新领导力。

未来不是我们要去的地方，而是我们要创造的地方！创新，是重建世界的原动力，是未来领导力的能量源。

创新力永远是最稀缺的核心竞争力。未来需要更多的创新型人才主导创新型组织。通过文化提升自己的认知，通过创新提升自己的价值，是未来一个人的立身之本！未来不是奴性的竞争，而是创造力、想象力、审美力、思维力的竞争，是领导力的竞争！

未来是个体生命崛起的时代，领导力无处不在，贯穿于生活与工作的各个方面，涵盖整个人生。这意味着每个人都是自己的领导者，领导力成为人人都需要的关键能力！

人类正处在大变革的前夜。面对世界秩序的重建和未来世界的发展，领导力的内涵和外延将发生相应变化。

新质生产力和新型生产关系的产生，为领导力提出了新的挑战和机遇。如果说原来的领导力关注人与人、人与兽、人与神的关系，那么，随着人工智能的飞速发展，将来的领导力还要关注碳基人与硅基人的关系。

领导力进化的根本原因来自新科技浪潮。面向新奇的未来世界，人类必将面临一场深刻的触及灵魂的变革。挑战智能创新无人区，从0到1的探索，充满惊喜。信息科技风起云涌，新的组织形态层出不穷，聪敏型组织应运而生。

聪敏型组织中，项目型工作方式和零工经济成为一种时尚。领导和员工的边界开始模糊。由职业者和自由者组成的液态团队会逐渐成为一种常态。新社交媒体会极大地提高人与人沟通的便捷性。大量工作将走向自动化或被人工智能取代，工作需要重新定义。市场端决策机制更加灵活，对于市场的反应越来越迅速。以大数据技术平台支撑的自由创新越来越增强。

领导者应该具有前瞻思维。领导方式应该大幅度扁平化，更具有灵活性。组织文化中应该植入聪敏基因。对新技术保持敏感、对新变革保持敏锐，将会成为未来领导力变革的基本要素。

跨界领导力成为创新型领导力的重要能力。跨界合作，突破壁垒，赋能于人，群策群力，共创共赢，善于调整适配，建立广泛影响力，发挥每个人的创造力，是创新型领导力的关键所在。而聪敏学习力因为是一种获得能力的能力，被称为创新型领导力的元能力！

哈佛大学前任校长鲁登斯坦说："那种依靠在学校时学到的知识就可以应付一切的时代，已经一去不复返了。"科技正在突飞猛进，一切都在日新月异。未来属于聪敏型人才。要永远保持积极开放的心态学习和创造。创新，将是未来杰出领导力存在的唯一理由！

预知未来最好的办法，就是创造未来！

一、AI 时代的领导力重建：创新是创造未来世界的根本力量

AI 时代的领导力重建，核心是创新力的提升。从某种意义上说，AI 时代，创新力是引领未来的根本力量，面向有无限可能的未来世界，没有创新力就没有领导力。

这是一个万物互联的时代，科学技术深刻改变了生活，改变了世界。微软的创新，使电脑与人类联系更加紧密，改善了人们的工作方式，实现了人类工作方式的重建；亚马逊的创新，使移动电子商务改善了人们的生活方式；谷歌发明的搜索引擎，构建了互联网时代新的知识获取方式，促进了人人互联、人物互联、万物互联；乔布斯的苹果移动智能手机，便携浓缩，提高了人们的生活质量；马斯克的特斯拉新能源汽车，开启了一个绿色出行新时代，他的脑机接口研究和火星移民计划，更具有奇思异想；英伟达的黄仁勋发奋图强，长期致力于芯片研究，积累的能量逐渐爆发，三维信息、海量数据、超级算法，一秒钟就可以进行百亿次运算……创新，是改变世界的强大力量！

AI 为领导力赋能，关注的是领导力素养和能力建设，不是知识的堆积或技能的训练，而是表达力、创造力、思维力、道德力的激发。通过正向激励机制，实践学习模式，为人的成长指引方向，并提供持续动力。

AI ＋成为突破传统桎梏的新方法和新思路，创新领导力可以通过技术与领导力的结合，用技术力量重塑组织，探索未来领导力的方向。

领导者要以促进人的全面发展为导向，建立人机协同的管理方式、优化评估机制，完善治理体系，促进人的知识技能与道德、情操、价

值观协同发展，让人工智能与人类智慧相互促进、相互赋能，有机融合，开创未来。

无边界与领导力：解放心灵。互联网构筑了一个无边界社会。无论是从知识技能的获取来看，还是从人际交往的角度来看，人们都不应该再是孤立的。世界变得越来越小，特别是网络发达时代，人们可以选择不同的信息源，可以跨越固有边界而广泛获取资源。社会更加开放，每一个人都可能是资源的提供者和使用者，形成共创共享的新生态。思想理念的先进性，治理方式的多元化，时间与空间的开放性，可以打破组织界限，扩展到更广阔的场域。跨界领导力将成为普遍现象。

人工智能与人类认知、社交、情感以及价值观的结合，将成为未来社会的特点。无论未来机器在工作中代替人类完成怎样的任务，人类不断为他人和社会的进步作出不懈努力和贡献的能力和追求，永远不会被取代。

每个人都不同，思维不同、性格不同，兴趣爱好不同，都有自己的个性禀赋，因此要实行个性化引领，因人而异、因时而异、因地而异，一把钥匙开一把锁。

解放人的心灵，提升人的素养，将是领导力的重要使命。有温度的人性化管理才是温暖的。机器人不能代替有血有肉的人，AI 不能代替有爱心的人。真正的领导者是导师，要用智慧开启心门，因为责任和使命不可替代，爱心和智慧不可替代，良知和尊重不可替代，所以真正有温度的领导力是不可能被代替的。

人机共存与领导力：培养与人工智能共处的能力。人工智能时代，有些职业将会消失，新的职业将会产生。我们将会看到这样的情形：机器都能看、能听、会说、会做；无人驾驶汽车载着乘客，无人卡车载着货物，无人机在天上送着快递；机器可以实时进行翻译，可以快速分析患者病情、读片诊断、做手术；机器人可以进入家庭成为知心管家，进入办公室成为得力助手，进入城市维护安全，进入工厂成为熟练工人。

未来，有些职业或将消失。不需要很多翻译，不需要很多司机；不需要很多中介，不需要很多流水线工人。重复性和流程性的工作将被人工智能取代；各种考试，不论是高考还是中考，机器都有可能胜出。机器将会理解复杂的公式，会证明人们尚未证明的数学难题，也会产生新的方程式。与此同时，更高品质、更有创意、更需要想象力、更富有温情的工作将会产生。

机器既可以是魔鬼，也可以是人类最得力的工具。未来将是人机共存的时代，每个人都可以有几个机器人助手。如果不能很好地控制，机器将会成为魔鬼。如果很好地治理，机器将会成为人们的智能工具，人工智能将会成为人们的朋友、助理、代理人。

AI 时代要培养与人工智能共处的能力。人工智能虽然经历了半个多世纪的发展，但是直到今天依然没有一个清晰明确的定义，因为人工智能太复杂，涉及的广大的领域和学科，包括哲学、文学、数学、医学、经济学、神经科学、心理学、计算机科学、控制论和语言学等，可以说，人工智能是充满挑战的综合性交叉学科。

人工智能与人之间的关系是互动的关系。AI 时代要培养与人工智能共处的能力、交往的能力。

广域生存力与领导力：超越人工智能的智慧和素养。人工智能时代要培养超越人工智能的智慧和素养。人工智能已经在一些特定的任务上超越了人类，比如在围棋、复杂的数学运算和语言翻译等方面。但在很多方面，人类仍然具有比机器更强大的能力，如在情感理解、直觉思考、创造性思维、复杂的问题解决和适应性等方面。

人类大脑具有自主学习和自我适应的能力，能够根据环境的变化，调整和优化自己的行为。人类思维的秘密在于深度与选择，在于系统与整合，在于反思与创造。

人类具有自己独特的能力和价值，如情感、道德和思想等，这些能力和价值是人工智能所缺乏的。虽然人工智能可以通过学习和模式识别生成新的艺术作品、音乐或文学作品，但它们缺乏真正的情感和个人体验。想象力、判断力、洞察力、幸福力、审美力，是广域生存核心的竞争力。这些能力常常基于直觉，直觉感知力使优秀者不同于普通者。正如马克思所言："人的本质不是单个人所固有的抽象物，在其现实性上，它是一切社会关系的总和。"我们要具备超越人工智能的智慧和素养，这样的人才是人类世界真正的未来。

适应力与领导力：成为拥有强大能力的学习者。在数据爆炸的世界中，成为具备强大适应能力的学习者至关重要。

人工智能时代，我们正经历着最深刻、最鲜活、最伟大的变革。五年前学到的知识，现在80%已经过时，因此最有价值的能力是学习新知识的能力，是从繁杂噪声中分辨有效信号的能力，是从众多杂乱数据中提取重要信息的能力，是简化问题和提炼抽象问题的能力，是学到的知识都忘记之后仍然还存在的能力。要注重终身学习能力的培养，注重核心素养和关键能力的培养。人工智能时代尤其要注重培养高阶思维和创新能力。人工智能技术就是让机器拥有类似人的智慧，让机器作出类似人能作出的事，甚至作出人所难以能作出的事。

当机器越来越能干，人是不是就没有用武之地了？不是！人工智能越发展，人类的思维越需要高阶思维！作为独立个体的人，不是被动地接收外界的信息，而是在已有知识的基础上，积极主动地建构自己新的知识体系，创造更多的知识，从而获得更高层阶的思维，形成更加强大的创新能力。

人的独特性与领导力：假如机器变为人。人工智能时代，要注重培养强有力的创造力、深度思考能力、人际交往能力、深层次情感共振能力。麻省理工学院教授托马素问道："假如有一天机器变为人，它会羡慕人类什么呢？"会羡慕人类的领导力、想象力、审美力、好奇心、创造性、同理心、使命感、丰富的感情，特别是——爱情和亲情。会羡慕人类的理想、愿望和追求，信仰、信念和尊严。假如有一天机器变为人，它会笑话人类什么呢？它会笑话人记忆力怎么那么差，记得远远没有机器那么多，记得那么久。它会笑话人类的计算能力，它瞬间就能计算千万亿的数字，人类却算得那么慢，有时还会出现差错。它会笑话人类的手工操作，效率那么低，它会说：巨大的流水线，机器只要有一个程序，就会无限量地批次生产，而人类却生产得如此之慢。

面对复杂多变的世界，人的独特性将成为最宝贵的资源。当人们踏入真实的世界时，很容易受到外界的影响和压力而变得"顺从"和"合群"。人们往往追求表面上的和谐，追求符合社会预期的形象。这也许在短期内会有小的回报和舒适感，但从长远看来，面对复杂多变的世界，人的独特性将成为我们自己最宝贵的资产。

因此，要发现自己的禀赋和特长，保持自己独特的观点、视角，坚持自己的原则。不要随波逐流，不要失去自己的个性和棱角。人工智能越来越强大，ChatGPT 可以比任何人更圆滑和全面，能够生成很多观点。但唯一无法生成的，就是我们自己独特的思想、观点、人格、品质、个性、禀赋、思维、能力、阅历和素养。

技术与领导力：芯片与心灵。人工智能技术只有"芯片"而没有"心灵"。人类必须要有两种智慧：一是发明技术的智慧，二是把握技术发展方向的智慧。

技术是工具，要为人类服务。随着人工智能的飞速发展，它所带来的潜在风险也在不断增加。这不能不使我们思考人工智能技术对社会、文化、伦理等方面的影响和责任。我们必须保持危机意识，并立即采取行动。我们要重新审视人类与机器的关系，以及人类自身的本质和价值。

面对人工智能技术的复杂性，我们必须做好充分准备，以应对不确定的未来。在研究理论、算法和应用模型时，必须考虑技术可能带来的正反两方面的结果，并将伦理道德和价值观置于技术之上。

作为一个单独的个体，如果要调用 ChatGPT 为自己服务的话，其实你可以调用的部分是不可能超过你自己的知识储备的。但是没有人可以掌握所有的知识，所以在利用 ChatGPT 为自己服务的时候，终究是有上限的，这个时候，记忆还是主导。但是有了 ChatGPT 之后，记忆的方法和重点就跟以前不一样了。

强有力的创造力、深度思考能力、人际交往能力、深层次情感共振能力，这些其实是根植于人本身的能力，但不幸的是，在短视化与功利化的社会中，这些能力一直被压抑甚至阉割。是时候让创造力、思考力、情感共振力充分发展了。

远离浮躁，专注纯粹，把精力与心神投入事业之中，决不掉入欲望的陷阱、尘俗的泥沼，而是成为有理想、有道德、有筋骨、有温度的人；热爱祖国，为中华民族的伟大复兴而踔厉奋发，勇毅前行；胸怀天下，志存高远，迸发出磅礴力量！人无精神不立，只有以天下为己任，才能拥有高尚充实的人生！

ChatGPT 与领导力：应对不确定的未来。ChatGPT 是一款人工智能聊天程序，是一个面向对话场景的大语言模型，能通过与人类做文字对话的方式，针对人类输入的提示文字，提供相应的文字回答，回答的内容"形式上合理"。《福布斯》称全美已有 89% 学生用 ChatGPT 写作业，《大西洋月刊》称，ChatGPT 出现后，大学论文宣布死亡。公关公司用它当宣传策划，推销员把它训练成资深客服。美国房产中介用它生成房源文案，一小时工作量，5 秒完成。剧作家和小说家所受冲击最为强烈。它掌握地球上大多数小说的情节，熟稔无数套路，并可模仿众多名家文风。

ChatGPT 发展存在哪些挑战？它会对 AI 伦理、数字治理有什么影响？当前 ChatGPT 基础模型的记忆、创作、推理、查询能力，其相对从强到弱的排序是：记忆能力、创作能力、推理能力、查询能力。

领导力要适应变化。ChatGPT 时代，社会面临一场深刻的变革。ChatGPT 的问世，为实现通用人工智能开启了新的路径，将会彻底重构软件、硬件和应用生态，重塑产业结构、商业模式以及学习工作方式，将会产生重大影响，将是人工智能发展历史上的重要里程碑。海量的信息都可以通过 ChatGPT 获得，封闭式管理已经不能适应时代的发展，应该探索新的管理方式。道之所存，师之所存。同样，道在哪里，领导力就在哪里。

大变革与领导力：面向未来的创新领导力。从巍峨雄峻的高山，到人迹罕至的荒漠；从峡谷冰川，到海底两万里，人类将不再亲自涉险即可通过机器对赖以生存的资源宝藏进行前所未有的探索发掘和深度作业；人工智能技术将取代程序化和高重复性的工作，使人类从枯燥乏味的劳动中解脱出来，同时也为人们的就业带来新的挑战。

这是一个动荡的时代，世界日新月异，变幻莫测。未来世界是什么样子？应该如何变革？新型组织如何运营？这是时代的命题，需要作出高瞻远瞩的思考，作出新的探索。

一个变革领导者需要打造新的领导力，能够为组织灌输全新的价值，并有足够的韧性和远见，带领组织接受巨大的挑战。

面对数字时代原住民，展望世界发展趋势，要更加重视自主创新和原始创新。随着人工智能的迅猛发展，领导力要更加重视人的温度，建立连接心智的共同体，重塑面向未来的新生态，培养人工智能时代的中国力量。

新的生存方式正在重建。戴维·皮尔斯·斯奈德在《改变世界的五大趋势》中提出："文化现代化、经济全球化、通信网络化、交易透明化和社会适应性这五大趋势将深刻影响整个世界。"

被《时代》周刊列为当代最重要的未来学家的尼葛洛庞蒂（Nicholas Negroponte）在《数字化生存》中提出："数字化是一种生存的方式，即应用数字技术，在数字空间工作、生活和学习的全新生存方式。"

斯坦福前任商学院的院长 Garth Saloner 曾说过："如果你是一个斯坦福 MBA 的学生，请赶快去工程学院，尽可能地学习 AI、深度学习和自动化的知识。就是现在。"在这些学生进入公司管理层后，他们需要更多地理解大数据知识和相应算法，才能对企业决策产生正面的影响。

由于机器对人工的替代，发展中国家劳动力成本优势丧失。从而使生产成本在本国和他国并无太大差异。随着机器在全球范围内的普遍应用，从事简单重复生产劳动的人力将大幅减少，取而代之的是新兴服务业的产生。

未来社会兴起的岗位要求人具备复杂数据分析处理能力、强情感沟通能力和高创造力。要具备这些技能，就要求人类放弃只依靠简单劳动技能就可以过活的旧思维，不断挑战自我和更新技能。可以说，能够在工业 4.0 社会生存的人都需要拥有高技能，因此人与人之间的关系将更趋于平等。

无论是 AlphaGo 击败世界围棋冠军柯洁这样的大新闻，还是诸如刷脸付款、AI 机器人这些贴近大众生活的技术应用，都让我们真实感受到了人工智能技术就在身边。"我们拥有巨大的模型，这些模型对我们管理业务的方式有着巨大的影响。"美国最大的零售银行之一富国银行（Wells Fargo）的执行副总裁戴维·朱利安指着他面前的计算机说："我们有数百万比贷款，这些主要由复杂的计算机模型计算，而不是会计。"如今，富国银行不再雇用更多的出纳和会计，而是工程师和数据科学家。在美国，设计软件的极客成为最吃香的职业，甚至取代了华尔街的分析师和交易员。

无独有偶，在中国，也有许多公司在大规模复制无人车间。工厂生产线将实现完全自动化，不需要工人，甚至不需要开灯。这样一来，原本一个上百万人的厂，最后只需要几万、几千甚至几百的工作人员。

在可以预测的将来，机器承担的工作份额将大幅增加，而人类承担的任务将逐渐下降。这意味着当今在各个领域的核心工作岗位中有很多即将被机器取代。

同时全职类工作将大幅减少，更灵活的、不受时空限制的兼职类工作将越来越普遍。

人工智能在消灭一部分岗位的同时，也创造了新的岗位，但新工种的性质与原来截然不同。据 21 jobs of the future 调查，新的工作岗位在消灭了 10% 的现有就业岗位（从 31% 到 21%）后又创造了同等数量（由 16% 上升到 27%）的新就业岗位。未来十年最为走俏的 21 个工种包括较高专业技术要求的基因组合总监、金融健康教练、首席信托官、数据侦探、虚拟城市分析师、AI 辅助医疗技术员、现实增强旅游开发商、边缘计算主管、量子机器学习分析师，以及较低技术水平能够胜任的数字裁缝、AI 业务开发经理、人机协作经理、IT 自动化设计师、个人数据交易员；还有部分社交类岗位如社交陪伴者、持续健康顾问、个人记忆收藏管理员、虚拟商店导购、伦理资源经理和信息高速公路控制员。

预测未来最好的方法就是创造未来。

二、AI 时代领导力的使命：再也没有比培养年轻大脑更重要的事情了

瞬息万变的时代带给我们的启示就是，要注重原始创新。原始创新要注重"走好最先一公里"，进行基础研究。进行基础研究要重视基础教育。

普鲁士将军毛奇在赢得萨德瓦战役的胜利后说了一句话："萨德瓦战役的胜利早在小学教师的讲台上就完成了。"

一个国家的强盛是在学校教师的讲台上完成的。当今时代，教育越来越显得重要。基础教育和基础研究，自主研发能力，是原始创新、自主创新最重要的一种基础性力量。

要"从 0 到 1"，实现核心技术、关键技术的突破和创新。因为核心技术、关键技术靠别人是靠不住的，要靠自己拼搏。科技创新是硬实力。2021 年 5 月 4 日，福布斯实时富豪榜数据显示，宁德时代董事局主席曾毓群以 345 亿美元身价登顶香港首富的位置。自香港经济豪门化之后，传统财阀从未被局外人颠覆过，曾毓群创造了历史。

新旧势力的更迭，更像是一个充满了象征意义的寓言。在当今这个时代，谁站在了高科技和新能源的风口上，谁就掌握了创新发展的密码。踩中了国运的脉搏，自然会受到这个时代给予的最大馈赠。

这是一个时代的缩影，向我们释放了一个强烈的信号：房地产等传统经济模式的红利已经衰落，只有高新科技的创业者和创新者才有未来。不管是一个企业还是一个国家，都要注重原始创新、自主创新。

宁德时代的崛起，代表着新能源革命的到来，是中国"碳达峰"和"碳中和"国家发展战略的有力支撑。

在这样一个时代，统筹中华民族伟大复兴战略全局和世界百年未有之大变局，国家提出了三大发展战略：科教兴国战略、人才强国战略、创新驱动发展战略。

9000 年前，第一粒种子被播种在新月沃土，人类从此能定居在同一个地方，不再流浪。

3400 年前，铁矿石和木炭相遇，人类拥有了锋利的兵器，帝国的竞争从此开始。

2200 年前，马镫让人类文明迅速扩张，踩在马镫上的骑士集团甚至推动了封建制度的诞生。

500 多年前，古登堡把印刷术传播到整个欧洲，知识从此冲出修道院和贵族庄园的围墙。

200 多年前，18 世纪 60 年代，蒸汽机把人类送入工业化时代，生产力的提升让所有人惊叹。

100 多年前，19 世纪 60 年代，电器时代来临，德国人从英国人手上抢走了荣光。

80 多年前，20 世纪 40 年代，计算机技术引领信息革命，创新者成为世界先锋。

现在，AI、量子计算、基因科学、脑机接口、元宇宙……就在眼前。

未来已来。这是一个需要创新、呼唤创新的时代。创新是第一动力！

再也没有比培养年轻的大脑更重要的事情了！

创新力与领导力：重建世界的强大力量。在互联网和人工智能时代，从某种意义上说，创新力就是领导力，领导力就是创新力。马斯克的一个研究发明，就是新能源汽车。新能源汽车最初的发明者是马斯克。为什么发明新能源汽车？主要是基于环境保护的考虑。从环境保护出发，必须改变人们习惯于用燃油车出行的方式，那就要研究开发电动能源车。新能源汽车研究出来之后，他公布了其中的一些专利。这一方面说明他的目的不在于自己获利，另一方面也说明他的商业头脑是非常精明的。因为电动能源车问世伊始，首先是电动能源车跟燃油车的抗衡。人们可能一下子很难接受电动能源车，如果靠他单枪匹马来制造，要想在全世界推广电动能源车，不知要到何年何月，会有很长的时间。所以他公开专利，让很多公司来一起制造，这样就可以让电动能源车为更多的人所熟悉。正因为公布了很多专利，所以像比亚迪等电动能源车才有了很大的发展。

马斯克非常珍惜时间。他的时间是这样安排的：一般的事情以五分钟为单位来给予时间，五分钟要处理完。他如此节约时间，腾出时间来干什么呢？做他认为最重要的事情。他提出了第一性原理，亦即我们生活工作中的第一性原理，就是要清楚最重要的是什么。他的时间抓得非常紧，是因为有追求、有梦想。

马斯克重视两个方面：就生活来说，重视对子女的教育。因为重视子女教育，他发现现在的学校不能满足学生的需要，美国的学校也不行。所以他就自己创办学校。他自己创办的这个学校究竟是什么样子呢？我们还没有走进那个学校去看一看，其实，他也不希望人们去看。但总的来说，这个学校是有很多创新的，比如，学制问题，分年级的问题，因为学校人数特别少，完全可以根据每一个孩子的需要进行个性化的教育，让孩子自主成长，给孩子提供更灵活的课程。可以肯定地说，这个学校会打破人们对学校的一些固有的观念。一般来说，马斯克每天早上都要送孩子上学。这个人知道什么是最重要的。他睡眠较少，物质生活条件要求不高，经常加班加点工作，忙得不能回家的时候，就在办公室的临时床铺上休息一下。

马斯克痴迷于创新。他沉浸到创新实验室，跟科学家和发明家一起研究发明，是一个创新力极强的人。创新是财富，创新是拉动经济增长的根本动力，创新是重建世界的强大力量。

在这样一个日新月异的时代，不创新就是最大的风险。管理学中有一个理论叫作"第二曲线"。什么叫"第二曲线"呢？产业发展有生命周期，任何一条增长曲线都是先升后降的抛物线，当一个业务做到高点就会衰退，应该做另外一个业务跟上去，在拐点出现之前开始一条新的增长线，从而实现持续增长。改革者往往不是按部就班做事的人，而是创新的发动机——在大家都在做同一件事时，企业家应该想怎样做另一件事。

创新的力量如此巨大，所以国家提出三个重大战略：科教兴国战略、人才强国战略、创新驱动发展战略，同时特别强调了自主创新和科技自立自强。

面对新时代人工智能的机遇和挑战，真正强大的一个秘诀是，具备完全客观的、实事求是的勇气；另一个秘诀是，具备坚定信念，相信自己的能力，不断开拓创新。

热爱力与领导力：将热爱做到极致的韧性。乔布斯在斯坦福大学的演讲中说："你们的时间是有限的，不要浪费在重复别人的生活上。不要被教条束缚，那意味着会和别人思考的结果一块儿生活。不要被其他人的喧嚣观点掩盖自己内心真正的声音。你的直觉和内心知道你想要变成什么样子。所有其他东西都是次要的。能够遵循自己的好奇和直觉前行后来被证明是多么的珍贵。"

人们推崇一个人，大概是希望自己能够成为那样的人，即使不能完全成为，也会把他作为学习的榜样。乔布斯就是这样一个为人所推崇的人，他的成功也许可以为创新领导力研究提供一些启示。

要将热爱做到极致。乔布斯初创苹果公司，所设计的产品就风靡一时。他离开苹果后，苹果公司一路下滑，但他所在的皮克斯却又脱颖而出，成为动画领域的佼佼者。回到苹果后，公司又一路高歌猛进，Mac、iPhone、iPad、Itunes可以说创造了一个时代，他成了一个拯救者。他所从事的产品的领域，基本上都让该行业为之改变且影响深远。他创立的公司，至今仍是行业内伟大的公司。有人会崇拜他取得的地位，有人会崇拜他所创造的产品，有人会崇拜他打造的公司，有人崇拜他的个人魅力，有人崇拜他的巨大财富。而真正应该崇拜的是他那种对人生求索的态度。要知道乔布斯早在年轻时候就开始探究、寻找自我，如果不是对自己清晰的认知，对人生清晰的定位，乔布斯也很难作出成就。乔布斯经常勉励自己："求知若饥，虚心若愚。"乔布斯身上有一种对于热爱做到极致的韧劲。他说："你必须相信，那些点点滴滴，会在你未来的生命里，以某种方式串联起来。你必须相信一些东西——你的勇气、生活、因缘——因为相信这些点滴能够一路连接会给你带来循从本觉得自信，它使你远离平凡，变得与众不同。"

乔布斯始终强调技术是一种改变人们生活的工具，始终在强调技术应该作为一个工具去帮助那些你关注的人。他说过一句话："人类情感需要更多的带宽来传递。"这句话让人动容，也值得思考。乔布斯的初心不是沽名钓誉，不是为了销售额，更不是为了金钱。他渴望的是作出这世间的"艺术品"，每一件作品在他的心里都像是他的孩子一样……他对于它们有真正的爱，有竭尽全力的付出，所以他充满了光。而追求极致，做到极致，会让一个人光芒万丈。

　　只要有爱，凡事都有可能。人要经常问自己：我最大的潜能是什么？我最热爱的是什么？人往往自觉不自觉地把自我失掉了，要发现自我，发现自我的存在、自我的价值、自我的潜力和自我的希望。

　　人，只要有热爱的东西，就会闪闪发光。爱我所爱，无问西东。

　　做自己与领导力：做一流的自己，不做二流的别人。人要有自由思想和自主意识。做一流的自己，不做二流的别人。爱默生在《自持》中写道：模仿只会毁了自己；每个人的好与坏，都是自身的一部分；纵使宇宙间充满了好东西，不努力你什么也得不到；你内在的力量是独一无二的，只有你知道自己能做什么，但是除非你真的去做，否则连你自己也不知道自己真的能做。

　　领导力要使人生有意义要创造正向价值。现实社会中，许多成功者的一些行为破坏了价值，与正义相悖，与民心相违。

　　当今时代，人们处在高速变化的、模糊的、很难定义的复杂环境中。这样的环境比起以往的情形更难琢磨。优秀的领导者必须知道什么时候该进行变革、什么时候该有所创新、什么时候需要掉头转弯、什么时候应该勇往直前。

　　自主创新精神是什么呢？第一，不妥协于目前的科技成果，不妥协于大家普遍通用的想法，不拘泥于范式。第二，有胆识走人家没有走的路，有勇气向权威挑战，有批判精神，不仅是自我的批判，要有对权威的批判精神。在所有领域都有权威，不能迷信权威，不能照本宣科，而是要有独立思辨和创新精神。

　　具有批判性思维力、独立思考力、自我觉知力、终身学习的强大动力，学会思考选择，拥有信念自由，这是获得强大创新领导力的心智基础！

　　精气神与领导力：赋能激励与创新活力。赋能，使人实现自身的价值。新生代出生于互联网时代，他们的成长历史几乎是互联网的发展史，每天接触到海量的知识，拥有非常多的学习机会，见过各种各样的新鲜事物，所以他们有着强烈的表达个性的欲望。他们对精神的需求远远超越了物质的需求，做有意义的事，让自己有幸福感更为重要。没有人是为了工作而工作，而是为了生活而工作。

当领导者真正明白这一点，理解他们，重视他们的精神需求，关注他们的个性，能为他们提供可展示的平台，才能留住他们的心。有领导力的管理者总是善于帮助员工找到他们的心灵扳机，并且扣动它。

新生代普遍不喜欢管控型的领导，他们更加愿意追随赋能于人的领导。赋能于人有两个方面：一方面是发挥人的能量，另一方面是使人实现自身的价值。"猛将发于行伍，宰相起于州县。"在创新的时代要建立聪敏型组织。领导力要有人格魅力，要懂业务懂管理，为人的幸福而努力，让人觉得跟着你干是在做有意义的事。同时赋能于人，使人感到一种价值的实现。建立赋能于人的机制，就成了创新时代聪敏型组织的关键。

一个出色的领导者要具备优秀的素质：一是领导力的精神，比如说使命感、理想、对本质的认识、对规律的敬畏等。二是超越精神。人真正的高贵不是优于别人，而是优于过去的自己，每天都要学习进步。三是创新活力。面对未来的世界，领导力要有创新活力。四是成就感。要使团队的成员有成就感，激发员工的生命活力。

这四个方面集中在一个人身上，就是能不断超越自我，有使命感，有思想，有创新精神。一个团体如果没有精神鼓舞，就会死气沉沉，领导者要想办法给员工以精神鼓舞，以实现专业跃升、战略跃升、沟通跃升、使命跃升。

聪敏力与领导力：首席学习者。聪敏型领导力的核心能力就是学习聪敏度。学习聪敏度是迅速学习、获得高绩效的能力和意愿。学习聪敏度本质上是一种获得能力的能力，因此被称为元能力。

正如加速度是速度的一阶导数一样，学习聪敏度是素质的一阶导数。在匀速直线运动中，需要的是速度，不是加速度；而在变速运动，特别是转弯中，重要的是加速度。同样的，对于教育机构而言，在转型时代，更重要的是在较短时间内获取新素质的能力，即学习聪敏度。哲理，有时是惊人的相似。

学习聪敏度包括五个维度。

心智聪敏度：善于思考，乐于处理复杂问题，以非常规的独特方式审视问题，求知探新。

人际聪敏度：以开放的态度对待他人，喜欢与各种各样的人交往，了解他人独特的优势和兴趣与不足，并充分借助他人智慧来达成组织目标。

变革聪敏度：喜欢改变，不断探索新的方案和解决办法，热衷于引领组织变革。

结果聪敏度：激励团队和发挥影响力，能够在面临创新型难题的情况下创造成效。

自我认知度：能洞察自我，清楚了解自己的优势和弱点，消除盲点，并利用对自己的了解来高效工作。

领导者从不停止学习，而是好奇求知，不断寻找机会以提升自己。贝佐斯非常爱阅读和思考，还带动身边的高管团队组建阅读会，进行讨论。巧合的是，亚马逊的很多业务发展理念都是源自他和团队阅读的书。细数公司发展历史，有三本书至关重要：《从优秀到卓越》《创造》《创新者的窘境》。

精练性与领导力：创新与精简。领导者应该诚恳地询问：我常做哪些既浪费时间又没有效果的事情？为了做到"团队创新"和"简化"，贝佐斯在管理亚马逊过程中使用过很多方法，其中一个比较有效且独特的方法是"六页纸叙述文"。贝佐斯曾通过邮件宣布，亚马逊的高管会议不允许再用 PPT，取而代之的是用完整的句子写成的叙述文，长度不超过 6 页纸。贝佐斯想通过这种"写小作文"的方式，迫使大家深入思考，把前因后果、内在逻辑、轻重缓急等关键问题想清楚，然后写清楚。

删繁就简三秋树，立异标新二月花。简洁是智慧的姊妹，大道至简！

行动力与领导力：从优秀到卓越。卓有成效如何实现？答曰：知行合一。领导力在一件完整的事件中仔细分解，就应该体现在这些关键节点上。

发现和把握机会的能力。领导者应该知微见著，关注未来，了解和预见未来的趋势。这要求领导者做事有预见性和主动性，帮助团队提前布局获得先机，聪敏地嗅到危险的气息，提前规避风险，从胜利走向胜利。

调查和收集信息的能力。要把机遇和灵感变成长久可执行的计划，需要有稳定可靠的情报来源。只有收集丰富和准确的情报才能为正确的决策提供依据，才能使自己的主观符合客观。只有经过认真详细的收集和分析信息才能够拓展领导决策的思路，减少决策的试错成本，快速带领团队走出茫茫无边的困境。用数据说话，因为数据不会说谎，不会引发主观性的争论。

制订计划的能力。制订计划需要了解事件的来龙去脉，将信息整理成体系，把握关键节点。实际详细的调查，缜密的分析思考，综合各方利弊，从多种备选方案中筛选出最优解。这样制订的计划才具有可行性、创新性、效率性。

组织和指挥的能力。拙劣的领导才会打造奴性顺从文化，高超的领导艺术应该是打造有激情和爆发力的团队。组织和指挥的能力应该体现在塑造和表达令人激动的愿景，描绘愿景给人希望和力量，平衡各方利益关系，关注人才的引培育留，分工协作，形成竞争机制，培养团队的默契和荣誉感，打造一个有凝聚力、活力、战斗力的组织。

反馈调整的能力。在执行计划的过程，随时会出现新的机遇和新的风险，这时领导者要及时关注事情的进展，及时调整，启动风险预案，规避风险，掌控局面。因此，领导者要善于倾听与沟通。

崇尚行动，明确职责。在亚马逊，每个业务目标都有明确的责任人，谁是责任人，谁就负责到底。同时，贝佐斯鼓励员工在信息达到70%的情况下大胆决策。"一小时到货"快递服务是一个项目小组用111天完成的，包括从仓储选址、选品、招人再到业务测试迭代、搭建内部管理软件系统等全部工作。

变革力与领导力：复杂组织如何变革。创新是进步的灵魂，面对时代的巨变和未来的不确定性，必须作出改变，勇于变革，突破信息茧房，实现自我超越。

成为变革领导者，需要转变思维方式，真正做到以客户为导向，激活人的积极性，系统思考，整体布局，进行资源整合，打造全新领导力。

信念力与领导力：善用"冬天"的机会转化命运。领导力不是居于某种领导岗位的人才具有的，领导力不是职位而是能力，是带领团队解决问题、创造未来的能力。所以，领导者必须有坚韧不拔的毅力，不怕困难，不屈不挠，勇往直前。

要善于利用逆境。在"冬天"的时候，利用"冬天"的机会扭转命运，取得成功。如果没有"冬天",就很难经受寒冬的考验。在遇到打击时没有慌乱,而是积极应对,利用机会提高自己,把几乎是灭顶之灾的境遇,转化为成功的有利条件,从成功走向成功。

领导者要坚定信念、矢志不渝,直面挑战,坚守真理。亚马逊的企业文化是出了名的具有对抗性和挑衅性,这始于贝佐斯的个人风格。他认为,只有当双方的想法和观点相互碰撞,甚至是猛烈碰撞的时候,真理才会涌现。

灵活力与领导力:如何做到机动灵活。要应对全球范围存在的多样化、零碎化、快速变化的需求,"让听得见炮火的人呼叫炮火"正是最形象的说明。

串联与并联。一种情况是:当遇到用人需求极大的工作任务时,就将有业务板块的流程进行"并联",形成多流程并肩作战,从而实现短时间内完成大量工作任务的目标。另一种情况是:当遇到战线较长、专业性要求较高的任务时,就选择适合的流程进行"串联"。"串联"方式往往运用在科研项目、教育教学质量提升,以及带有全局性和根本性任务的攻坚克难上,从而实现个人能力的充分挖掘和应用。

第一性原理与领导力:创新机制如何完善。第一性原理是守正与创新的基点。需要解决的核心问题是守正与创新的关系。怎样守正又同时融入创新机制,怎样培养创新精神,这是最为关键的地方。

第一,要在坚持第一性原理的基础上,对传统行业作出本质性的洞察,在尊重行业规律的基础上,提供行业创新的解决方案。那种动辄就要颠覆的思维,是行不通的。

第二,创新的主角应该是专业领域的领导者,创新性领导者才是主角。所以不是"互联网+",而是"+互联网"。坐主驾驶位的是"主业",互联网和新技术应该是坐在副驾上提供辅助决策和帮助的催化剂,双

方合力共同创造价值。

第三，创新是在飞行中换发动机，必须直接为业务带来增量，为行业创造价值，而不能为了创新而创新。这就很考验创新的前沿性与实用性的平衡，以及创新与行业原有系统的耦合能力。

第四，守正与创新（70/30 法则）。创新既要面朝黄土，也要眼看苍穹：70% 用于面向确定性的开发，先把眼前一亩三分地耕耘好，满足当前短期的需求，保证现有的业绩与成果，保证组织有饭吃，有稳定的地位。之后才是创新的问题。要脚踏实地，行稳致远，艰苦奋斗，创造价值。

主人翁精神与领导力：建立价值共同体。出色的领导者都是长期主义者，善于从长远考虑，从长计议，不牺牲长期价值。如何激发每一位员工的主人翁精神？

一是对于表现卓越、有潜力的员工，给平台，压担子，赋予重任，以激发他们的"求胜欲"，同时做到充分授权，让接受挑战的负责人和核心团队以全职、跨职能的组合形式，全程负责到底。

二是用风险共担、利益共享的薪酬回报方式留住核心人才。重视股权激励，股权激励可以让核心人才成为公司真正的股东，有利于激发员工的积极性和发自内心的主人翁责任感。

三是知人善任。领导者要有科学的招聘和提拔员工的标准，在识人方面眼光敏锐，善于识别杰出人才，乐于在组织中通过轮岗磨砺他们。领导者培养人才，公正公允，从员工成长角度出发，创建发展机制。要看重人才的品质，崇尚创新实干、主人翁精神、内心强大、敬业奉献的人才观。

四是领导者要建立共同价值观，要以理想带动群众，要有召唤与激励精神，要有境界、格局与智慧。

五是领导者认真倾听、与人充分沟通，善于反思。

决策力与领导力：卓越的判断力和敏锐的直觉。如何作出好的决策呢？

一是要有卓越的业务判断能力和敏锐的直觉。

二是要优化思维模式，去看看不见的内在机理，去做难而正确的事情。

三是要开拓创新，精益求精，做到人无我有，人有我精，人精我新。

四是寻求多样的视角，并挑战自己的观念。

五是坚守底线思维，善于控制风险，确保行稳致远。

六是坚持高标准，追求卓越，激励团队提供优质产品、服务和流程。领导者会以最佳领导者和团队为标准要求自己及其团队。

七是懂得持续精减开支、强化成本控制的重要性，这可以倒逼团队的创新思维。

如何保证决策质量呢？一是强大的数据指标系统。二是智能管理工具。三是实时数据给予支持。四是从群众中来到群众中去。五是大兴调研之风，实事求是，一切从实际出发。

数字世界与领导力：建立聪敏型组织。彼得·德鲁克先生说："无人能够左右变化，唯有走在变化之前。在动荡不定的时期，变化就是准则。但是，只有将领导变革视为己任的组织，才能生存下来。"

创新领导力高度重视数字化建设。深入推进改革，充分利用互联网和信息化的力量。通过云平台、大数据等先进的信息化手段，实现数字化转化、智能化加工，打破壁垒。形成资源共享。充分发挥现代信息技术作用，完善过程性评价系统，健全过程性评价机制。

创新领导力要有聪敏度。当今世界，科学技术迅猛发展，对变革和创新提出了新的要求。要组建交叉学科群，加强学科之间协同创新。要为培养造就具有国际水平的战略科技人才、科技领军人才、青年科技人才奠基，营造独立思考、自由探索的良好环境。

创新领导力要有远见卓识。现代治理要面向未来世界新潮流，着眼于改革与发展新趋势，着力于全面、协调、有特色、可持续的发展，扎根中国大地，熔铸中外精华，遵循规律，深化改革，开拓创新，探索多种方式，形成有利于干事创业的环境，坚持系统观念，坚持协同创新，促进改革发展，统筹谋划整体发展。

创新领导力要探索机制变革。培养富有创造活力的大脑，培养充满盎然生机的心灵，让智慧充分发扬。从不同角度思考问题，强调长期主义，主张"投资未来比当前盈利更重要""自由现金流比净利润更重要"，以赢得持续增长，形成体系开放、机制灵活、渠道互通的创新体制。

创新领导力要建立聪敏型组织。聪敏型组织的领导力应当具有广博的视野，有具体的方法策略，能够以独特的战略观和科学观、深邃而聪敏的思考力，引导团队从工业时代向数字时代变迁。将聪敏思维运用于组织，培养组织的聪敏基因，构建数字生态中的自适应组织，发挥每个人的潜能，塑造数字领导力。

聪敏型组织的创新领导力要有好奇心。亚马逊创始人杰夫·贝佐斯说："不断创新，不要因为最初的想法看起来太疯狂就感到绝望。记得开阔眼界，让好奇心成为你的指南针。"创新与好奇心是贝佐斯创立亚马逊至今一直强调的观点，并由此发展成"领导力原则"。

我们正处在未来世界的门口，未来属于能够敏捷的组织，未来属于能够聪敏的人才，我们要永远保持开放的心态去学习和创造，预知未来最好的办法就是去创造它。

在数字世界和创新时代，让好奇心成为自己的指南针。

三、AI 时代的领导力赋能：创新之道，唯在育人

面向国家重大战略需求，要高度重视自主创新人才的培养。全面统筹世界百年未有之大变局和中华民族伟大复兴的战略全局，培养担当中华民族复兴大任的时代新人，是新时代赋予中国教育的神圣使命。

这是实现中华民族伟大复兴的重大战略部署，也是新时代深入推进教育现代化的战略重点。

创新之道，唯在得人。人才是富国之本、兴邦大计，是强化国家战略科技力量、打好关键核心技术攻坚战的"源头活水"。

面向国家重大战略需求，培养自主创新人才，是实现民族复兴大业的必然要求。国家发展靠人才，人才是创新的第一资源，是衡量一个国家综合国力的重要指标。人才培养靠教育，中国教育既要在世界大变局中保持战略定力，围绕培养什么人、为谁培养人、怎样培养人这一根本问题，坚持把立德树人作为根本任务，扎根中国大地，办好人民满意的教育，又要面向世界，超前布局，培养具有创新精神和创新能力的未来人才，为民族复兴大业提供坚实基础和有力支撑。

面向国家重大战略需求，培养自主创新人才，是适应时代发展进程的必然要求。人才培养的目标具有时代特征，对于"培养什么人"这个首要问题的回答自然也是与时俱进的。1937 年，毛泽东为陕北公学题词时强调："要造就一大批人，这些人是革命的先锋队。这些人具有政治远见。这些人充满着斗争精神和牺牲精神。这些人是胸怀坦白的，忠诚的，积极的，与正直的。这些人不谋私利，唯一的为着民族与社会的解放。这些人不怕困难，在困难面前总是坚定的，勇敢向前的。这些人不是狂妄分子，也不是风头主义者，而是脚踏实地富于实

际精神的人们。中国要有一大群这样的先锋分子，中国革命的任务就能够顺利的解决。"这一表述揭示了抗日战争时期的人才培养目标。而培养自主创新人才，则是新时代对于人才培养要求的高度凝练。尽管不同时期我国人才培养目标的表述或有不同，但在本质上都适应了时代要求。

"时代新人"作为中华民族伟大复兴中国梦的新主体和新力量，是能够对自我、对国家、对民族有担当的人。国内外环境的深刻复杂变化，对于人才培养提出了新的要求，那就是更加注重自主创新能力的培养。只有通过自主创新，将关键核心技术紧紧握在自己手中，才能从根本上保障国家经济安全、国防安全和其他安全。深入领会培养担当民族复兴大任的时代新人这一时代命题，面向国家重大战略需求，培养自主创新人才，具有重要的现实意义和深远的历史意义。

面向国家重大战略需求，培养自主创新人才，是实现三大战略目标的必然要求。创新是一个民族进步的灵魂。当今世界正经历百年未有之大变局，新一轮科技革命和产业变革深入发展，国际竞争更加激烈。实现中华民族伟大复兴，必须把创新作为引领发展的第一动力，把人才作为支撑发展的第一资源。培养自主创新人才，是落实科教兴国、人才强国、创新驱动发展战略的必然要求。要努力营造自主创新的良好氛围，引导广大知识分子积极投身创新发展实践，紧紧围绕关键领域、关键技术，不断提升自主创新能力。

综合国力的竞争，越来越体现在创新能力的竞争。谁牵住了科技创新这个牛鼻子，谁走好了科技创新这步先手棋，谁就能占领先机、赢得优势。面向国家重大战略需求，培养自主创新人才，是加快建设科技强国，提升综合国力的根本大计。

创新人才与领导力："走好最初一公里"。当今世界的竞争，归根结底是人才竞争。中国是一个人力资源大国，拥有世界最大规模的科技人员队伍，但在人才结构、创新能力、自主创新人才培养方面还有待完善提升。面对国际国内复杂形势和艰巨任务，我们要站在实现中华民族伟大复兴的战略高度，积极探索自主创新人才的培养之道。

培养自主创新人才，要走好"最初一公里"。千里之行，始于足下。"最初一公里"是干事创业最开始，而且是具有前提性的第一步，只有起好头、迈好步，才能使通往成功的道路更加顺畅。培养创新人才，走好"最初一公里"至关重要。

科技是第一生产力。因此，实现中华民族伟大复兴，培养创新人才，就要走好"最初一公里"，重视基础学科与基础理论的研究，重视科学技术的发展，提升科技实力，提高我国科技创新的全球化水平和国际影响力。

原始创新作为技术创新的基础和起点，是国家科技创新的重要组成部分。在科学技术领域比拼原始创新的时代已经到来。谁在原始创新方面具备的自主化能力强，谁才有可能在长期竞争中获胜。学校是人才与知识的发源地，也是我国原始创新的主阵地。培养具有原始创新能力的人才，完善原始创新体制机制，提高原始创新成果的转化等，已成为面向未来的重要课题。

基础研究是原始创新的根基。基础研究是整个科学体系的源头，是所有技术问题的总机关。缺乏基础研究的科技创新就如同无源之水、无本之木。加强原始创新，就要重视基础研究，并为基础研究营造良好的环境。要把握基础研究的特点，进一步提高对新时代基础研究重要性的认识，强化人才培养中对基础理论的关注，教育和引导更多优秀人才从事基础研究，发挥基础研究的基础和引领作用。

创新人才与领导力："重视关键一公里"。培养自主创新人才，要重视"关键一公里",立足两个大局,举一纲而万目张,培养创新人才的基础在教育。走好"关键一公里"的关键,就在于构建适应国家发展战略的创新人才培养体系。

人才是实现民族振兴、赢得国际竞争主动的战略资源。围绕立德树人培养创新人才,一要明确人才培养目标。培养担当民族复兴大任的时代新人,要培养德、智、体、美、劳全面发展的创新人才。这是构建适应国家发展战略的人才培养体系的价值基础。二要创新人才培养模式。创新人才培养模式是加快教育现代化的紧迫任务,是建设社会主义现代化强国的必由之路。通过优化课程专业结构,树立科学的人才质量观念,优化人才培养途径,将创新人才培养的人物落到实处。三要重视教师队伍的建设。面向国家重大战略需求,培养创新人才,对教师队伍建设提出了更高的要求,要着力培养具有战略思维、战略眼光的师资队伍。既精通专业知识、做好经师,又涵养德行、成为人师,努力做精于传道授业解惑的经师和人师的统一者。四要形成更高水平的现代化教育体系。要把教育摆在优先发展的地位,致力于满足人民对于教育的多样化的需求,办人民满意的教育。加快推进教育现代化,以更高水平的教育,支撑民族复兴的伟业,为中华民族伟大复兴培养创新人才。

创新人才与领导力:跑赢"最新一公里"。培养自主创新人才,要跑赢"最新一公里"。随着新一轮科技革命和产业变革的深入发展,数字时代已经到来。国家高度重视信息化建设和数字经济、数字中国的建设发展,多次强调数字化、网络化、智能化在中国特色社会主义现代化建设中的重要意义。人工智能、大数据、物联网、5G、超级计算、传感网、脑科学等新理论新技术的快速发展,数字化、网络化、智能化赋能经济社会发展作用逐渐凸显,成为新一轮教育创新和教育改革的重要推手。人才是新一代信息技术发展的关键，是世界各国争夺的焦点。培养创新人才，必须要紧跟时代发展，持续保持对全球信息技术发展大势的高度关注，坚持以教育信息化促进教育现代化，深入实施"教育数字化战略行动"，加快数字转型赋能教育的步伐，跑赢"最新一公里"。

数据成为信息时代新型的生产要素，蕴含着全新的竞争优势。积极促进信息技术与教育的有机融合，必将为其全面赋能教育发挥重要作用，为我国教育发展构筑新的发展优势。这些优势具体体现为解放、释放和开放三方面：新一代信息技术可以将教育管理者、教师和学生从烦琐重复的学习工作中解放出来，能够为师生提供释放潜能、热情和创造力的平台，也可以为全社会提供开源共创、开放共享的教育平台。通过智能教育，可以构建自主学习、终身学习、全人培养、人人为师的未来学习共同体。信息技术在教育领域深度应用，可以促进教育领域的改革。无论是在线教育的蓬勃发展，还是国家智慧教育平台的正式发布，都是信息技术赋能教育的成功实践。积极探索"信息技术＋教育"的深度融合，不断创新人才培养的方式，从而最终提升教育的信息化水平，提升人才培养的质量，培养堪当大任的自主创新人才。

元宇宙作为信息技术发展背景下的新兴概念，不仅国内外知名互联网巨头在积极布局企业的元宇宙，教育也被认为是元宇宙的"主要行业场景和创新通道"。元宇宙因其沉浸式和互动式的场景搭建，通过为教育者和学习者提供沉浸式的虚拟场景，能够让教育者和学习者获得更大的参与感和近乎身临其境的体验感。我们应该看到元宇宙教育未来的发展潜力，积极布局教育的元宇宙，以丰富教学和实践模式，创新人才培养方式，推进教育信息化持续发展。持续探索将元宇宙教育应用在人才培养、校园文化建设、学科建设等环节中，开展元宇宙跨学科研究、元宇宙教育平台开发、元宇宙人才培养等，积极推进元宇宙教育教学、教育服务与管理、教育评价等的变革。

创新人才与领导力：抓实"最后一公里"。培养创新人才，要抓实"最后一公里"。行百里者半九十。良好的开端固然重要，但走好抓实"最后一公里"同样重要，稍有差池，则毁于一旦。越是接近终点，越需要凝神静气、全力以赴。

培养担当民族复兴大任的创新人才，重在如何培养。只有一步一个脚印，切切实实培养出创新人才，才算走好了"最后一公里"，这无疑对我国各级各类教育在切实提高人才的综合素质、促进人才的全面发展、提升人才培养质量上提出了挑战。抓好基础教育，要有恒心。如同滴水穿石，一滴不可弃滞；必须久久为功，咬定青山不放松。一要结合基础教育阶段学生特点，制订科学合理的培养方案，培养学生德、智、体、美、劳全面素养。二要建设一支优秀的师资队伍，并定期为教师提供培训，提升教师的教学水平和业务能力。三要采取切实措施缩小城乡间、区域间的差距，合理分配教育资源，促进教育公平。随着我国进入高等教育普及阶段，推进高等教育改革、抓实"最后一公里"需要动真碰硬，切实提高改革的实效。既要敢为天下先，勇于做"第一个吃螃蟹的人"，还要敢于啃"硬骨头"，下狠心、出重拳。党和国家作出"加快一流大学和一流学科建设，实现高等教育内涵式发展"的重大部署，这是新时代我国高等教育内涵式发展的根本遵循。高校要进一步推进学校内涵式发展，自觉加强学科建设，加强传统学科与新兴学科、强势学科与弱势学科、常规学科和特色学科间的交叉融合，促进学科深入融合，补足发展的短板，打造发展的优势和竞争力。完善教育管理制度，为科研人员营造灵活宽松的科研氛围，打造跨学科团队和创新团队。

创新人才与领导力：跨越"最高一公里"。培养自主创新人才，要跨越"最高一公里"。立德树人，是教育的根本任务。"立德"与"树人"是辩证统一的，"立德"是"树人"的前提，育人的根本在于"立德"。培养自主创新人才，跨越"最高一公里"，就是要培养德、智、体、美、劳全面发展的优秀人才。伴随着"消费主义、功利主义、信仰缺失等现代性问题的不断冲击"，培养德、智、体、美、劳全面发展的创新人才时不我待。加强德育，要在学生的品德修养上下功夫。要教育引导学生锤炼品德修为，培育和践行社会主义核心价值观，明辨是非曲直，要明大德、守公德、严私德，打牢道德根基，在人生道路上走得更正、走得远，成为有大爱大德大情怀的人。加强智育，要在增长知识见识上下功夫。要教育引导学生既勤学书本知识，又多学课外知识，刻苦学习，勤于思考，勇于创造，努力实践，走好人生道路，努力做到又博又专、愈博愈专，为实现中华民族伟大复兴贡献聪明才智。加强体育，要在强健体魄上下功夫。要教育引导学生加强体育锻炼、健康身心、锤炼意志，帮助学生在体育锻炼中享受乐趣，做到身体强、意志强。加强美育，要在提升美育素养上下功夫。要全面加强和改进学校美育，坚持以美育人、以文化人，遵循美育特点，提高学生审美和人文素养。加强劳育，要在加强劳动精神面貌、劳动价值取向、劳动技能水平上下功夫。让学生在实践中养成劳动习惯，掌握必要的劳动技能。

面向国家重大战略需求，培养创新人才，要全面把握世界百年未有之大变局和中华民族伟大复兴战略全局，打通"顶层设计"和"基层落实"之间的桥梁。走好"最初一公里"、重视"关键一公里"、跑赢"最新一公里"、抓实"最后一公里"、跨越"最高一公里"，才能培养兼具创新力和领导力的栋梁之材，才能培养担当中华民族复兴大任的时代新人！

四、AI 时代的领导力培养：智慧教育体系及其机理的创新

智慧教育是教育信息化发展的高级阶段。构建智慧教育体系已成为教育改革与发展的普遍共识和必然趋势。新一代信息技术与数字革命给智慧教育的变革带来了历史机遇，同时也带来了严峻的挑战。因此，研究我国智慧教育体系及其机理具有重要的现实意义。通过梳理智慧教育体系的基本要素和剖析智慧教育体系在技术革新、资源联动、教学相长三方面的突出特征，从四个视角提出智慧教育体系的作用机理，即知识演化重构、学习组织重构、教学方法创新、学习方法创新，探索推动智慧教育体系建构与变革的实践路径。

新一代信息技术和数字革命为智慧教育的发展提供了可能，也赋予了智慧教育新的内涵。加快推动构建我国智慧教育体系建设，要紧紧抓住数字教育发展战略机遇，以高水平的教育信息化引领教育现代化。[①] 推进智慧教育的变革，探索培养新时代全面发展需要的智慧人才的实践路径，具有战略性和全局性意义。

第一，智慧教育体系的基本要素

智慧教育是教育信息化进入新阶段的必然要求。1998 年 1 月 31 日，美国前副总统戈尔提出了"数字地球"的概念。2008 年，IBM 公司提出了"智慧地球"的概念，后来又相继提出了"智慧城市""智慧交通""智慧医疗"等概念。智慧学校、智慧教室、智慧学习等智慧教育理论和

---

① 中华人民共和国教育部.以教育数字化战略引领未来——教育部举行国家智慧教育平台启动仪式 [EB/OL].（2022-03-28）[2022-04-15].http://www.moe.gov.cn/jyb_xwfb/gzdt_gzdt/moe_1485/202203/t20220328_611461.html.

实践探索亦处于逐步发展之中。2018年4月教育部印发的《教育信息化2.0行动计划》中，对开展"智慧教育创新发展行动"提出了具体要求，这是"智慧教育"首次在我国官方文件中出现。我国教育领域由此开启了智能时代新的征程，智慧教育也成为信息化研究的重要主题。随着教育信息化的推进，智慧教育逐步成为研究的焦点之一，华东师范大学的祝智庭教授界定了智慧教育的基本内涵，他认为智慧教育是"通过构建技术融合的生态化学习环境，通过培植人机协同的数据智慧、教学智慧与文化智慧，本着精准、个性、优化、协同、思维、创造的原则，让教师能够施展高成效的教学方法，让学习者能够获得适宜的个性化学习服务和美好的发展体验，使其由不能变为可能，由小能变为大能，从而培养具有良好的人格品性、较强的行动能力、较好的思维品质、较深的创造潜能的人才"[①]。

目前，我国智慧教育基础设施和资源配置初具规模，我国智慧教育发展取得了一定成效：一是智慧教育政策环境逐步改善；二是智慧教育的实践取得了重要进展；三是教育信息化技术不断成熟，并被持续推广应用；四是智慧教育经费投入增加。尽管，我国的智慧教育体系的推进与建构取得了较为显著的成绩，但仍存在技术标准未完全统一、智慧教育投入体制机制不完善、发展不均衡等问题，智慧教育发展之路任重而道远。因此，明确智慧教育体系的基本要素，对于开展智慧教育及其建构路径的理论研究和实践创新具有十分重要的意义。

（一）总体架构

智慧教育是一个宏大的系统工程，通过教育环境与教学活动的联动，能够实现教育资源与教育服务的互动与共享。杨现民和余胜泉两位学者把智慧教育体系的总体架构概括为"一个中心、两类环境、三

---

① 祝智庭.智慧教育引领未来学校教育创变[J].基础教育，2021，18(02):7-8.

个内容库、四种技术、五类用户、六大业务"。其中，一个中心，指的是智慧教育云中心，这是推动教育信息化发展的关键；两类环境：智慧校园和智慧城区；三个内容库：管理信息库、学习资源库和开放课程库；四种技术：物联网、云计算、大数据、虚拟现实；五类用户：教师、学生、家长、教育管理者和社会公众；六大业务：智慧教学、智慧学习、智慧管理、智慧科研、智慧评价和智慧服务。[①] 随着我国经济发展水平以及教育信息化水平的不断提升，智慧教育体系的总体架构随之拓展与完善。譬如，伴随新一代信息技术的飞速发展，人工智能、全息影像、区块链、5G 等新兴技术对智慧教育的赋能作用，丰富和完善了智慧教育体系的总体架构，推动了国家数字化基础设施建设。

（二）具体内容

新一代信息技术与教育的深入融合，实现了教育与环境的有效联动，有利于智慧教育体系的科学建构。智慧教育是未来教育发展的方向，是重要的未来教育范式。从这个意义上讲，智慧教育体系的内容是兼容并包的。

1. 智慧校园

所谓智慧校园，是指以物联网、虚拟现实、大数据等信息技术为基础创建的工作、学习和生活一体化的校园智慧环境。通过感知个体物理特征，智慧校园能够对在校生学习特征和学习场景进行识别，为学校师生提供个性化、针对性的服务。例如，南京邮电大学和浙江大学先后于 2010 年、2011 年已开始了智慧校园建设方案的实施。[②]

智慧校园是为学校的教学、科研、管理服务，为促进学校间、系

---

① 杨现民、余胜泉 . 智慧教育体系架构与关键支撑技术 [J]. 中国电化教育，2015(01):77-84+130.

② 王玉龙、蒋家傅 . 智慧教育：概念特征、理论研究与应用实践 [J]. 中国教育信息化，2014(01):10-13.

统间、部门间和人员间的流程协作提供服务。具体来说，为了实现智慧校园的服务功能，首先智慧校园的架构要有强大的平台作为支撑，包括基础支撑平台、信息门户平台、统一身份认证平台、共享数据平台等。其次，利用校园集控管理系统、数字化校园云平台等多平台终端搭建的智慧服务架构，通过设备的统一管理和远程监控管理，发挥数据利用效能最大化。再次，合理应用智慧教育云，为学生打造网络化、个性化、实时化的学习空间，优化教师与学生的教与学，满足日常教学活动的要求。智慧教育云是基于云计算核心技术开发，通过对现有教育资源的全面整合，建立教育资源与服务运行机制，从而丰富教育资源的种类和内容，增强其为教学一线服务的功能，实现优质教育资源的共建与共享。最后，搭建校园"一卡通"系统，不仅有助于建设平安校园、智慧校园，而且也为广大家长提供了及时了解孩子在校情况的良好通道，实现家—校互联、家—校和谐。

2. 智慧教室

智慧教室是通过硬件和软件构建互为补充、融为一体的新型教学环境，将物理空间资源与信息资源、云资源结合，拓展学生的学习空间，创新教学模式，提升课堂授课效果。其中，硬件包括智能触摸一体机、视频展台、手写屏、交互式电子白板、智能屏幕等；软件包括触摸白板软件、教学资源云平台、互动课堂系统、数字化校园云平台、教育资源云平台、家校互联 V 成长等。

伴随新一代信息技术的更新升级，不少学校陆续建立了智慧教室。2021 年 10 月，中国人民大学建成 75 间智慧教室并投入使用。这些智慧教室功能完善，集文件推送、无线投屏、成果提交、移动端互动、常态化直录播等功能于一身。置身于智慧教室，师生可以通过多块屏幕进行实时互动。智慧教室的直播和录播功能打破了空间的局限，即使学生身处校外，也能够在云端开展沉浸式课堂学习。智慧教室的建成推动了教学方式的变革，有利于使课堂由教师主导转变为由师生共同主导，激发师生参与的热情，提高师生的课堂参与度。

3. 在线教育平台

近年来，我国在线教育平台获得迅速发展，尤其是在新冠疫情期间，广大教师和学生对线上授课的教学方式经历了从被动接受到主动适应的转变，在线教育成为我国学校教育体系中的主要模式，这在客观上加快了我国在线教育平台的发展。新冠疫情期间，教育部开发建设的"国家中小学网络云平台"，为学生提供专题教育和课程教学两大类优质资源，为支撑疫情期间"停课不停学"政策发挥了重要作用。2022 年 3 月 28 日上线的"国家智慧教育平台"，是对"国家中小学网络云平台"的改版和升级，进一步加强了优质教育资源的建设与汇聚，应用范围较之前也更加广泛。此外，慕课 (Massive Open Online Courses)、爱课程、微课网、网易云课堂、传课网、高校邦、微狮课堂等，也是目前用户较多的在线教育平台。

4. 数字教育资源

数字教育资源是影响教育信息化发展的重要因素。随着教育信息化水平的提升，数字教育资源的内涵不断丰富，数字教育资源与物理空间中的教育资源相融合，为构建智慧教育体系提供了必要条件。数字教育资源能够提供情景性、沉浸式的教学体验，提高课堂的互动性。数字教育资源包括教学资源云平台、视频会议系统、直播系统、多媒体设备管理系统等。其中，教学资源云平台是指通过云端平台将学生与老师同课堂联结起来，学生通过云端平台可以完成提交作业、分享课程资料、提问互动等，教师则通过平台进行答疑、批改作业、课程成绩评价与反馈。视频会议系统不仅能够用于课堂教学，而且也可以用于视频会议，方便师生进行实时和远程互动交流，突破空间的局限，提高学术交流和研讨的效果。直播系统集视频广播、信息发布、课程直播、透明校园、课件播放、多屏互动等功能于一身。多媒体设备管理系统，实现了设备管理的自动化，并能远程处理多媒体设备的故障，必要时可通过一键呼叫功能，确保专业维修人员及时到现场进行设备的维修处理，保障教学活动正常运行。

第二，智慧教育体系的突出特征

智慧教育既继承了传统教育的优点，同时又开创了现代教育的新模式，是新时代教育信息化关注的重点。为全面了解我国智慧教育体系的基本情况，在梳理我国智慧教育体系基本要素的基础上，从技术革新、资源联动、教学相长三方面来探讨其突出特征。

1. 技术革新

从技术革新的角度来看，信息化时代的智慧教育体系，实现了对教育信息的采集与存储、智能分析与处理、预测与关联分析、研究与开发的多重功能。大数据、云计算、人工智能、虚拟现实、区块链、5G等新一代信息技术对教育的赋能，极大地推动了教育智慧化的发展。在宏观层面，推动信息技术与教育的深度融合，架构智慧教育体系，突出其为教育和管理服务的功能，为教育者和被教育者从事教学和科研活动提供个性优质便捷的服务。在微观层面，通过信息技术获取学习者本人的专业背景、知识储备、学习状态、优势与不足、学习风格以及开展学习活动的时间、位置移动等数据，建立信息数据库，并对大量数据进行分析和处理，实现学习环境的联通，为教师的教学活动提供情境化、交互性支持，满足学生的个性化、跨学科的学习需求。

2. 资源联动

随着智慧教育深入发展，我国教育资源的建设模式、存储模式、共享模式与应用模式将随之发生变革和完善，智慧教育与资源环境协同联动的特征会逐步凸显。这主要表现为，一是智慧教育资源环境建设的新特征。数据是智能时代的基础，也是实现智慧教育转型与变革的前提。[①] 占有大量数据是构建智慧教育环境的前提。智慧教育资源联动的特征使数据的流转更加透明和高效，并通过数据的挖掘和分析来建立数据间的联系，从而营造良好的智慧教育生态环境。二是资源获取方式的新特征。大数据、云计算及人工智能等新技术的开发和应用，数据获取方式得到创新和发展，不仅能够获取大量个性化的数据，而且数据的获取比以往更便捷。此外，通过云端平台的资源库，实现了资源的共建共享、互联互通，建立环境、资源、应用的良性循环，不断规范智慧教育体系的建设。三是资源的呈现形式由静态向动态变化，由封闭的文本和图像资源向开放、共享的移动学习资源、微课、MOOCs 及电子教材等资源转变。

3. 教学相长

信息技术赋能教育，弥补了传统教学模式的不足，有助于更好实现教与学相互促进的效果。智慧教育体系的发展不仅能够加强系统管理和教学的联动，而且对提高教育决策的科学性和师生间的互动性具有重要作用。具体来说，智慧教育对学习资源的深度挖掘和开发，使教学内容能够以更加直观形象的形式展现出来，提高了师生在整个教学过程中的互动性。同时，通过多维师生链接，不仅学生的学习兴趣和热情被充分调动，而且提高了教师课堂教学的效果。随着智慧教育的深入发展，这种协同联动不单只有师生间、学生间的互动联通，人机协同也能够实现。这是由于人机协同的原则即是优势互补。学校师生、

---

① 余胜泉、刘恩睿. 智慧教育转型与变革 [J]. 电化教育研究，2022，43(01):21.

信息技术、教育资源三者的协同联通，打造智慧教育的良好生态，有助于提升人才培养的质量，推进智慧教育体系的构建。

第三，智慧教育体系的作用机理

智慧教育体系的构建是推进信息化深度融合的必然，也是信息技术转型的必然。大数据、5G、区块链、人工智能、虚拟现实等新技术的发展为智慧教育体系的构建提供了技术支撑，智慧教育离不开技术的力量。探索如何让信息技术与教育深度融合、更好赋能教育，是推进教育信息化过程中的重要话题。如前文所述，在理解和把握我国智慧教育体系的基本要素和突出特征的基础上，本书从知识演化、学习组织、教学方法、学习方法的重构四个方面探索了技术赋能智慧教育的作用机理和实践路径（见图1）。

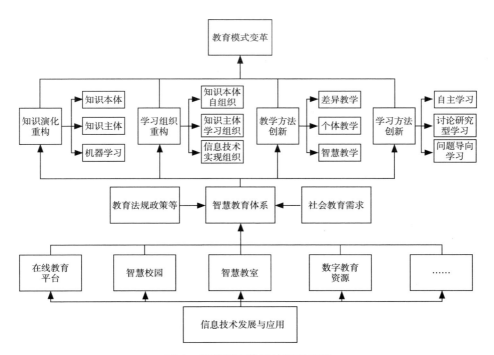

图1 智慧教育体系的作用机理

（一）知识演化重构

知识的创造和传播是教育的核心目标之一。借助新技术对来源广泛的数据进行收集、加工、分析后，智慧教育才能为学校教学和管理提供服务和决策依据。因此，知识演化和组织模式决定了大数据、人工智能、5G 等新技术对智慧教育体系的影响程度和路径。首先，在信息技术尤其是互联网及大数据技术的驱动下，教育知识本身遵循创生、复制、生长、适应、聚集的生态规律，形成教育知识的自演化；其次，教育知识的主体之间通过逐渐集聚而形成知识，如互联网知识中的"个体群组社区圈子网络"集聚所形成某些特定的知识[1]；再次，依托智慧教育体系中的信息技术的庞大计算能力、借助于数据挖掘和机器深度学习，发现知识间相互依赖、寄生、替代、集成等规律。智慧教育体系中的知识演化三个视角，在本质上是相互关联、相互作用的，并共同为推进教育知识创造和传播发挥作用。一言以蔽之，信息技术的赋能，使教育知识的创造和传播更加高效，即智慧教育加速了知识的演化效率，从这个意义上来说，知识的演化重构是构建智慧教育体系的重要实践路径。

（二）学习组织重构

学习组织的重构影响智慧教育体系的建构与发展。如果我们运用系统动力学的方法，将知识演化路径置于同一视域下考察，可以发现教育知识的创造和传播，是教育知识本体、教育知识主体、机器学习三者之间互为需求、相互影响、协同推进的过程，从而对学习组织产生影响。传统上，教育体系注重主体学习组织的积极性与能力的提升。然而，在智慧教育体系下，对教育知识本体和机器学习两个维度的组

---

[1] 张才明.大数据的知识化及其对科技创新的作用路径与影响[J].科技智囊，2020(02):15-18.

织同样重要。也就是说，学习组织将会发生重构，由传统的单一主体学习模式转化为由知识本体自组织模式、机器学习下的技术实现模式和主体学习模式为三位一体的新型学习组织模式（见图2）。自组织理论认为，自组织系统的动力来自系统本身，其核心特征是"自我驱动"和"有序发展"。因此，在新型学习组织模式下，知识本体自组织通过自我驱动和有序发展，通过不断的积累和自我聚集，并依托知识主体的自组织，实现知识的传播和新知识的发现；教育知识主体学习组织仍然是学习主体自身开展的知识形成、创造和传播的活动，往往需要依靠主体本身的学习能力和行为来实现；机器学习下的技术实现则必须依靠现代信息技术的计算能力，这也是智慧教育体系得以建构和完善的重要条件和基础。

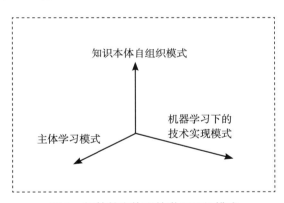

图2 智慧教育体系的学习组织模式

（三）教学方法创新

信息化是教育教学改革的重要保障。传统的教育方法和教育模式依赖于教师的个人知识储备和经验，在信息时代，信息技术与教育融合，智慧教育体系为教学提供智能管理，助力教研沉淀，提供了体验更加真实、交互更加顺畅的教学环境，促进教师专业化发展和教学方法的变革，即由传统的教育方法向智慧教学法转变，开展差异教学和个性化教学。

教学是传播系统知识、促进学生发展的最有效的形式。信息时代的教师是智慧教育的重要实践者，应当具备智慧教育的先进理念，创新教学方法。教学方法的创新不仅是保证教学效果的核心手段之一，而且是构建智慧教育体系的重要实施路径。"智慧教学法强调信息技术在促进教学方式和教学过程变革中的作用，面向信息技术在教育领域应用融合、创新的要求。"[1] 智慧教学法是对技术赋能智慧教学的新探索，对加强师资队伍智慧教学素养能力和科研创新能力的具有重要意义。从具体操作层面来讲，创新教学方法，开展信息化应用创新研究，学生的差异化和个性化是必须要考虑的要素。要真正实现教学方法的创新，使智慧教学法落地，首先通过信息技术对学生的知识水平、兴趣爱好和学习背景等主体特性数据进行分析，从而有助于了解每个学生的个性，妥善处理好教学内容的标准化与学生个性化需求的关系。再结合课程标准和课程内容，通过智能交互设备、云平台、智能服务系统设计教学方案，打造智能化、模块化的实践课程体系，开展个体教学和差异教学。

（四）学习方法创新

创新学习方式，遵循以学习者为中心的原则，突出能力培养，是加快推进智慧教育体系构建的重要方式。置身于拥有大量智慧资源和数字教育资源的智慧学习空间，学习者开展知识学习并将知识内化于心，这在客观上构建了一个"学习者—信息技术—知识"的智慧学习生态。通过学习，培养学习者建立人机协同的思维，改变传统的学习

---

① 祝智庭. 以智慧教育引领教育信息化创新发展 [J]. 中国教育信息化，2014(09):4-8.

方法。例如，研究性学习就是与智慧学习生态相适应的学习方法。研究性学习的核心是改变学生的学习方式，注重以问题为导向，强调学生在学习中的自主实践性。[①]学生在学习过程中通过智能多元的渠道满足其学习内容的个性化需求，并自主探索运用信息技术和数字教育资源获得沉浸式和互动式学习体验，不仅有助于激发学生学习的内驱力，而且能够训练学生的思维，最终提升智慧教育的实效。

信息时代为教育提供"技术红利"的同时，也对教育领域提出了新的挑战。我们的教育者要抓住这一历史发展机遇，深入理解智慧教育体系的基本要素、突出特征和作用机理，并自觉成为教育信息化的先行者和领航人。当前我国的教育信息化事业，正处在向智能化时代的智慧教育转型与变革的关键时期。[②]智慧教育前途美好，却也任重道远。我们要努力成为智慧教育的国际引领者，为世界提供中国方案，贡献中国智慧，培养更多富有创新精神和全球治理领导力的未来人才。

---

① 徐亚先、张亮、郭飞军、包小童、文泉. 论研究性学习课程的本质特征及其价值定位 [J]. 中小学教师培训，2006(07):36.
② 余胜泉、刘恩睿. 智慧教育转型与变革 [J]. 电化教育研究，2022，43(01):16-23+62.

第九章

超越领导力

　　领导力是带领人们从现在的地方出发，抵达未知的远方，以臻于至善的境界。止于至善，乃是一个持续的状态，一种不断超越的模式，一项无限接近的目标。用修行的精神讲，就是无尽的超越——不断突破，自我超越，超越局限，升维认知。人只有内观才是真实的自己，外求都是活在幻想中。是内还是外由自己决定。向外看的人在做梦，此为迷途。向内看的人才清醒，此为悟道——宁静生慧，觉悟正道。唯其如此，才能把一个人的潜力真正开发出来，使其具有持续的创造力，具备卓越的领导力。领导力的源泉是爱与智慧，领导力的精髓是知行合一，领导力的奥秘是内圣外王！

只有既高瞻远瞩、全局在胸，又求本溯源、深入精微，才能在更高维度的智慧层面上实现领导力的超越！

超越的精神，是一种英雄主义精神！超越的能力，是一种常新的领导力！人生真正的高贵在于不断超越自我！基辛格说："领导就是带领人们从他们现在的地方，去他们还没有去过的地方。"

欲穷千里目，更上一层楼。理想决定高度，高度决定眼光；视野决定格局，格局决定境界。登高望远，通览全景；观海听涛，海阔天空。

久有凌云志，重上井冈山。超越，是越是艰辛越向前的勇毅，是不破楼兰终不还的坚韧，是德不孤必有邻的修行！世上无难事，只要肯登攀。态度决定行动，信心决定成功。以心灵的眼睛看世界，以坚定的信心勇攀高峰！

长太息而哀民生是赤诚；担使命而昼夜勤是精进；秉初心而行远方是超越！

珍重每一天，绝不勉强生活；热爱每一天，绝不虚掷时光；不要妨碍生命开花结果，任何努力都不会落空。即使常年默默无闻，也会在有一天突然发现，思想的花朵已经结出了硕果，精神的生命已经实现了超越。

人生如长河，没有暗礁激不起美丽的浪花。人生如登山，勇于超越才能登上人生的顶峰。

坐拥云起处，心容大江流。一千多年前，唐朝诗人陈子昂登上幽州台，感慨万千："前不见古人，后不见来者，念天地之悠悠，独怆然而涕下。"

宇宙之无限永恒、人生之渺小短暂，这就是人生真实的处境。天地之间，人是渺小的，但又是伟大的。人的伟大在于思想、智慧、信仰和爱——用思想为天地立心，用智慧使生命丰美，用信仰来驱除无望，用爱来融化苦难——用思想、智慧、信仰和爱，来创造永恒的世界！

一、成为自己的首席领导者，唤醒心中的善美和智慧

修炼领导力，就是不断超越，提升人的境界，开阔人的视野，把格局提到更高的层次，锤炼其人格，充分发挥自身的潜能。

唯其如此，才能把一个人的潜力真正开发出来，使其具有持续的创造力，作出显著的成就和杰出的贡献。

萧伯纳说："一个人如果不到达最高峰，他就没有片刻的安宁，他也就不会感到生命的恬静和光荣。"

身处社会的大熔炉，必须要具备通过正确途径获得生存的本领，真正成为自己的救世主，进而为社会服务。这样的领导力，才是真正发挥了最大效力，才是真正完成了自身"精神托举"之使命。

胸怀正知正念，听从内心良知。每一个人是自己生活的主人，是自己命运的设计师。天地造化，生命珍贵，我们要把自己的生命塑造好，使之更加完美。

生活中，有顺境也会有逆境，有欢乐也会有忧伤。顺境、逆境都是好境，无论经历何种生活，都要自尊自信，坚强乐观，勇敢地面对生活中的一切，顺境中精进不息，逆境中保持定力，风雨压不垮，苦难中开花，做一个勇敢的前行者，做一个幸福的理想主义者，接受真正意义上的心灵洗礼，达到理想境界。

成为自己的首席领导者，不断自我优化，实现自我超越。超越你的局限：超越局部看全局，放眼全球看自身，着眼长远看现在。锻炼你的能力——优秀领导者应该是业务骨干。修炼你的心性——人格的力量来源于心灵的高尚。锤炼你的品质——自律是成功之源，领导力的本质是人的道德智慧。

提升凝心力。要专业过硬，自我提升。打铁还需自身硬，只要能力强，自然会吸引到一群人追随。专业领军人物会拥有坚实的领导力基础，本领过硬，才能带动团队。要水平优异，凝聚人心。领导者要有优异的水平，有领导指挥艺术，有博大的心胸，有深厚的同理心和宽厚的包容心，善于凝心聚力，提高团队能力。

提升自信力。领导力是一种自信开放的个性。当一个人对一切事都有自信能解决，或者他自己相信能解决，就有了领导力。因为，人总是希望聚集在有方向的人周围。自信而包容，使得他们在面对挫折和失败时，不会考虑是不是自己出了问题，而只会考虑怎么修改外部条件再来一次。

提升识见力。领导者自身经历一番风霜，受过雨打风吹，会有较丰富的阅历，会深谙识人之道。通过看一个人的气质、谈吐、行为、习惯，逐渐提升自己识人方面的能力。

《庄子·列御寇》云："君子远使之而观其忠，近使之而观其敬，烦使之而观其能，卒然问焉而观其知，急与之期而观其信，委之以财而观其仁，告之以危而观其节，醉之以酒而观其侧，杂之以处而观其色，九徵至，不肖人得矣。"

诸葛亮有"观人七法"："问之以是非而观其志，穷之以辞辩而观其变，咨之以计谋而观其识，告之以祸难而观其勇，醉之以酒而观其性，临之以利而观其廉，期之以事而观其信。"

"大事难事看担当，逆境顺境看襟度，临喜临怒看涵养，群行群止看识见。"领导力的经典中有这四个关键词：担当、襟度、涵养、识见。

提升表达力。领导力就是影响人的一种能力。语言是思维的物质外壳，是交流思想感情、进行社会交际的工具。语言在人们的生活中具有特别重要的作用。培养语言能力，提升运用语言这一社交媒介的水平，为领导力提升打好坚实的基础。提升语言表达力，要充分把握言之有物、言之有理、言之有情、言之有据、言之有序、言简意赅的领导表达力的特点，进而由形美、神美，再到魂美，不断深化提升，由思维逻辑的层次进入思想文化的层次，增强领导表达力的深度和广度。

提升综合素养。领导力素养要注重综合性，特别是科学和人文素养，要德才兼备，文理兼通。科学性和人文性的统一是构成领导力的重要元素，是提升领导力的重要桥梁和途径。培养科学和人文素养，应该基于实践，用于实践，具有较强的实用性与可行性。阅读是提升领导力综合素养的重要途径，要注重阅读对素质提升的深层作用，将阅读和写作、阅读和思考、阅读和行动融为一体，在阅读和思考的过程中，提升领导力的综合文化素养。

提升精神境界。在人生的时光里，有许多珍贵的经历，有欢笑，有泪水，有拼搏，有成功，有砥砺，有挚爱，有多姿多彩的生活。不管是何种经历，都化作记忆，珍藏在内心深处；不管是何种记忆，都化为继续前进的动力，成为人生中宝贵的精神财富。

人生在世，既要塑造好自己的生命，使自己越来越好，越来越有价值；也要关爱他人，奉献自己的聪明才智，为社会做贡献，为父母、家庭、祖国、人类带来正能量。

人性中最重要的是良知，是善良的心灵，要向真向善向美向上，保持正知正念，葆有一颗善良的心灵，听从内心的良知去生活。只要有了一点良知，有了一颗善良的心，人就是高贵的，人生就是有意义的。

每个人的人生道路各不相同，但无论何种样式的人生，成功的标志应该是：

第一，活出自己的精彩，做最精彩的自己，为世界奉献正能量。

第二，身心健康，找到属于自己的幸福生活。

第三，胸怀正知正念，听从内心良知，过有尊严、有意义、有信仰的高尚生活。

唤醒内心的善美和智慧。使生命焕发出美德和智慧的光彩，臻于善美境界，离不开一种力量，那就是唤醒。

唤醒是人生新征程中最根本和最重要的力量。一个成熟的个体，首先必须唤醒对于"我"的认识，从而激发更为高远和本质的人生价值。

简而言之，领导力首先应唤起三种自觉：唤醒生命、唤醒自我、唤醒大我。

唤醒生命的实质，就是学会感恩。知恩者不坏善根，不知恩者善根断灭。一个有感恩心的人，生命是会发光的。脸有和气，神有喜色，心地光明，磊落大气，坚韧弘毅，可担大任。要深深地感恩父母，感恩师长。从自我中心调频到以他人为中心。因为感恩自然、感恩祖国这些深情大义，无有二出，一切皆从感恩父母中来。人，生而为人，长而自立，须臾离不开一个"善"字，善可养气，善可养神，善可养性。

善，还需要慧来助养，要多读书，腹有诗书的人，脸无俗气，神有光华，思可接仞，慧可成事。善慧双运，可行大事。多读好书，让自己成为一个有书香的人，一个有厚度的人。人和人最大的区别是精神慧相。积金千两，不如明解经典。捧起书本，加快觉醒自己的生命步伐！

唤醒这个独一无二的、世上仅有的自我，这个自我是不可以回头，更不可能再塑的。自我的唤醒，最首要听到的是智慧和美德的声音！德光普照，智光慧朗。自我觉醒的人，会不停地思考并为之不断探索，果敢有勇气；又能静听内心细微的声音，并随着它的引导走自己的路；更会为他定下人生规划，并付诸超于常人的努力。唤醒自我的实质，其实就是做自己人生的主宰，有自己的人生态度、人生方向，如此才是一个真正成熟的自我！

不给人生设限。恩格斯说："文化上的每一个进步，都是迈向自由的一步。"

善谋事者日行千里，心明志远卓尔不群。给时光以生命，而不是给生命以时光。Eric Bryniolfsson 在《第二次机器革命》里写道："一年是一年，那是 200 年前；一个月是一年，那是 20 年前；一天是一年，那就是现在。"

不局限于固定的思维，有世界眼光，脱离条条框框，不给自己的人生设限，认清真实的自我，选择遵循本心的生活。思想正，根基正，做一个堂堂正正的人。

人的天性并不全是动物性，是超越动物性之上的，有人之为人的本质属性。

解放天性，解放的是真实的自我，是帮助每个人成为"自己"，而不是成为别人。在文明里成长的你我他，文明早已经存在于自己的天性中了。

人类进化出文明，以联合起来在自然中得以生存，这种进化和创造已经是人的天性的一部分。

这就像在地球表面可以看到不同国家、不同区域的划分，但如果往地心的方向下移，就会发现它们都有同一个核心。领导力正是这样，千变万化的方式最终通往一个核心——解放心灵，让人成为最好的自己。

前进，以全新的方式重塑自我与世界！

二、珍惜黄金般的时光，拥有发光的人生

卓有成效领导者的最大特点，就是对自己的时间十分爱惜。

提升领导力要注重时间管理。要珍惜黄金般的时光，要认识你的时间，只要你肯，就能善用时间。特别重要的问题是："我是否对真正重要的事情，安排了适当的时间。"

珍惜时间是通向卓越的必经之路，卓有成效的领导者懂得：要使用好自己的时间，首先必须要知道自己的时间实际上是怎样花掉的，从而对时间作出合理的规划。

时间始终伴随着人类生命的历程。它来无踪、去无声，却是实现人生价值的一大要素。两千多年前，孔子站在河边，面对滔滔的流水，曾发出了"逝者如斯夫，不舍昼夜"的感慨。意思是：时间就像那日夜流淌的河水一样，一去便永不复返了。的确，时间是无情的，不管人们多么需要它，它总是一成不变地流逝。然而，时间又是如此的重要。特别是现在，人类正处在高速发展而又充满竞争的时期。人们越

来越觉得，最重要的不是金钱及商品，而是时间。时间是人类最宝贵的资源，"赢得时间就赢得了一切"；失去时间，就失去了存在的价值，失去了希望。

如何科学地运筹时间呢？

第一，要把握今日。时间之中，过去已不复存在，将来尚未变成现实，只有现在是实实在在的、最有价值和潜力的。要开发时间资源，最重要的就是把握今日。

立足今日，把握今日，要有行动原则，力戒犹豫迟缓之风。说学就学，说干就干。要学就全身心地投入，要干就立即付诸行动。

唐代诗人贾岛自勉："一日不作诗，心源如废井。"俄国伟大作家列夫·托尔斯泰在一生所记的 51 年的日记中，天天检查自己学习计划的完成情况。英国首相丘吉尔平均每天工作十几个小时，还使得 10 个秘书也整日忙得团团转。为提高政府机构的工作效率，他还在给政府官员的手杖上都贴上了"即时行动"的笺条。

明代学者文嘉写过一首《今日诗》，诗云："今日复今日，今日何其少！今日又不为，此事何时了？人生百年几今日？今日不为真可惜！若言始待明朝至，明朝又有明朝事，为君聊赋《今日诗》，努力请从今日始！"

第二，要养成良好的用时习惯，有规律地运用时间。有这样一句名言："最重要的不是短时间的爆炸，也不是转瞬即灭的火星，而是足以引起伟大的历史转变的持久运动。"持久的运动必定是带有规律性的运动。

德国哲学家康德在哥尼斯堡大学教学期间，每晚 10 点上床，清晨 5 点起床。每日讲课、与师生谈话、吃饭散步的时间都有严格的规定，而且接连 30 年准确无误，恒定不变，以致他每天外出散步时，当地的

居民都以此来校对时钟。

美国政治家富兰克林年轻时，为了能够长期获得更多的时间和精力去从事钻研，就为自己制定了科学的作息时间表。他严格遵守，日积月累，增益无穷。

9岁考上大学，14岁获哲学博士学位，16岁获法学博士学位的卡尔·威特，从小其父就在小事情上培养他敏捷灵巧的习惯，如果磨磨蹭蹭地做了一件事，即使做得再好也不满意。这对养成威特雷厉风行的作风起了很大作用，使他取得了惊人的成就。可见，养成良好的用时习惯对于一个人的成长是至关重要的。英国教育思想家洛克认为："习惯的力量比理智的力量更加有恒、更加简便。"

西方商界名人中大部分都早睡早起，例如苹果公司CEO蒂姆·库克，每天晚上9点半到10点睡，早上3点45分起床，4点半就出现在办公室。起床后的动作流程各不相同，每个人都有各自的固定套路，有的冥想、有的瑜伽、有的跑步。

成功人士都有一个共同爱好——阅读。比尔·盖茨每天阅读超过3个小时，扎克伯格每周读完一本书，巴菲特坚持每天80%的时间都在看书。

第三，要充分利用时间，还必须有崇高的目标和专心致志的治学态度。

高尔基说："一个人追求的目标越高，他的才力就发展得越充分，对社会就越是有益。"崇高的目标可以激发一个人向上的力量，可以使人最大限度地利用时间，自强不息，刻苦自励，向着成功的彼岸奋力前行。反之，一个人如果胸无大志，必将浑浑噩噩，虚掷时光，一事无成。

荀子说："蚓无爪牙之利，筋骨之强，上食埃土，下饮黄泉，用心一也。"充分利用时间，还要做到专心致志。奥地利作家茨威格青年时期曾到罗丹家里做客，罗丹带着他一起观赏自己刚刚雕塑成的一件作品。看着看着，罗丹竟不由自主地开始修改作品。他是那样的专注，全身心地投入，以致忘记了茨威格的存在。过了好长时间，当修改完毕，回过神来的时候，他才猛然意识到客人的存在，连忙向茨威格道歉。茨威格非常感激罗丹，因为罗丹使他明白了专心对于成就一件事情是多么的重要。这次经历带给茨威格的启示，使茨威格终身受益。

一个人如果长期倾注心力于一件事情，就会作出连自己也感到吃惊的成就来。罗丹如此，茨威格如此，许多卓有成就的人也大都如此。

专心致志的态度来源于强烈的兴趣。兴趣是成功的动力源，也是充分利用时间的重要前提。除了强烈的兴趣，意志和毅力也是使人能够把握时间的重要保证。在具备以上几方面的基础上，我们还要探索一些科学的方法和有效的做法。只有这样，才能充分利用时间，不断提高学习和工作的效率，提升生命的质量。

专注和深度工作才能带来进步，这意味着只有尽可能以异步方式生活，才能减少来自外界的干扰。大量烦琐事务用邮件或微信解决，这样就可以避免高效状态经常被打断。

第四，要以我为主。认识自身的突出优势与局限性，扬长避短，扬长补短，与探索星辰大海同样重要，且并不矛盾。以我为主，用最舒适的方式去做事，善于管理时间，离不开工作生活的艺术和创造的智慧。

专注于最重要的事情上——如果你的答案是"不做这些事也没有什么影响"，应当学着说"不"，不管你是用委婉的方式还是严词以对，总之要说"不"。

为任务设置时长——凡是醒着状态，以尽可能短的时间为单位来

安排日程，一天时光就切成了几百个"时间方糖"。工作时间每天的最低标准是处理关键的事务，始终保持快的工作节奏，完成一件事之后，立刻进行下一件，不空耗时间。

追求效率至上，对工作高标准，充满激情。时间管理最简单的一招，就是从一天24小时中榨出尽可能多的时间。精力充沛，胜券在握，形成自己刻苦而又轻松的时间管理风格。

时间是组成生命的材料，时间管理也是许多组织整体性的问题。常见的情况有：工作缺乏计划，被动应付，经常是自己的工作不断被打断；或者是不断的会议讨论，占去绝大部分的时间；或者是被自己的兴趣所牵引，花大量时间搞一些不着边际的事情；或者是花很多时间在一些细枝末节的事情上，把重要的事情一直拖到非解决不可的地步，然后被迫仓促行事。

管理好时间是成功的前提。如果每天都能管理好自己的时间，成就应该大很多，创造的精神财富应该更加丰富而有价值。

珍惜时间，把握时间，利用珍贵的时间做有意义的事情，时间之神才会赐给我们幸福的人生。"及时当勉励，岁月不待人"，让生命在时间的长河中不断向上，让我们伴随着黄金般的时光创造更加美好的未来！

要从人性和人生出发，来探索领导力问题，思考领导力的使命。领导力的出发点和着眼点是人。

人不是一个独立的个体，每个人的命运都与他人息息相关。鲁迅先生说：无穷的远方，无数的人们，都与我们有关。即使远在非洲，当贫民窟的孩子在受苦时，也会牵动我们的心。要启发良知，培养大爱、大德、大情怀，以更加开阔的视野来看待人类的命运。

保持内心的光，因为你不知道谁会借此走出黑暗。矢志不渝传播仁爱精神，让仁爱精神在更多心灵中生根发芽。正是仁爱，能够将人的命运、国家的命运和人类的命运密切相连；正是仁爱，能够使世界变成美好的人间。

要有面对一丛野菊花而怦然心动的情怀。培养爱心，热爱生命，热爱父母，热爱他人，热爱一切需要关爱的人，热爱伟大的祖国和人民，热爱多灾多难而又无比美丽的地球，热爱历经沧桑而又充满力量的人类！

传递温度。通过关怀，让人感受到人心的温暖，在温暖的心灵感受中实现其人生观、价值观和世界观的进化。领导力的温度在于真诚关爱，心中有爱，才能以爱传递爱，以爱启发爱，以爱培育爱。一次温暖的慰问，足可以融化内心的寒冰；一次温暖的鼓励，足可以建立起内心的自信；一次温暖的交流，足可以重新点燃内心的希望之火。

爱默生说："一个人只要知道自己去哪里，全世界都会给他让步。"爱的根本宗旨是要给被爱的人找到一条光明的路。爱的出发点在于引领，引领是一种智慧，更是一种发自灵魂深处的大爱！

生命是会发光的！发心求真，生命就会焕发智慧的光芒；发心向善，生命就会焕发仁德的光芒；发心尚美，生命就会焕发美好的光芒；只要心底透明，就会拥有一个发光的人生！

三、领导力必须在事上磨炼而成

领导力可以磨炼而成。王阳明认为，人需在事上磨，方能静亦定，动亦定。

相传古代欧洲的一些贵族，特别喜爱美丽的天鹅，他们常常将天鹅放养在城堡周围的池塘里，以便观赏。可由于天鹅是候鸟，每逢冬季来临就要远飞，为了阻止天鹅的离去，贵族们想出了一个"绝招"：缩小天鹅活动的水域面积，并在水上设置了很多障碍。

天鹅是鸟类中飞得最高最远的一种，几万里的路程和险峻的山峰都阻挡不了它们的远行。但天鹅的起飞就像飞机飞行需要跑道一样，也需要一定的空间距离，一旦限制了这个空间，它就飞不起来了。当冬天过去，贵族们将障碍除去，想欣赏天鹅飞行的优美姿态时，出乎意料的是，天鹅竟再也不敢展翅高飞了——无疑，天鹅失去了起飞的能力。

锤炼心性品质。领导力的本质是人的心性品质。提升领导力需要锤炼心性，提升品质。得其大者，方能兼其小。品质为上，其余为次。有了品质，具备领导者的素质，有了这个"大"，其他方面就都好说了。

素质是根本。不是说你在领导位置上你就有领导力。领导力是感召力、影响力、征服力、引领力、是心力、是能力。领导力更是一种道德力、智慧力、仁爱力。领导力就是不断提升自己、完善自己的能力。成就卓越领导力，从锻造自己的卓越品质开始。

现代领导力的主要表现是：带领团队，动员团队，解决问题，形成合力。一个人只有带着团队一起干事才叫领导力。有没有领导力，还要看能不能解决问题，只是能组织起一个团队干事，但却不能把握正确的方向，找到合适的方法，真正地实现问题的解决，也不能叫领导力。领导力不是当什么，不是有什么，而是做什么。两种领导力的比较：

一种领导力是：独立思考，独立判断，不随波逐流；在工作中敢于做取舍，敢于担责任；必要时打破边界，主动补位，坚持做正确的事；在需要的时候，不能计较个人得失。

一种领导力是：承担责任，直面问题，密切联系群众，善于讲故事，善于当老师，善于深思，善于从失败中学习，善于反思，认识自己，成为自己。

从英雄成长为领袖，要跟人性做斗争。"个人"可以成为"英雄"，也可以成为"领袖"。英雄是成就自己一个人的；而领袖是成就团队一群人的，常常在幕后工作，人们不一定知道他的存在。想要成为一个领袖，首先要选择与人性做斗争，舍小我为大我，协调各方，成就事业。

提升领导力的具体做法，兹举十项修炼为例以说明：

第一，担当精神。领导力就是动员团队解决难题的责任。面对集体难题的时候，我们要对别人，同时对自己说："让我来！跟我来！一起来！"勇于承担责任。校长如果经常这么说：让我来、跟我来、我们一起来，就一定会攻坚克难。我担当，跟我来担当，我们一起担当，一起来想办法，一起来把事情做好——勇于担当，身先士卒，率领众人，成就事业。

带领团队实现目标的过程，必定会碰到很多困难和障碍。领导者碰到困难和障碍是必然的事情。优秀的领导者在困难面前都有一个不可或缺的特点，就是不轻易放弃，勇于担当，信心坚定，坚忍不拔。

第二，谦逊品质。一要直面难题。不能不懂装懂，即便感觉自己懂，也要怀疑自己是不是真的懂，要想想所面临的问题是不是有更好的解决方案。二是礼贤下士。汉高祖刘邦用人，不以地位和出身看人，而是不拘一格用其所长。张良是贵族，陈平是游士，萧何是县吏，樊哙是狗屠，灌婴是布贩，娄敬是车夫，彭越是强盗，周勃是吹鼓手，韩信是待业者，刘邦把他们组合起来，各就其位，让所有的人才最大限度地发挥作用，历史证明刘邦的用人策略是对的。当然，从另一个角度来看，刘邦用的是典型的帝王之术，表面上用人不疑，肚子里极度猜忌，只不过是不动声色、手腕高明而已。可以共患难，不可以同富贵，他一旦登上皇帝宝座，就实行狡兔死、走狗烹的策略，其阴险用心毕露无遗。

第三，知人善任。刘邦深知，首领的重要才能是团结人，调动人的积极性。所以，要了解下属的能力特点、性格类型，长处和短处，以此决定将其安排在合适的位置。刘邦知人善任，任用韩信带兵、张良谋划，萧何保证后勤供应，人才各得其所，有条不紊，而刘邦也因为善于用人而成为核心。他说："夫运筹帷幄之中，决胜千里之外，吾不如子房；镇国家，抚百姓，给馈饷，不绝粮道，吾不如萧何；连百万之众，战必胜，攻必取，吾不如韩信。三者皆人杰，吾能用之，此吾所以取天下者也。项羽有一范增而不用，此所以为我所禽也。"

第四，善于发问。领导者要密切联系群众，为了解决难题、动员团队，我们需要提问，而且是正确谦虚地提问。"你觉得呢？""你认为应该怎么办？"刘邦就很善于发问。刘邦听到项羽大兵压境要来决战，就问大家："为之奈何？"征求大臣意见，善于听别人的建议。项羽力能扛鼎，是个英雄。但项羽刚愎自用，鲁莽冲动，一听说刘邦入关要称王，没有问良臣"为之奈何"，而是冲口而出："旦日飨士卒，为击破沛公军！"他没有跟大臣研究采取什么战略战术来打仗，没问这个也没有想这个，而是说：赶快给我犒劳一下士兵，明天就为我击破沛公军。轻敌莽撞，这样打仗肯定打不赢。刘邦讲策略，听了大臣的建议，也不直接来打项羽，而是先来示弱，于是就有了鸿门宴的故事。后来刘邦战胜项羽做了汉朝的开国皇帝，真的是性格决定命运。

第五，善于教导。"我来教你！"有时候，我们需要扮演教师的角色，因为领导者的注意力不仅要放在管理下级上，还要把下级当作"学生"，注重对下级的长期培养。同时，领导者还要善讲故事，如果想要打动一个人的情感，一个很好的方法，就是讲一个生动形象的故事。

第六，善于反思。最简单的反思方法就是问自己这个问题：我要改变什么？慢慢的，反思会使得我们在行动、目标、心智模式这三个层次上发生改变。荀子说："君子博学，而日参省乎己，故知（智）明而行无过矣。"君子广泛学习，而且每天反省自己，想想能不能做得更好，所以智慧明达行为没有过错。西方圣哲也说：未经省察的人生不值得过。反思省察，善莫大焉。

第七，善于深思。我们需要深思，想要解决难题，就需要深思。通过问自己为什么、问别人为什么，往往能找到解决问题的根源、找到行动的目标。

第八，善于学习。失败是成功之母。要想从失败中进行学习，首先要改变对失败的态度。一位花样滑冰世界冠军说："一个成熟的花样滑冰运动员要经历近十万次跌倒，每一个冰上动作都是对自身极限的挑战。"人生的滑冰场又何尝不是这样！

第九，自我省思。我们要认识自己，认识自己就是要问：我是谁？这个问题包含了三个核心问题：我热爱什么？我擅长什么？我有什么机会？我们要经常听听自己内心的声音，没有时间把精力浪费在很多不必要的人和事身上，要经常问自己：我是谁？我在哪里？我想要什么？我优于别人的地方是什么？我能够做好什么？我能把什么做到最好？

第十，追求卓越。"我该是谁？"要成为自己。成为领导者的关键不是做我们自己，而是成为我们自己。成为领导者的基础，不是做你自己，而是成为更好的你。人啊，首先是认识你自己，其次是成为你自己，然后是成为更好的自己，最后是成为最好的自己。教育不就是使人成为最好的自己吗？人生不就是要成为最好的自己吗？认识自己，成为自己，成为更好的自己，成为最好的自己——这是我们一生的修行。

领导力是一种超越，不断超越一个又一个目标，达成一种远大的宏伟目标。目标如果是平庸的、跟以前都一样的，就没有前进动力，也就没有感召力，因此，追求卓越，不断超越，是一种激励；没有理想、没有超越，也就没有卓越的领导力。

这十项修炼属于实践层面，而领导力的修炼远不止这些。领导力的培养要从修身开始，逐步提升自己的水平素质。领导力可以用四个词来形容，那就是：求真、求善、求美、求强。领导力是人生的必需品，而不是某些人才能拥有的奢侈品；领导力也不是一种与生俱来的天赋，它是一种可以学习掌握，并能逐步提升的领导能力，而我们必须在"成为平庸的人"和"成为卓越的人"之间作出选择。

四、超越的力量和领导力的源泉

人生究竟有没有崇高而具有恒久价值的意义？面对这样的发问，先贤们给出了怎样的答案？

"如果我们选择了最能为人类福利而劳动的职业，那么，重担就不能把我们压倒，因为这是为大家而献身；那时我们所感到的就不是可怜的、有限的、自私的乐趣，我们的幸福将属于千百万人，我们的事业将默默地但是永恒发挥作用地存在下去，而面对我们的骨灰，高尚的人们将洒下热泪。"

这篇名为《青年在选择职业时的考虑》的文章，出自 17 岁的马克思之手。当时，马克思适逢中学毕业，面临着人生的选择。马克思并没有从利己主义出发，以个人幸福作为选择理想的标准，他把理想上升到对社会的认识和对生活的态度上加以考虑。正如马克思指出，一个人唯有超越小我，把个体放置在为人类福利而奋斗，为千百万的人的幸福而努力的梦想之上时，这个"我"字就会大写于天地之间，永恒发挥作用存在下去！这个"我"字就会拥有最高贵的重量，可比大地，可比星辰！

"志之所趋，无远弗届；穷山距海，不能限也。志之所向，无坚不入；锐兵精甲，不能御也。"一如17岁的毛泽东离家去湖南湘乡县求学前，夹在父亲的账簿中的那首诗所表明的志向和决心。"孩儿立志出乡关，学不成名誓不还，埋骨何须桑梓地，人生无处不青山。"

"器识为先，文艺其从，立德立言，无问西东。"乐于事，勤于事，就是一种担当。身边小事，身外大事，一点都不能含糊；自己家事，国家大事，都要全力担承。可以活得如泰山一般巍峨，只要勇于担当。

超越的力量。这个时代充满着前所未有的机会。如果有雄心又不乏智慧，不管从何起步，都可以沿着自己所选择的道路登上事业的顶峰，但前提是必须成为自己的首席执行官，知道何时改变发展道路，并在可能长达50年的职业生涯中不断努力，创造成果。

清朝郑燮《竹石》诗云："咬定青山不放松，立根原在破岩中。千磨万击还坚劲，任尔东西南北风。"人生的经历往往是千磨万击，磨炼心性，人生的价值就在于追求卓越，咬定青山，厚积生命的能量，成为最好的自己。

尼采说："每一个不曾起舞的日子，都是对生命的辜负""每个人都急于从自己的枷锁中解放出来"。

领导力的意义是帮助人看到一缕光，帮助人实现自身的价值。大海给贝壳的定义是珍珠，时间给煤炭的定义是钻石，领导力给人生的定义是价值。

人与世界相遇，与世界相识，与众生相聚，在风云际会中走着人生之路。人在生活中都是自己的主人，都在出演自己的剧本，在与世界的互动中创造自己人生的风景，又一路欣赏多姿多彩的风景。正如诗中所言："你站在桥上看风景，看风景的人在楼上看你。明月装饰了你的窗子，你装饰了别人的梦。"

人生的高度取决于生活的深度。人要生活在当下，只有当下的生活是正在发生着的，是前面生活的延续，是后面生活的序章。只有明白地知道自己想要什么，能做什么，可以做什么，应该做什么；同时又明白地知道自己不能要什么，不能做什么，不可以做什么，不应该做什么，无为而无不为，才能获得生命的从容与舒展。当下（nowandhere）和无为（effortless），是获得生命实在性和自在性的哲学奥义。

领导力是永争第一追求完美；领导力是逢山开路遇水架桥；领导力是坚定不移踏实前行的成长，一步一个脚印，经过长时间有意识的锻炼和积累，最终如江河奔腾势不可当，如旭日东升喷薄而出。

远行的意义。富有远见卓识的领导者往往是精神意义上的远行者。为远行做准备：准备知识，准备智慧，准备修养，准备持续的自我发展能力。

远行的意义并不在于目的地，物理空间的移动变换并不能与远行画等号。远行的诗意和宏伟在于精神的独立与自由，从舒适或无聊的生活环境中超越，从一成不变的日子超越，勇敢地投入苍茫的未知。

对于远行者而言，山巅的壮阔雄伟或是田园的温婉静谧并没有太多不同，真正不同的是远行路上经历的人和事。远行中与自己灵魂的交流，让远行变得充满意义。远行是突破自我的过程。

想要在变动不居的世界中找到真正的家，就要学会为灵魂寻找归宿。

"雁引愁心去，山衔好月来"，在陌生的环境中，经历不同的人和不同的事。在全新的环境中挑战自我，突破自我，塑造全新的自我。远行是放飞自我的过程，在喧嚣的现代都市中，人们被一件件琐碎的事情牵绊纠缠，往往会忘记生活原本的意义，忘记了自己的梦想，因此需要心灵的远行。

远行意味着摆脱束缚，挣脱规则，释放心中的自由，做真实的自己。正如凯鲁亚克的经典描述："真正不羁的灵魂不会真的去计较什么，因为他们的内心深处有国王般的骄傲。"真正的远行，不是身体意义上的，而是精神意义上的，是心灵的远行，是灵魂的修行。

领导力的源泉。亚里士多德说："人生最终的价值在于觉醒和思想的力量，而不在于生存。"觉醒的深度决定着领导力的高度。

人是生而有翼的，当不负此生，奋力翱翔。心灵是生而自由的，那里深藏着希望。希望是在于将来，希望永存于心中，希望是一轮鲜红的太阳，而太阳每天都会升起。不放弃理想，就永远有希望；不放弃希望，就永远有未来满怀希望，心存善念，相信自己，相信未来，向着光明，勇敢前行！

人的理想信念要从自己内心树立，千锤万凿而得，不论世事浮沉，都将矢志不移。信念就像黎明前的飞鸟，带领我们冲破黑暗，跨越高山，在枝头唱响希望的歌谣，在天亮之前给予我们坚持的动力。怀着坚定的信念，在破晓时启程，将信念化作隐形的翅膀，向往光明，飞跃黑暗，抵达光辉的理想。

人的全部尊严就在于思想，运伟大之思者，必行伟大之途。帕斯卡说："人，只不过是一根苇草，是自然界最脆弱的东西，但他是一根能思想的苇草。"领导力的理论，连接着过去、现在和将来；领导力的提升，关系着人的健康、幸福与发展，关系着民族的复兴和人类的福祉。领导力是心之力，是行之力。

千淘万漉虽辛苦，吹尽狂沙始到金。茫茫大地，风雪独行，即使路途艰辛，也奋勇向前。不是因为有了同行者才上路，而是首先行走在路上才会有同行者。只要是正确的事情，只要有一个开始，只要有一个团队去实践，这个影响力就会扩展到一群人、一个地区、一个国家，甚至整个世界。

著名社会心理学家亚伯拉罕·马斯洛认为，人的潜能是以"胚胎"形式存在的，最初的胚胎中已经包含了将来会生长成熟的、有力的胳膊和腿；人的个性、禀赋、创造性、爱的能力、向往真理的精神追求等，也是胚胎形式存在的，要用容许、促进、鼓励、帮助的方法，把以胚胎形式存在的东西，变成真实的实际的东西。

就像自然中的生命一样，领导力的能量既是内因的生发，又是外因的促成。生命之爱来自阳光，来自泥土，来自雨水，来自浇灌、培养和哺育。这样的培育之爱，融在血液中，是刻骨铭心、根深蒂固的。只有珍爱生命的人，才懂得尊重生命，培养生命，成全生命。当我们用爱心营造出来的智慧发挥到极致时，就会变成一种深入骨髓的甜蜜，那是一种独特的幸福，将会紧紧拥抱我们的心灵，在成熟的智慧和追求生命的热情之间架起桥梁，让我们心中有光，永远铭记真、善、美。

真正的高贵在于心灵。一个精神高贵的人，有一个满浸着人间大爱的灵魂。这样的灵魂，才会生出慈福善因的种子，才会长出美好人性的枝蔓，才会开出美德的花朵，才会结出智慧的果实，才会漫溢出爱的芳香。爱的浇灌与人性的感召，智慧的启迪与灵魂的铸造，是灵魂教育的神圣使命。

一种无穷无尽的能量源，包含并统领一切。这是浩大宇宙的生命力，这种生命力叫爱。爱是光，能启迪智慧，照亮心灵；爱是种子，能产生美好的生命；爱是地心引力，能让相爱的人心心相印。治愈心灵的能量由爱而获得。因为爱，我们才活着；因为爱，活着才有意义。爱是无穷的力量，爱是世界的希望。如果想要救赎灵魂，如果想要人类和平，如果想要拯救世界，如果想要化育生灵，爱是最好的答案。爱能温暖生命，和谐心灵；爱能摈弃仇恨，消释贪婪。每一个独立的个体都带着爱，细微的有待释放的强大的爱。给予和接受这种宇宙能量，我们就能体会——爱超越任何存在，爱能够降服一切，爱是生命的阳光，爱是能量的源泉，爱是宇宙的灵魂！

唯有心灵觉醒能使人光明，唯有提升自我的能量能使人自由。浩大宇宙都与我们的灵魂相关，所有人类都是我们灵魂的一部分。德是领导力的根本，智是领导力的源泉，爱是领导力的灵魂。一切智慧从爱中彰显，一切文明因爱而存在。用爱来拥抱世界和人生，用爱来拥抱此刻和永恒，用爱和心灵共鸣，用爱和时光相融。用爱来唤醒生命，用爱来唤醒灵魂，用爱来创造美好的未来！

领导力的源泉是爱与智慧！领导力的灵魂是思想信念！领导力的价值是解放心灵！领导力的精髓是知行合一！领导力的真谛是天人合一！领导力的奥秘是内圣外王！

第十章
教育领导力

————

　　领导力最深层的意义是心灵教育，领导力最迷人的地方是生命成长，领导力最伟大的力量是利他主义，利他主义最根本的价值是提升人的价值。因此，教育力就成为领导力的基本内涵，成长力就成为领导力的根本能力。成长是一场生命的深度对话，战胜内心的挂碍，打破自我设限，遇见一个全新的自己，开启充满无限可能的人生之旅，智深愿弘，志向远大，勇猛精进，禅定寂静，悲智双运，福慧双增。自我成长是温柔而坚韧的过程，是神圣之地，是最有价值的，要对自己有耐心，尤其要有信心。当真正相信自己有定力应对生活的各种挑战时，整个世界都会为我们让路。真正的定力不是抵抗变化，而是在变化中保持本真，成长为更好的自己。定力不是冷漠、不是高傲。定力让我们在喧嚣中找到内心的平静，在混沌中看清事物的本质，从而因定生慧。这种智慧就在我们自己的内心深处，等待着开发和释放，而教育领导力的使命就在于——舒展生命，启迪智慧，解放心灵！

　　培养道德心，培育创新力，塑造中国魂，培养生命力、学习力、领导力，培养善良智慧的现代君子，创建中国特色、世界眼光的未来学校，实现学校治理体系现代化，做有灵魂的教育，是卓越校长的初心使命。

　　作为教育发展的核心要素，教师甚至被视为学校教育教学革新的心脏，能最大限度地重建一个国家的教育希望。世界经合组织（OECD）认为："教师是影响学校教育质量的关键因素，并直接决定着教育的成败：这一点，无论如何强调都不为过分！"

　　卓越校长的第一使命是培养教师。成为教师的教师是卓越校长的重要角色。培养教师，引领教师走向卓越，是卓越校长的重要能力。

一、有灵魂的学校

　　爱是教育的灵魂。英国思想家罗素说："凡是教育缺乏爱的地方，无论品格还是智慧都不能充分地或自由地发挥。"没有爱就没有教育。教育需要爱，如果没有爱，无异于茫茫的沙漠没有水源。爱要从心开始，才能让学生自由全面地发展。宽容是教育者不可或缺的品质。宽容，也是领导者的成功之道。与孩子朝夕相处，要始终想着两句话，那就是"假如我是孩子""假如是我的孩子"。蹲下来看待孩子的世界，才能发现孩子异于成人世界的多姿多彩。

理想信念是教育的源泉。西南联合大学、陕北公学在抗战风云中，艰苦卓绝，坚忍不拔，创造了中国教育的奇迹，依靠的就是理想信念的力量。作为教育领导者，要以高远的境界和开阔的胸襟，凝炼思想，凝聚智慧，凝聚共识，凝聚力量，创造理想的教育。要确立学校的理念与愿景，建设立德树人的学校文化，实施好国家课程，研发以人为本的校本课程体系，以学生为中心，以教师为根本，形成和谐的育人生态。

为国育才是教育的使命。当今时代，面对世界百年未有之大变局，国家提出科教兴国战略、人才强国战略、创新驱动发展战略，教育已然成为民族振兴的基础性工程。教育要不忘初心，牢记使命，立德树人，为国育才，培养担当中华民族复兴大任的时代新人。教育的终极关怀是人类的和平与福祉，教育的本质是育人。培根铸魂，启智润心，生命与使命同行，使命为生命赋能，是教育者的理想信念。

思想境界决定教育的高度。思想理念点亮教育智慧，世界著名大学，如哈佛大学、耶鲁大学、牛津大学、剑桥大学等，都有先进而且恒定的教育思想作为引领。世界著名中学，如英国伊顿公学、芬兰罗素高中等，也有鲜明的办学主张与探索实践。正是有了高度的思想境界，才造就了闻名全球的世界名校。教育是爱与智慧的学问，真正的教育是灵魂教育。

二、学校治理体系现代化

学校治理体系现代化要文化引领。现代学校治理的核心是思想信念，关键是体制机制，动力是不断创新，核心是人的发展，源头是文化价值观。文化治理是治理的高阶层次，文化治理最重要的是价值引领，现代学校治理要注重文化价值观的培育。

学校治理体系现代化要以人为本。敬天爱人，以心为本。民为邦本，本固邦宁。现代化即人的现代化。教育首在立人，基本价值观是利他主义，根本任务是立德树人。教育要以学生为中心，以教师为根本，构建和谐共生的人文生态环境，促进师生的健康幸福和发展。

学校治理体系现代化要生态和谐。好的学校就像森林一样。法国思想家卢梭说："教育即生长，生长就是目的。"生长需要良好生态，应该建立和谐教育新生态。学校是人成长的地方，是师生共同依存的学习共同体，要建设适合人才成长的生态环境，建立有利于提高学生学习动机、参与意识和辉煌成就的人际关系，发展积极的、真诚的师生关系，使得学生的个性和创造性得到珍视。主动沟通，了解和支持学生的个性化学习需求。推行高效的促进学生成长的形成性评价体系，挖掘学生的潜力、调动学生的激情、助力实现学生的人生价值，使人获得全面而有个性的发展。

学校治理体系现代化要跃升思维。实现思维层次的跃升，包括战略思维、哲学思维、系统思维、生态思维，包括系统观念、整体观念、融合观念、科学观念，同时又具体而微，精益求精。"九重云霄鹤精神，万顷波涛鸥世界"，发展是第一重任，人才是第一资源，创新是第一动力。要超越学校看学校，放眼全球看教育，着眼长远看现在。

学校治理体系现代化要体系科学。学校科学体系的建立，包括价值体系、治理体系、育人体系，由此衍生出相关具体的体系。从课程体系来说，要有科学而丰富的课程，如：国家课程、校本课程、基础类课程、发展类课程、高端类课程、人工智能＋STEAM、教育＋互联网等。从学习体系来说，如：个性化学习、探究性学习、深度学习、项目式学习、自主学习、终身学习、连接心智的学习共同体等。

三、卓越校长的领导力修炼

卓越校长领导力的要素是：充满理想色彩的使命感，高远的志向与远见卓识，坚定的信念与积极的态度，求真务实的现实精神，清醒的头脑，善于反思和前瞻，善于赢得信任，善于知人善任，具有战略思维，富有热忱与影响力，具备引领未来的教育领导力。校长领导力的修炼既要有理想境界，又要有现实根基。卓越校长应该是有思想的理想主义者，有实践的现实主义者，有眼光的未来主义者。

卓越校长领导力要修炼思想力。卓越校长领导力的修炼要有智慧的启迪。苏霍姆林斯基说："校长领导学校首先是教育思想的领导，其次才是行政的领导。"要成为有思想的校长，有哲学思维，形成科学的体系，树立愿景使命，激发行动力，正确处理守正与创新的关系，尊德性而道问学，致广大而尽精微，极高明而道中庸。

卓越校长领导力的修炼，最重要的就是理解领导力背后的原理。只有这样，才能不浪费深藏心底的宝贵善意、与生俱来的创造潜力。要达到这个目的，需要学习理论，穷根究底，富有智慧，以卓越的觉知建立自己的坐标系，即世界观、人生观和价值观，信仰、信念和信心。

卓越校长领导力要修炼大先生气象。一位卓越的教育领导者首先应该是一位卓越的教师，从卓越教师到卓越校长，校长要做教师的教师。人格的力量来源于心灵的高尚，要锤炼品质与学养，成为大先生和教育家。

卓越校长领导力要修炼心灵的能量。包括初心与使命、热忱与影响力、定力与灵活力、思维与学习力、远见卓识与坚定信念、稳健从容与积极态度等。修炼领导力要成为终身学习者，要理解育人的大理念、大系统、长周期，创造和谐的环境、融合的平台，让师生有美好的心灵体验，凝心聚力，共创美好未来；要善于读书思考，勇于开拓创新。

卓越校长领导力要修炼教育的能力。教育领导力要锻炼教育教学能力，因为卓越校长首先应该是优秀教师；教育领导力要修炼心性，因为人格的力量来源于心灵的高尚；教育领导力要锤炼核心素养，因为领导力的本质就是人的道德智慧。

卓越校长领导力要修炼战略决策能力。有效的领导者所做的都是重大决策。既要看"正当的决策"是什么，又要看"人能接受的"是什么。有效的决策人首先要辨明问题的性质：这是一再发生的经常性问题，还是偶然的例外。有效的管理者既需要决策的冲击性，又需要决策的安全性，行稳致远。没有一开始就是尽善尽美的战略决策，最佳的战略决策是在实践中动态达成的。

卓越校长领导力要修炼凝聚力。敬天爱人，凝心聚力。以科学发展观和现代管理理念，让每一个人都有主人翁意识，主动积极行动。校长要从特定的环境中升华出来，从具体的琐事中超越上来。坚持原则，反对烦琐哲学，反对盲目自大，反对没有全局效益提升的局部优化，反对没有全局观的狭隘主义，反对没有业务实践经验的人乱指挥，反对没有充分论证的想法形成流程。坚持正确的价值导向，以奋斗者为本，提升自身素质，提高团队能力，凝聚团队合力，激发组织活力，激励创新精神。

以正确的价值导向，而引领学校；以追求卓越，而激发活力；以理想信念，而凝聚合力；以奋斗者为本，凝聚正气。用人所长是卓有成效的管理者必须具备的一种素质，是一个组织的工作是否有效的关键。让每个人充分发挥特长，凝聚共同愿景和方向，建立团队合作，调和个人目标和共同福祉。一个重视贡献的人，为成果负责的人，不管职位多卑微，仍属于高级管理者。有效的管理者在用人所长的同时，必须容人所短。有效的管理者用人，是着眼于机会，而非着眼于问题。消减层级，平面管理，争取让每一个人都能够战斗。先进的团队文化注重的是，由一群平凡的人作出不平凡的事业。

卓越校长领导力要修炼前瞻力。未来已来，校长要修炼引领未来的教育领导力。教育永远在变，只有深入的研究与前瞻性眼光，才能对变化有深度理解。真正的教育家精神是能长期延续自己的生命，超越自己的生命，发挥深远的影响力。面向未来，教育要特别注重人工智能与创新人才培养、互联网与跨界教育、沉浸式学习与人机共处能力的培养。

现在以及不确定的未来，"跨界"将是一个重要的关键词。无边界学校和无边界课堂正在形成，世界就是校园。一些看似互不相容、却能共存的能力，正在组织和个人层面发挥着巨大优势。拥有跨界知识和技能将是未来制胜的关键。重要的是拓宽知识边界，以广泛多样的方式重新思考自己具备的潜力，接受不同寻常的选择。

总之，卓越校长领导力要有前瞻力、洞察力、判断力、感召力、调御力、坚定力、灵活力、学习力、行动力、创新力。修炼领导力在于不断超越。超越自我，拥有更高的维度。我们所生活的这个时代充满着前所未有的挑战与机会。如果有雄心又不乏智慧，那么无论从何时何处起步，都可以沿着自己所选择的道路登上事业的顶峰。真正的卓越在于不断超越！

四、点亮我，照亮你：不断超越，追求卓越

卓越校长的第一使命是培养教师。成为教师的教师是卓越校长的重要角色。培养教师，提升教师的领导力、学习力、教育力、发展力和创新力，引领教师走向卓越，是卓越校长的重要能力。

世界经合组织（OECD）强调："教师是影响学校教育质量的关键因素，并直接决定着教育的成败：这一点，无论如何强调都不过分。"

教师是最重要的教育力量。Osterman & Kottkamp 认为："要改进教育，我们必须变革学校；要改进学校，我们必须变革学校中的人；而要改进人，我们必须改变我们试图引发变革的方式。"

学生发展是学校一切工作的出发点，教师发展是学校一切工作的着力点。教师成长是学校至为关键的生长点，师生关系是教育至为重要的动力源。学校是智慧的组织，学习的共同体；学校既是学生成才的摇篮，也是教师成才的摇篮。

培养教师要形成立体化、多元化培养路径，包括人文关怀与价值引领，激发善意与气场效应；内功修炼与实践磨炼；课题研究与专业培训；教育热忱与创新精神等。要提升教师的精神品性。赋予教师自主规划、自主创新的能力，以充分激发其专业潜能，实现自主成长，激发教师主动参与的积极性，鼓励教师的创造性和创新性，提升教师的自主创新、自我发展能力。

教育的目的不仅是传授已有的知识，而是要把人内在的本质力量引导出来，把人的创造力量激发出来，将人的生命感和价值感唤醒。美国学者威尔逊指出，有效的教师发展必须具备的关键特征是：教师的发展应该是被激发的，而不是被灌输的；教师专业发展发生于学习

共同体之中。作为教育发展的核心要素，教师甚至被视为学校与教学革新的心脏，能最大限度地重建一个国家的教育希望。

为了提升教师的发展力和教育力，我进行了长期深入的探索，其中包括成立卓越教师工作室，以先进理论引领，促卓越教师发展。

教师领导力研修的内容直指教育核心。当前，正值深入推进教育数字化转型发展的重要时期，技术与教育双向奔赴进程加速，数字化治理能力提升与数字化思维发展成效突出。推进数字化赋能教学质量提升、构建数字教育资源平台体系、推进教研数字化，都对教育创新、教育人才数字素养提出了非常高的要求。无论是在高中顶尖名校担任校长，还是在著名大学从事行政管理、教育教学以及学术研究，我都要求自己对信息有较高的敏感度、对趋势有较强的判断力、对未来的发展有自己的见解。基于此，我所设计的教师发展研修内容，从教师理想信念到教师专业发展，再到教师个人素养提升，都立足人才成长，符合发展大势，直指教育核心。

教师领导力研修的课题覆盖面较广，跟随时代潮流。经过深思熟虑，结合自己的工作实践，我从宏观到微观，梳理并提出了6个重要研修课题：①我的教育主张。②我的教育故事。③课堂教学创新。④拔尖创新人才培养。⑤ AI 时代的未来教育研究。⑥领导力的修炼。研修过程中，我要求全体学员认真思考，开阔视野，读万卷书，行万里路。每位学员都从自身角度重新审视自我，重新建立自己的教育信仰，形成自己的教育风格，不断提升自己作为教育者的体力、笔力、脑力、心力、创新力，不断发掘自身潜能，让学生站在教师的肩膀上成长更快，发展更好，这些理论和实践研修都具有很强的时代性。

研修过程生动活跃、百花齐放。从研修形式上看，有座谈交流，有深入课堂听课探讨高效课堂的融美路径，有学员分享展示，有教育实地考察，有学员畅谈人生共话发展，有专家讲座高端引领，有名言汇集启迪智慧……从成果呈现方式上看，有精美图片留存，有清晰动态视频展示，有文字稿件报道，有声音录制存盘等。从展示形式上看，有小组为单位集体亮相，有优秀学员带头示范。在此过程中，每位学员都充分利用这宝贵的机会展示自我、发展自我，取得了成长和进步。

研修成果在工作中有效转化。一位老师从领导力和拔尖创新人才的研修会中体悟精髓，精思静研，在工作中做了以下实践：①谋人。组建敬业、精业、乐业的教师团队，保障工作高效落实，才能创造辉煌。②谋局。科学谋划，把舵定航。有效开展德育管理工作。③谋业。抓好常规，精研教学、目标导向。以备课组长为核心开展教学，努力打造"思维型课堂"。④谋场域。文化引领、目标导向、舆论营造。完成文化建设，让长廊、办公室、班级更有文化氛围，开展最美教室评比，努力实现环境育人目标。

凝练教育理念，提高教育站位。一位老师说，不知不觉，我们已经研修了多个主题，在整理复盘时，发现了成长的时间线。对于我们而言，教育教学随时随处随地发生，及时把有价值的故事、课例整理下来，它能成为我们的财富；同时，通过对教育信念、教学主张的凝练，又能促使我们提高站位，由"局中人"转向"执局者"，从而改善自己的教育教学，让信念、主张落地生花。所以，复盘我们过去已有的经验，取其精华，扬其所长，能使优势得以延续。作为一个学习共同体，立足当前实践，我们一起从书中取经，共读经典教育书籍；一起从课堂取经，听评反思，改善课堂；一起在分享成果中取经，获得一线教师干货满满的教育教学经验。

顺应未来趋势，迎接教育挑战。"使命·战略·方向"的专题，研讨通过何种路径培养顺应时代潮流的全面发展的人。一位教师说，我更加明确了理想目标，建一个有温度的团队，做一个有格局的人！对于教育者而言，我们同时承担了两种角色，教的是知识和技能，而育的是人，我觉得要想真正的体验和领略教育的美丽和无限可能，和孩子们一同成长，非教师莫属。师者！范也！很多时候我们会说学生是老师们的精神后裔，会传承教师的某种基因！教师身上散发出的一些无形的气质，对待生活的态度，对人待事的方式，会潜移默化地影响学生！当然作为老师，也是和孩子们一同成长的人！

与优秀的人同行。一位老师说：在研修过程中，我遇到了这么多优秀的人，每一个人身上都有优秀的特质，把教育当成自己的事业，用爱去对待每一位孩子，大家愿意一起为了教育这个事业而奋斗，这是一件幸福的事。我喜欢三种人，一种是比我优秀的人，另外一种就是使我优秀的人，还有一种就是愿意跟我一起优秀的人。这些人是我心中的光。光也是一种信念，是指引我们前进的动力和灯塔。感恩遇到了引路人，坚定了我的信念。我们将一直追随光、成为光、散发光，照耀学生以及同伴前行的路，让爱在每一个人的心中生根发芽。

感受做教师的幸福。一位老师说：研修班犹如一棵大树，庇护着我们，让我们在风雨中仍然坚韧，让我在这片沃土上茁壮成长。感恩遇见，感恩身在其中。未来我会继续孜孜不倦地致力于专业化成长的学习，坚持多反思、多读书、多学习、多请教、多钻研，带着所学、所思、所悟，以更加饱满的热情、积极的态度、投入到工作中，让自己无愧于卓越教师工作室成员的称号。人生有三件事是最幸运的，其中一大幸事就是遇到贵人。当我听到翟教授娓娓道来的平实而富含哲理的话语，我深思：实现教育的美好愿景，是光荣而又伟大的，在教育这个事业上，我一直都感受到来自学生和家长认同所带来的职业价值感，那是一种幸福的感受。

深入研讨教师领导力。一位教师说：翟校长带领我们深入认识领导力，也让我认识到了作为班主任，班级需要的不是管理者的绝对上位，而是引领者的共同发展。拔尖创新人才培养的本质在于育人，是人才发展的将来时，而不是现在时。我们更加坚定，教师不能停止学习，我们要用更长远和更开阔的眼光和胸怀去看待未来，在任何时间都不能忘记育人的初心，都不能停止学习，因为教师的格局和眼界很大程度上决定了学生的发展。

在教师充分研讨的基础上，我说："卓越教师工作室要立德树人、培根铸魂、启智润心，要培养具有理想信念、道德情操、扎实学识、仁爱之心的卓越教师，我们要追求卓越、成为卓越。我们是一个学习共同体，这是我们的宗旨，前行路上我们携手同行，共同成长。在这个共同体里，每个人都很重要，都不可或缺，因为有效的教师发展必须具备的关键特征是教师的发展是被激发的。这里有一个基本点，就是相信每一个人都有无穷的潜力待开发。未来已来，在新时代带来的前所未有的机遇和挑战面前，岂能止步不前？要在实践中思考，在思考中调整与改进，解放心灵，重塑自己，着眼未来，成为卓越教师！"

五、信仰、信念、信心：玉壶存冰心，宁静以致远

诸葛亮《诫子书》云："非宁静无以致远"，教师须凝心静气，在教书育人之路上行稳致远。

其一，仰望星空，怀揣教育信念。德国思想家雅斯贝尔斯曾说："教育需要信仰，没有信仰就不成其教育，而只是一种教学技术而已。"

教育信念对于教师发展具有深层导向性意义，卓越教师工作室第一次活动主题就定为"我的教育信念"，带领学员思考自己的教育信念，思考如何更好地"立德、立功、立言、立人"。

立德——教育灵魂，师者之天职。育人的根本在于立德，立德树人，本质上讲是以德为先，强调品德教育和能力教育的高度融合，以人格陶冶人格，以关爱激发关爱，以责任带动责任。

立功——教育使命，师者之根基。教育必须靠教学支撑，育人也需靠教学承载，教育要卓尔有效，需要每一个老师功底深厚，德艺双馨。

立言——教育思想，师者之理念。教师与生俱来就应该是一个教育的开发者和建设者，是文化之脉的传承者和开拓者，是一个既能"传言"又能"立言"的思想者。

立人——教育根本，师者之追求。百年大计，教育为本。我们要立足中华民族伟大复兴战略全局和世界百年未有之大变局，培养担当民族复兴大任的时代新人。

其二，脚踏实地，立足教育实践。苏联教育家捷尔任斯基说："谁爱孩子，孩子就爱他，只有爱孩子的人，才能教育孩子。"真挚的爱是开启学生心扉的钥匙，它可以激发学生奋发向上的激情。

我引导教师品味教育故事，采撷思想精华。一位老师分享疫情期间与学生"同吃同住同学"的教育故事，总结学生学习"三大难关"，及时有效地给出"解决策略"。她说："一颗鸡蛋，从外部打破是食物，从内部突破却是生命，教育从来都是'由内到外'的教育。"让孩子看见自身的优点、自身的力量，看到未来的希望，让孩子突破自我，唤醒自身的内驱力。

教师自身情绪的把控非常重要。面对教育对象，认识到瑕不掩瑜才能让教育回归本质。转变自己的教育观念，慢慢地走近学生，全面了解学生，换位思考，产生共情。面对问题先想到的是问题背后的这个"人"，再以"人"的视角处理问题，帮助学生成长，做心中有爱的教育。

我引导教师思考教育如何才能走进学生心灵。"教育的本质是一棵树摇动另一棵树，一朵云推动另一朵云，一个灵魂唤醒另一个灵魂。"用爱唤醒是最好的教育，在爱的滋润下，每一个孩子都能茁壮成长，最终绽放出美丽的花朵。教育是唤醒，教育是发现，教师要有一双慧眼，发现学生生命深处的禀赋优点潜能。使一个人成为一个人最根本的是什么，就是一个人的信念，他的人生观、世界观和价值观。当教师在教育的过程中对孩子的爱超越了一切，这种爱的陪伴，就能唤醒学生自发生成的希望。

其三，好学校是森林的样子，好课堂是精神的家园。我喜欢走进课堂，讲课、听课、感受课堂教学的魅力。课堂教学要追求这样的境界：一是"真"：情境真实，情感真实；二是"美"：板书美，教态美，语言美，形象美，跟学生一起创建的情境美；三是"新"：有现代意识并能结合当代生活，有创造，有创新；四是"亲"：亲其师信其道，爱孩子，爱课堂，爱心充满了整堂课；五是"顺"：即课堂顺畅，师生心灵处在一个愉快的状态；六是"高"：从育人的角度看，利用课文作为例子，超越课文，入得进去，跳得出来，从人的发展角度去育人，从育人的高度去设计教学。

环顾全球，世界百年未有之大变局加速演进，世界之变、时代之变、历史之变正以前所未有的方式展开。世界在变，教育要相应作出改变。要让教育适应孩子的发展，而不是孩子适应教育。

我组织教师围绕"聚焦课堂，如何上一堂好课"进行研讨。引导教师以育人为本，从社会中来，到社会中去，实现课堂的趣、深、活，真正把学习的权力还给学生，把学习的主动性还给学生。倡导合作学习方式，建议把更多内容都放到这种方式中来进行合作研讨，抓住合作学习做深、做细、做好，使之成为教学质量提高的一个突破口；倡导顺学而为的教学思想，真正让学生站在课堂正中间。"人工智能ChatGPT"的话题研讨，启示教师要与时俱进，紧跟科技发展脚步。

我组织教师围绕"聚焦课堂，什么样的课是好课"展开研讨。教师们畅所欲言，一种观点认为，一堂好课要有六个基本要素：第一是目标清晰有效；第二是导入要引人入胜；第三是情境要高远辽阔；第四是学生深度参与；第五是评价直达学生内心；第六是课堂小结要意味深长，要让学生感觉到意犹未尽。一种观点认为，好课应该是师生心连心，师生共同认可的，具备"生动有趣、知识方法、能力素养以及思维水平"四个要素。一种观点认为，一堂好课可以以"小组合作"的学习方式为手段，让学生真正融入课堂，成为课堂的主人，要做到"一课一得"。一种观点认为，要创造"舒展课堂"，遵循"保护第一、等待第二、发展第三"的原则，让学生站在课堂的正中央。

教育是生命对生命的影响，是心灵与心灵的共鸣。教育的理想境界是要有灵魂，而一堂好课的灵魂主要表现在有活动、有思维、有美感、有思想。卓越教师的教育领导力，其中较为重要的一点就是：有正确而又先进的教育主张，并逐渐形成自己的优势，形成自己鲜明的风格。

深入课堂，研究课堂教学。上好课，基本功要扎实，教学过程中要充满着智慧和善意。返璞归真是教学的真谛。语文教学要通过多读多诵，将学生引入具有语文味的课堂学习框架中来，深入文本，渗透人文美育，实现古诗文教学的韵律美、精神美，使学生从中获得丰富的审美体验，促进学生与教师、学生与文本及作者的多重碰撞。

众行致远，研思同行。课堂教学展示后，听课教师们聚在一起开展评课议课活动，大家各抒己见，畅所欲言，纷纷表达自己的听课感想和教学设想。在一次次的碰撞交流中，梳理经验，共同提升。教、学、评一体化。交流成长，不负好时光。经过研讨实践，工作室教师优化了课堂教学行为，促进了专业的提升，开阔了教学思路，受益匪浅。

教育信仰引领，实践创新探索。仰望星空，脚踏实地，让学习真正发生，让教研向深处漫溯。"路漫漫其修远兮，吾将上下而求索"，教师要秉承初心，不断研究，在提升教学质量、提高教育水平的道路上奋力前行！

六、志存高远：风好正是扬帆时，浩瀚光明济沧海

卓越教师工作室以"觉醒·创造·大爱"为宗旨，志存高远，宁静致远，启发弘愿，行稳致远，为卓越教师领航，是教师的精神家园。

为提升教师队伍的理论和实践水平，深入领会教育的本质，培养适应未来教育的卓越教师，我引领教师进行深度求索，思考面对世界百年未有之大变局的教育使命：世界正在经历着深刻的变革，而这种变革呼唤着新的教育形态。世界在变，教育要相应作出改变。要让教育适应孩子的发展，而不是孩子适应教育。这意味着教育要超越单一的知识传授的模式，聚焦新的学习环境和新的学习方法，以促进科技创新、公平正义、社会平等、民族振兴和全球团结，这是新时代对教育的要求，也是人类进步与福祉的体现。

科教兴国战略、人才强国战略、创新驱动发展战略，是国家发展的重大战略。教育必须为国家的创新发展战略服务，必须教导人们学会如何在承受压力的地球上共处，这种教育观在今天被赋予了全新的意义，反映出新的时代精神和新的使命担当。

其一，教育故事共享：生命与生命的对话。故事中有力量，故事中有哲理，故事中有情怀。教育叙事研究是具有教育温度和实践芳香的教师研修之路，也是提升教师教育教学水平和思想理论修养的必由之路。我主持并点评，老师们分享自己的教育故事，整个过程流淌着浓郁的温情，一个个生命被点亮，鲜活又多姿。

我为学员们讲述了 2023 年美国国家年度教师瑞贝卡·彼得森老师的故事：彼得森老师有巨大的教学热情，让所有学生都参与学习，让学习与学生息息相关，而且易于理解。她还致力于记录教室里每天发生的好事。"每天一件好事"，让教师和孩子实现共同幸福。"一件好事"，看似微不足道，却拯救了彼得森的职业生涯。"一件好事"可以改变人的思维方式，让人重新发现教室里美好、琐碎又温馨的日常，把每天的美好珍藏起来，给予自己能量。

教师要善于发现并创造美好的事情，传递正确的教育信念——"如果每一位老师都在闪闪发光，而且自己这面镜子能反射其他老师的光芒，进一步传播他们的希望、爱和坚韧，最后整个国家必会充满希望。"要像彼得森老师一样,向着光、成为光、发出光,传递爱、传递希望、传递坚强。我引导老师们讲述自己的教育故事,启发大家要善于以爱与智慧把一切变成最好的安排。

教育向善,与人为善,善能激发善。"当学生有某种不良行为时,老师很容易从一个批评的角度出发,却没有去理解背后的原因。"当孩子感到被爱时,孩子就会拥有爱,也能更好地去爱别人。因此,老师家长与孩子的沟通都应从爱出发,少些责备,少些批评,多些耐心,多些理解,只要敞亮地活着、真诚地爱着、不懈地努力着,总能把一切变成最好的安排。

"不放弃的背后就是他们叫的一声声老师啊!"一位老师感慨地说。她以家人之名,叙说爱的故事,在爱与幸福中治愈"青春期":用故事撬动学生心灵,用问题鼓动学生反思,用尊重推动学生的改变。坚持言传身教。"不放弃每一个孩子,遇到困难总有解决的办法。"皆因自己是学生所依靠、所信赖的家人。

"用智慧唤醒沉睡的小狮子,等待他从蒙昧中苏醒、生长。"一位老师讲述:教育是从内心深处唤醒孩子心中沉睡的自我意识,生命意识。重视孩子"从零到一"的适应期,观察、等待、分析后采取有效措施:话聊,拉近距离;关注,具体肯定;提醒,回落扶正;导思,方法指引;放大,正向强化;约定,及时表扬。通过六大措施激发孩子向学向善的意识,顺势唤醒沉睡的内心力量。

"大胆向前,回头有我。"一位老师用"鼓舞"拉回厌学自弃的学生。登门,用真诚敲开学生的心门,站在学生的角度推心置腹,恰如其分的表达欣赏,让孩子感受"人存在的意义和价值"。"老师,谢谢你没有让我放弃我自己。"老师坚定的守护,毫不动摇的支持,给予了孩子战胜超越自己的力量!

针对以上老师们的分享，我总结道：教师的工作不仅是一种职业，更是一种事业，是一种生存状态与生活方式。我们从事教师这个行业，决定了我们的生存状态和生活方式是跟学生密切相关的。要用一种良好的心态调整自己的生存状态与生活方式，学会在繁忙的工作中发现幸福的闪光点。教育是爱与被爱的学问。道在术之上，老师们讲述自己爱的故事本身就是爱的教育，在叙述过程中会产生巨大的能量。功不唐捐，积善成德，教育事业是有功德的事业，我们所做的一切，所奉献的一切，都会成为真、善、美的种子，一定会结出真善美的果实。福往福来，爱出爱返，爱的教育一定会让教师自身成为一束光，从而带着学生向着光、成为光，发出光！

其二，人工智能时代：顺应未来趋势，迎接教育挑战。在"使命·战略·方向"的话题研讨中，我带领学员们认识当前教育形势，立足现实，展望未来。从三个问题入手，引发学员思考——"第一是为什么要建设教育强国，第二是建设什么样的教育强国，第三是教育者如何为建设教育强国做贡献。"从更高的站位、更宏观的视野，引导教师认识建设教育强国与实现中华民族伟大复兴的深层关系，以启发老师们为国育才的教育使命感。

展望未来，做新时代的好教师。我带领教师关注时代的变化，放眼未来，探讨以人工智能为背景的未来教育。我从芯片发展的国际大背景引入话题，阐述想要在这个时代不被绊倒，掌握核心技术是非常关键的一环，要持志如心痛，精进笃行！而在这一过程中，教育显得尤为重要——培养什么样的人才，怎样培养人才？各位学员也针对这一论题，纷纷发表自己的见解。以人工智能为背景的未来教育的讨论，让学员们意识到"顺应大势，做面向未来的教师"是新时代每一位教师都应思考的议题，在这条探索的道路上，还有很长的路要走。

我对比了人工智能和人类的文本创作，以引发学员思考。我给教师们介绍了世界上善于借用CHATGPT迎接挑战的创新故事，让学员们从更高的"领导力"层面认识顺应时代变化抓住机遇的重要性：微软的科技创新，使电脑与人类联系更加紧密，改善了人们的工作方式，实现了人类工作方式的重建；亚马逊研发创新，移动电子商务促进了人们生活方式的改变；谷歌的搜索引擎，构建了互联网时代新的知识获取方式，促进了人人互联、人物互联、万物互联；乔布斯的苹果移动智能手机，便携浓缩，改变了人们的生存方式；马斯克的特斯拉，充分利用绿色新能源，特别是他的脑机接口研究和火星移民计划，将会深刻改变世界。英伟达的黄仁勋发奋图强，长期致力于芯片研究，积累的能量开始爆发，其超级算法、三维信息、海量数据运算，一秒钟就可以进行百亿次运算……创新，是改变世界的强大力量！正是从这个意义上说，培养创新人才，特别是培养自主创新人才，是实现中华民族伟大复兴的宏伟战略，是科教兴国的伟大使命。

我启发教师畅谈人工智能时代的教育创新以及对于教师的挑战和要求。AI时代，教师应积极拥抱新科技，转变教学观念和方式；注重人性化教育，给予学生充分的爱、信任和自由，不把学生当做知识容器和考试机器；在课堂教学中，逐步融入人工智能、大数据等技术，在AI助力资源推送、师生交互、评价诊断、效果检测等方面进行尝试。AI的发展从20世纪50年代至今经历了早期萌芽、沉淀积累和快速发展三个阶段，而随着深度学习算法的不断更新和迭代，AI在特定领域产出的内容已经达到人类几乎无法识别的程度。AI吸引人的地方在于其生成速度快、相对成本低和使用场景广泛，但随着模型参数的爆炸性增长，其训练成本的增长已不可忽视，除此之外，AI还有固有的算法缺陷以及其带来的监管难题。

人工智能是当前教育面临的一种势不可当的趋势。当教师遇到人工智能，什么会变，什么不变呢？教育的本质不变、教师的爱不变、教师的想象力不变、教师的勇气不变、教师的创造性不变。那么，什么需要且必须改变呢？教师的专业角色必须改变，教师不但是课程育人的研究者，还是课堂教学的创新者、跨学科育人的实践者、技术育人的探索者、家庭教育的指导者、顺应改革的学习者。一位老师从自己的购物经验中分析了 CHATGPT 的发展在生活及工作方面给我们带来的影响。例如 CHATGPT 为教师和学生提供更多学习资源和交互方式，给学生提供个性化的学习建议，帮助学生更好地完成自主学习等积极的影响。一位老师以科幻小说导入，带领大家走进 2155 年的教育世界，从未来的视角审视当下的教育。未来当知识获取不再稀缺，当考试形态、功能发生变化时候，教师更应该展现人类宝贵的情感特质，关注学生的价值观、思维方式、创造力和合作精神的培养。顺应未来大势，教师需要转变心态，成为学生自主发展的推进者；拓深课堂边界，成为学生联结世界信息的搭建者；创新教育，成为新教育形态的创生者。教师绝不仅仅是传授知识，更要影响学生性格成长，塑造学生思想灵魂。

　　深度的研讨交流，开拓了教师们的思维，也让老师们发现了未来教育的更多可能性：变化将永远伴随教师左右。要以对教育的不变情怀，应对时代和教育的万千变化。面对新时代人工智能的挑战和机遇，人类真正强大的一个秘诀是，具备完全客观的、实事求是的勇气；另一个秘诀是，具备坚定信念，相信自己的能力，不断开拓创新。

　　其三，唤醒心灵：教育者要用力去做、用脑去想、用心去爱。我带领着教师们将仰望的热情，落实为满天星辰下奋楫笃行的脚印。

　　我结合实际阐述了"精准教学"的概念。引导老师们思考一堂课、一个单元，乃至一门课"教什么，为什么教，如何教"；如何在有限的时间里以学情为起点，一切从实际出发，提升课堂教学的效益；如何在课堂教学中抓住核心突破。"精准教学"，没有"精"就谈不上效益，没有"准"就失去了方向。我阐述了"美的课堂"的思想内涵，认为作为一名教师，应该把"美的课堂"作为自己教学的追求目标，指出：课堂之美包括许多要素，有教师的语言美、教态美、板书美、人格之美；还有师生互动而产生的智慧之美、灵动之美、创造之美等，总而言之，一堂美的课要有自己的个性，要有精神和灵魂，美的课堂就是学生精神之家园。我倡导教师在教育事业中要"用力、用脑、用心"：

用力，即教育者之勤勉。"业精于勤，荒于嬉；行成于思，毁于随。"教师之业非仅是一节课堂，在课堂的背后，更是每一位教师的勤于学，勉于业，日积月累的学科素养与教学能力。教师所面临的不仅是来自当下的压力，更是来自未来科技发展时代的压力，因此教师需要有终生学习和不断钻研的精神，精进不息，与时俱进。

用脑，即教育者之聪敏。教育不是把外面的东西强迫儿童或青年去吸收，而是使人类与生俱来的能力得以生长。教师有勤勉还不够，还应该聪敏地懂得"留白"的艺术，辩证地看待课程的"空白"，此"空"非"无"，"空"才有空间，让学生通过教学中的"空白"来获得主动思考，实现自我成长。

用心，即教育者之智慧。用心就是苏霍姆林斯基所提出的"热爱孩子是教师生活中最主要的东西"。用心对待孩子，尊重每一个孩子，教师在课堂与课下的每一个细微言行都可能对孩子的心灵产生巨大的影响，因此热爱之下的尊重与善意是教育者的职业底线。"教学的艺术不仅仅在于传授本领，还在于激励、唤醒和鼓舞"。一个优秀的教师，应该为孩子在心中种下一颗种子，在时光荏苒中渐渐浇灌它成长，让孩子为之心动，对大千世界好奇，成长为一个有"心"之人。

其四、深度座谈：高屋建瓴求真理，俯首躬行问冷暖。为了更深入地了解每位学员的想法与困惑，给予更具有针对性的指导帮助，我深入教师工作场域，开展微座谈活动为学员指点迷津。一位老师分享体会："教育是一项事业，事业的意义在于奉献；教育是一门科学，科学的价值在于求真；教育是一门艺术，艺术的生命在于创新。"他说：身为一线教师，需要在工作琐事与教育学生之间找到平衡，翟教授爱与尊重的教育理念，给了莫大的鼓舞，翟教授"历事炼心"的观点也激励我将所有的困难当作一种难得的考验，当作一种人生的磨炼，不断进步成长。一位老师结合学生的实际情况，提出了关于课外阅读的困惑：阅读对于学业考试的积极影响短时间内很难体现出来，我们该如何坚持？我鼓励教师：阅读出成效需要一个漫长的过程，它不光要与积累和写作结合，还要融入"有声阅读"和"深入品读"，方能将经典的魅力传达给学生。要相信，坚定不移地将阅读活动推行下去，学生必能受益匪浅。优秀的教师要善于引领学生进入知识的殿堂，进入所教学科的秘密花园，领略其中美妙的风景。

我从文化谈起，谈到儒家的"仁爱"思想深刻影响了后世的教育工作者，教育需要先进的理念技术，更需要教育的良知。中国的第一所大学稷下学宫，古希腊的雅典学院，都是既有教育属性又有文化属性，教育与文化密不可分，教师必须要有文化修养，成为终身学习者。在新的时代，教育必须与时俱进，注重个性化教育，因为每个孩子都是富有个性化的生命体。教育的文化核心是爱与智慧，只有形成良性的师生关系，尊重每个孩子的个性特长，才能让孩子发展成最好的自己。

"金振玉声，滋其蓊郁"，在讲述教育故事中升华思想，在座谈研讨中提高站位，在听评课中精进业务。学员们不仅收获满满，而且真切地感受到"不驰于空想，不骛于虚声"的求真务实的精神。"先生之风，山高水长"，相信以教育家精神为引领，学员老师们一定会愈明教育之真理，终成教育之功德！

七、第一性原理：深度探索教育本质和创新人才培养规律

借芦苇的摆动我们才认识风，但风还是比芦苇更重要。新一轮教育改革风起云涌，有效教学、高效课堂、大单元教学、大概念教学、跨学科教学……各种新鲜理念与创新实践"乱花渐欲迷人眼"。如何在这样的浪潮中不迷失方向，我引导教师以第一性原理思考教育，引领着工作室学员一步一步走向教育的本质，探寻培养创新人才的理念与路径。

在每个系统中都存在一个最基本的命题和假设，它不能省略和删除，也不能被违反。它是事物的本质、是系统的根本原理，也是我们思考问题的根本出发点。它是我们为什么出发的原因，也是我们所要抵达的地方。它是最本质的原理，是我们的初心和使命。这就是第一性原则，在教育领域，第一性原理指向的是教育最本质、最终的目标——培根铸魂，启智增慧，教书育人，立德树人，以爱为教育之魂，让教育走进心灵，让学习真实发生，让学生得到全面而又和谐的发展，真正的教育是灵魂教育。

其一，云领未来，德安天下——创新人才培养思享交流会。为了更好地理解教育的使命，我组织全体学员解读华为和任正非的故事，探讨新时期创新人才培养。我以"云领未来，德安天下——华为的启

跨学科教学　大概念教学　跨学科教学　大概念教学　跨学科教学
有效教学　跨学科教学　有效教学　有效教学
教育改革风起云涌
大概念教学　大单元教学
大单元教学　高效课堂
大概念教学　高效课堂

示"为题，由企业发展的第一性原理，延伸至教育的第一性原理："教育的重要性太大了，一个学生，身体要健康，要会学习，身心灵要发育好。"我由"持志如心痛，精进笃行，臻于至善，能屈能伸，和颜悦色，卧薪尝胆，从一而终，自强不息"谈华为与任正非的极限生存思维、逆境思想、战略思维、创新思维，谈华为的核心价值观、谈华为注重基础研究与自主创新能力给教育的启示——没有什么比培育年轻的大脑更重要的事了！

我请教师代表分别就华为和任正非对教育的启示、任正非故事对创新人才培养的启示、国外创新人才培养经验的借鉴以及基础教育阶段如何培养创新人才等四个角度谈创新人才培养。一位老师以"幼儿园南瓜绘本主题阅读系列探究活动"为例，呈现日常教学活动中如何以儿童为中心，根据儿童的需要，进行具体的教育实践，激发儿童探究的欲望，鼓励儿童发现问题，运用各种方式解决问题，保护儿童创新思维的萌芽。一位老师以"创新驱动，强者自立"为题，从世界局势概况、管窥中国"芯"、创新人才重要性、教育决定赢面四个层面分享任正非故事对创新人才培养的启示。一位老师结合语文学科的教学分享了关于创新人才的一些思考，认为今天谈人才培养话题的大语境是指要培养属于中国的人才，乐于为祖国奉献的人才。"德在才之先，无德不谈才"，拔尖创新人才要德才兼备，要具有强烈的家国情怀和良好的道德情操。除此之外，新时代背景下的创新人才还需要培养较强的跨学科融合学习能力，打破学科壁垒文理兼修。一位老师针对基础教育阶段如何培养创新人才，结合日常教学探究活动设计"兴趣培养—合作探究—思维构建—创作留痕"的流程，分享自身在教学实践中培养学生创新思维与能力的心得。

针对教师代表的分享，我引导大家思考：在人工智能时代，要培养孩子面对未来变化的能力。科技的自立自强很重要，创新无所不在，而人文精神永远在引领着人类历史的发展，人文和科学像车之两轮，鸟之两翼，不可或缺。

创新人才培养的专题研讨，让学员们明确：创新是世界重建的强大力量，教育肩负培养拔尖创新人才的使命，应关注人的全面发展，从塑造品格、启发思维、引领实践等多维度培养适合未来社会发展的优秀人才。

其二，天光云影共徘徊——美德课堂与创新人才培养的教学分享。苏霍姆林斯基说："所有能使孩子得到美的享受、美的快乐和满足美的东西，都具有一种奇特的教育力量。"为此，我引领着教师们进行关于课堂教学之美与人类思维之美的探索，引导学员追求课堂教学的真谛。

用逻辑与理性引领学生——一位老师从课程背景、课程设计、课堂情况、学生反馈四个方面分享夏令营期间的一堂高中数学课——《数论之整除》。他针对学科和学生的特点设计课程，在课堂上用逻辑与理性引领学生，鼓励学生独立思考，勇敢质疑、争论，在思维的碰撞中成长。我点评：逻辑与理性就是数学的本质。坚守第一性原理，才不

会被芜杂的思想与概念所左右。教育的第一性原理，就是心灵教育，立德树人，教书育人，给学生以思维的训练、人文的滋养、智慧的启迪。有时候走得太远，往往忘记了为什么出发。在具体的教育教学中，坚守第一性原理，才能实现教育教学的最本质目标。

跨越时代的声音——一位老师从授之预、预之践、践之思三个层面做语文《中国人民站起来了》一课的教学分享。她从理性逻辑和感性体会两个角度预设教学目标，课堂上留白给学生足够的时间思考。开展朗读评比活动体会革命豪情与民族自豪感，组织辩论引领学生在互相说服的过程中深入思考，引导学生从自我、固执、非黑即白的单一认知转变为对世界更多元的理解。我点评：黑为墨，白为纸，三笔两画，神韵皆出，这是中国画的最高境界——留白。教育要留白，要为学生的自主思考留足时间创造空间。教为笔，学为纸，适当教育，点睛之笔，这就是教育的理想境界——解放。教育要处理好充实与灵动的关系、引领与解放的关系。

以生为本，让学生成为"美德思维课堂"的构建者——一位老师以《我有一双发现美的眼睛》一课的教学为引子，谈如何让学生感受美发现美浸润于美。老师精心营造美好温馨的课堂环境，搭建平台，创建多种鼓励机制，引领学生创造价值，在兴趣中提升学习的内驱力。我点评：要像呵护眼睛一样呵护学生的自尊心，要像呵护花瓣上的露珠一样呵护学生的学习热情。一颗柔软的心爱着学生，保护着学生的自尊心，是教育很重要的命题。一个人能成为人才，要扛得住各种打击，而尊严就是扛住各种打击的精神实力。我们要像爱护眼睛一样爱护每一个孩子的自尊心。美的课堂，是知识不断流动、是情感不断流动的课堂。持之以恒，久久为功，功不唐捐。

沉浸式学习，点燃小宇宙——一位老师分享"沉浸式"课堂。她以《开满鲜花的小路》课堂教学为例，呈现"沉入（身临其境）——浸润（身心投入）——变式（身手小试）"的教学流程，在充满童真童趣，美感丰富的情境中引导学生围绕具有挑战性的学习主题，体验成功，获得发展。我点评：教育就是点燃学生向上的力量，这个力量来自孩子自主成长的意识。孩子生命中最本质的力量、热情，需要老师用爱来激发。自主学习式的课堂、探究式的课堂、沉浸式的课堂、有爱的课堂是老师与学生心灵、思想的交流，可以让孩子在课堂上舒展生命。要想感动学生，教师必先受到感动；要想让学生沉浸到学习的氛围之中，教师必先沉浸其中。精心备课，精心上课，永远是教师的基本态度。教师要精心研读教材，在备课时入得进去，上课时才能传达出来。沉浸式教学要引导学生进入情景交融的课堂境界。

其三，深度探索教育真谛——"课堂六义"理论的提出。我结合长期课堂教学的探索和实践，通过对课堂教学的深入研究和思考，总结提炼出"课堂六义"理论，即个体的真谛、共生的真谛、回家的真谛、明德的真谛、创新的真谛、至善的真谛。

个体的真谛。课堂是属于课堂中的每一个人的，课堂教学应该使每一个学生都能成为学习的主人，使每一个学生都能学有所得，使每一个学生的核心素养和关键能力都能得到提升，使每一个学生都能感受到尊重和关怀，使每一个学生的生命得到舒展，使每一个学生的心灵得到滋养。

共生的真谛。课堂教学是对话与思维，是共享与共生。教学是思想与思想的交融，情感与情感的交流，智慧与智慧的共享，心灵与心灵的共鸣。教育是各美其美，美人之美，美美与共。教育是启发人心中美的光源，是美好心灵的双向奔赴。教育的使命是弘道利生，使生命共生，天下大同。

回家的真谛。课堂应该成为学生精神的家园，成长的家园。学生在课堂里应该有一种"回家的感觉"，有一种安全感、归属感、幸福感、成就感。课堂应该为学生找到"回家"的路，经由课堂的温馨之路，找到心灵的家，回归自己灵魂的家园。

明德的真谛。教育是点燃心灵之中道德的火种，使心中光明的道德更加光明。课堂是美德的凝聚，是教书育人、立德树人的发源地。课堂之中应该回荡着道德的声音、正义的声音、良知的声音、真理的声音。

创新的真谛。教育是面向未来的事业。科教兴国战略、人才强国战略、创新驱动发展战略，是国家发展的重大战略。创新是一个国家进步的灵魂，教育要为国家的重大战略服务，为国育才，培养创新人才。创新人才的成长要有丰厚的土壤、自由的空气，教育就是发现、点燃、尊重、启迪、激励、播种，教育就是解放心灵。

至善的真谛。教育要追求真、善、美的境界，要通过不断修炼，达到至善至美的境界。这是一个很高的境界，也是一个很高的理想。

虽不能至，心向往之。教育永无止境。作为教师，有了这样的一个理想追求，才能够在教育人生中精益求精、刻苦修炼、踔厉奋发、勇毅前行。教育向善，教师向善，人生向善，止于至善！

其四，工匠的手腕，诗人的妙悟——上课是一种身心灵的修炼。课堂是让教育从理论走向实践，对创新人才实施德育、智育、美育的主阵地。一位老师执教《立在地球边上放号》，带领学生分析意象与情感间的联系，在提升学生分析综合等思维能力的同时将五四精神和爱国热情注入课堂。评课会上，我充分肯定老师的激情带动和准确引导。指出要重视朗读、重视书写这些基本功。关于阅读教学，要重视课文但要超越课文。比如可以以"力"字带动整节课，通过替换、仿写、延伸阅读并朗诵李大钊的《青春》等作品，让学生对"力"的主题有更加深入的思考和更为亲切的感受。除此之外，可以让学生剪辑制作关于"力"的视频，找出中外艺术作品中隐藏的"力"或者让学生写一写"力"的故事，这样的学习就成为一个融合德育、美育、智育为一体的系统了。将美融入到课程中，应该激发学生发挥自己的能量，在情感上教师要和学生有更多的互动，眼中要有学生，在课堂上要善于捕捉每一个孩子的动态。

一位老师通过《钱塘湖春行》，让学生领悟到了春景之美、意象之妙，以读促写，提升迁移能力。我充分肯定教师教学目标精准，设计合理，同时提出：老师就是所教学科的代言人，老师对课文应该深入研究、深入体会、深入把握，这种学习是永无止境的。教育最根本的目的，是引导学生走上自主发展、自主学习、自主成长之路，就是让学生爱上学习，让学习真正发生。美文鉴赏，落实知识点能力点跟美感并不矛盾，是相辅相成的。感受到了美即会热爱，有什么会比热爱更能推动一个人继续求知呢？

一位教师通过《湖心亭看雪》，引导学生领悟文人的"痴"与"绝"，在文字的体悟中感受心灵的深度与广度。我肯定教师教学环环相扣落实到位，同时强调：语文课要有三美：一是美在意境。一堂好的语文课堂要有浓厚的语文味。用最简单的文字融合最真挚的情感，带领学生走进语文的意境美。要让学生的情感世界与课堂相融合。二是美在主体性。要激励学生自主学习，激发学生自主学习的热情，一堂好的语文课堂是一定是能够让学生自主学习成长的课堂。让学生在课堂上爱上语文，让学习真正的发生。既要明确学习目标，但也不能割裂语文的美感。三是美在情感。一堂好的语文课一定能够激发学生的情感共鸣。让学生通过语文课这个载体去感受更多的美好。

一位教师执教《田家四季歌》，引导学生在语文实践活动中积累语言材料，获得语言经验，让学生在自主合作探究的过程中发现汉字身上的秘密。我赞扬教师基本功扎实，设计得当，和孩子们的交流非常充分，课上得非常精彩。指出，一堂课其实就是一个教育者人生观、世界观、价值观的体现。这个过程和收获，必须是发自内心的爱学生爱孩子才能得来，同时必须在教学实践中得来，在教学情境中得来。要处理好课堂细节和整体的关系，一堂好课，既要有细节之美，同时也要注重整体设计之美。没有细节之美，难以打动人心；没有整体设计的美，细节的美也会显得零碎。

在评课过程中，我结合上课教师的出色表现，阐述了课堂教学的思想内涵和教师的内功修炼：

修养教师的真功夫。教学要踏踏实实用功，培养学生的基本功，提升学生的学习能力。识字教学是不容易教的，在听课的时候感受到教师把识字教学教得如此生动、如此精准，这是很有功底，最见功力的。老师把识字教学做成了一种审美性的活动，这是非常好的教法，使人如沐春风，能感受到一种美的愉悦。

全方位的修养。这种修炼是一种全方位的，是身心灵的修炼，其中包含着教师的基本功，如语言、教态等。从语言来说，一节课能做到没有一句废话，没有一个废字，这就是一个修炼的功夫，而且是一个长期修炼的功夫。语言不光准确，而且很生动，不光生动，还得体，这个得体是不好掌握的。比如说大学老师的语言，中学老师的语言，小学老师的语言，风格不应该完全一样。所以教学语言要非常得体。得体是一种恰到好处，恰到好处实际上是一种美，过犹不及，不到呢又欠火候，恰到好处，得体为美。

教师修养的途径。教师的修养必须在生活实践、教育情境、课堂教学的场景中修炼而成，而且是真爱孩子才能修炼出来。如果不是这样的话，可能就会有时浮躁，有时粗浅，或者简单，甚至粗暴。言为心声、相由心生，心中的一切是掩藏不住的。所以一堂课是教师整个教育人生的体现。"我听了你的课以后，我要把孩子送到你的班上来，就让你来教。"这是对一位老师最高的赞誉和褒奖，也是一个老师最幸福的地方、最幸福的时刻。

美在细节中。要认真对待每一个细节。每一个教学环节，都让小朋友有所得。学生知道接下去学的方向在哪里，要怎么学。细节中蕴含美，就像春天图画里，让学生看到有蝴蝶，有花有草。教师将一年四季用图文并茂的方式画出来，就是一个教学的真功夫。

课堂要有整体美。课堂的细节很重要，美在细节中。但课堂还要有整体美，没有整体的美，细节的美就荡然无存，所以一堂课都要有整体的设计。这堂课整体设计特别好，如行云流水，收放自如，精彩的地方浓墨重彩，不重要的地方一笔带过，详略处理得当。

上出有营养的课。有营养的课，当然要让学生学有所得，同时要让学生心灵愉悦。比如识字教学，学生能够在生动活泼的氛围中记住。比如背诵，学生能熟读成诵。再比如，课堂上一个小男孩，他有点紧张没讲好，教师恰到好处地提醒，化解了他的尴尬。一般情况下，教学要善用延迟性判断，延迟性判断的意思是，提出问题，教师不要急于给出答案，应该让学生思考，让学生回答。为什么延迟呢？延迟的这段时间，正好是学生思考的黄金时间，如果过早地打断，这个问题学生还没思考呢，所以教学中要注意延迟判断。但是在学生当众回答不上来特别难受时，老师随机一点拨，那孩子就说出来，说出来以后，他那笑容是满足的，是高兴的，整个身心都是放松的。如果不是这样的话，他这一节课，甚至一天都可能不舒服。作为教师，实际上一言一行、一举一动，哪怕是一个微笑，都关系着孩子的快乐。所以教学有法，教无定法，一切要以促进学生健康幸福发展为出发点，上出有营养的课。

教育性教学。课堂上一位同学读课文声音较低。这个时候，教师不要因为这位同学读课文声音较低就改让其他同学来读，这样会挫伤这位同学的自尊心。最好的教学方式应该是鼓励这位同学放开声音再读一遍。教师应该说：这位同学刚才还没有放开声音来读，相信他一旦放开声音读，一定会读得非常好，请这位同学放开声音再读一遍。当这位同学放开声音朗读，教师可以带领全班同学为他鼓掌，这种鼓励会增强学生的自信心。然后再请其他同学朗读课文，形成一种互相激发鼓励的课堂氛围。这样的教学就是教育性教学。

其五，开启心灵智慧的钥匙——数学、文字、音乐。"人类的智慧掌握着三把钥匙，一把开启数学，一把开启文字，一把开启音符"，雨果的这句名言道出了音乐教育不可低估的作用。

音乐是情感的摇篮，音乐课更是一门传递美的课程。座谈中，一位老师如数家珍般地分享了几位因为音乐而发生的巨大改变的"问题小孩"。老师给了他们舞台，给了他们信心，给了他们无穷的力量。让孩子们在幼小的心灵深处埋下美的种子，在成长的过程中不断地汲取能量，净化心灵，启迪智慧。

听了老师的分享，我说："每个人心中都有一个很柔软的地方，它一旦被触动，我们的整个生命就会进入到被感化的状态，会更加幸福地感受生命中的美好。教育的发生是很微妙的，一次小小的鼓励、一个小小的举动可能都会对一个孩子的一生产生重要的影响。每个人都是需要被肯定的，发现一个孩子的优势，努力发掘孩子的闪光点，会使孩子终生受益。时光不语，静待花开，教育是终生学习的过程。"

音乐教育与其他课程教育是和谐共生的，生动活泼的音乐欣赏、表现和创造活动，能够激活学生的表现欲望和创造力，可以锻炼学生的观察力、记忆力、注意力、思维力等，这些品质对于孩子们来讲都是难能可贵的。一个人的成才是方方面面的，教育的评价尺度也应该是多维度的。音乐教育是孩子们成长中的重要一环。要用长远的眼光做教育，利用好一体化教育的优势和开放包容的空间，培养懂美有爱全面发展的人才。持续跟踪孩子的成长，让教育具有连贯性和持续性。

古人云："教也者，长善而救其失者也；师也者，教之以事而喻诸德也。"诚如斯言，卓越教师应该有深厚的修养、广博的见闻以及对教育深刻的理解；卓越教师一定要在培养面向未来的创新人才之路上深入探索，不断有新的思考和收获！

八、用生命影响生命：教师领导力修炼

一个人是否成功，取决于他是否有影响力；一个人成就大小，取

决于他影响力的大小。百年大计，教育为本；教育大计，教师为本。有了好的教师，才有好的教育。教师是最宝贵的教育财富，在教育发展中发挥着根本性的重要作用。一个孩子遇到好老师，是孩子一生的幸运；一个学校拥有好老师，是学校的光荣；一个民族源源不断地涌现一批又一批好老师，是民族的希望！

围绕"领导力"这个核心主题，我组织卓越教师工作室教师持续进行集体研修学习，采用集中研讨、个性化访谈、深入课堂听评课等方式与教师深度交流，引导教师思考领导力课题，一步一步走向思维的深处，切实感受教师领导力的价值，深入研修，切磋砥砺，努力成为有领导力的卓越教师。

领导力是一种特殊的人际影响力，它不是领导者的专利，而是我们每个人的关键能力。教育是生命对生命的影响，是灵魂对灵魂的唤醒。教师职业本身，就是在释放着对学生的影响力，推动着学生的发展，所以，引导教师探讨领导力的理论，进行领导力的实践活动，提升领导力水平，具有现实价值，富有深远意义。

其一，把自己活成一道光。学习就是一种思想理念、信仰信念的提升，无论到何时，学校仍然存在，课程仍然存在，教师仍然存在，面对面的教育教学仍然需要，这种价值永远不会过时。泰戈尔诗云："把自己活成一道光，因为你不知道，谁会借着你的光，走出了黑暗；请保持心中的善良，因为你不知道，谁会借着你的善良，走出了绝望；请保持你心中的信仰，因为你不知道，谁会借着你的信仰，走出了迷茫。"

我从领导力的内涵和外延、价值和意义等方面做了论述，阐述了九维领导力智慧系统，八维领导力行动体系，以此作为领导力研修的引领。在互动中互相启发，在讨论中共同成长，人才决定组织的潜力，关系决定组织的士气，结构决定组织的规模，目标决定组织的方向，领导决定组织的成败。一头狮子领导的一群绵羊，可以打败一头绵羊领导的一群狮子，我们需要了解领导力，学习领导力，用好领导力。想要提升领导力，首先需要增强自身影响力，其次需要增强与团队成员的信任度，然后加强沟通，发现问题，为每位成员搭建舞台。

领导力并不是一个奢侈品，而是每个人的必需品。一个具备良好领导力的人必须具备学习力、教导力、决断力、执行力、组织力、感召力。学习力，是领导人持久的成长力；教导力，是领导人带队育人的能力；决断力，是领导人高瞻远瞩的能力；执行力，表现为领导人的超常绩效；组织力，是领导人选贤任能的能力；感召力，是让人心所向的能力。只要从自己的优势出发，找准方向，确定位置，每个人都能发挥影响力。

领导力是一种人人皆有的能力，教育领导力的基本策略有三点——激发团队热情，建立团队精神；优化教师行为，培养学生领导者；建立有效沟通，鼓励创造性表达。发挥领导力，站位很关键。积极融入学生，建立亲密的关系；同时保持合理距离，维护权威和专业性。每个个体或团体都需要找准自己的个性化站位。每个人在拥有领导力之前，可能都要经历被领导的历练——做老师时不要忘记自己曾是学生时的感受，做领导时不要忘记自己曾经被领导时的需求。

领导力是一种强大的能量，具备领导力的人，无论遇到什么困难都可以相机转化，因势利导，让境随心转，把挑战变成进步的台阶，这就是做自己的领导者！

现代领导力不同于传统领导力，现代领导力更加注重人际关系、跨文化沟通、创新思维和社会责任感。有领导力的教师应该是师生关系的主导者、高效课堂的引导者、创新思维的启发者、家国情怀的激发者。领导力是一种服务的能力，服务的热情。我们要有一种自律精神，科学合理地安排自己的工作和生活，做自己的领导者。领导力的灵魂是思想理论，领导力的关键是知行合一，领导力的源泉是爱与智慧，领导力的高阶思维是哲学思维，领导力的最高境界是信仰信念。

其二，活出人生的意义。个人魅力是领导力的一种展现，课堂作为教师的主阵地，是美的传递，更是一场生命与生命的对话。要拓宽边界，教师和学生一定要多读书，积累是量变到质变的过程，多读多写是体会美的过程，亦是助力成才的过程。课堂与考试的对接，其实展现的是教师在课堂上的领导力，教师可以将两者的链接处理得具有美感，让学生感受到课堂的温度、探究的深度，让课堂成为生命与生命之间的对话，让课堂超越文本，成为一种文化的浸润。

在教学中尝试一些新的改变：将时政与课堂相联系，打破课堂的边界，既精准把握考点，又能超越教材，关注现实，开阔学生的眼界，两者互相促进，让分数成为教育的副产品，两全其美。这样的教育，让心动而自发，让教育赋予温度，是抓住了根本内在的教育——心灵教育。

教育需深耕。一个好的老师需要能够解读文本，引领学生走入课堂，就像一个好的领导者，往往能够运用专业知识引领员工走向更好的未来。有位教师就如何带领学生沉浸到文本之中这个问题提出探讨。

文化的本质是灵魂。当我们走进课堂，当我们用文字对话，就是在用心灵对话。语言是一种生命的存在方式，是广义的语言，它可以是一句话、可以是一个动作，甚至是一个眼神，要让学生感受到生命的温度。课堂上的领导力，事实上也是教师沟通能力、共情能力的展现。

教师要更好地引领学生沉浸到课堂，一定要在备课的时候深入进去，设置一个思维场域，让学生创造性学习。课堂可以是瞬息万变的，教师要让学生自由发挥，培养他们的创新品质和思维能力，让学生多一些自主性和个性化的思维。真正美的课堂，是有生命力的课堂，它在生长，它在向上。教师要不断地思考，不断地探索，提升领导力，提升教育教学水平。领导力的要义就是活出人生的意义，然后创造未来更多的领导者。

其三，教师领导力：点燃火焰。"教育不是灌输，而是点燃火焰"，苏格拉底如是说。教育是激发学生的学习欲望和兴趣，课堂更是点燃火焰的主阵地，点燃一把火，培养学生独立思考的能力。

点燃思维的火焰。一位老师借"2023 高考上海卷作文题"的评练，引导学生深入思考，从而提高写作中的概括提炼思维、形象思维、批判思维水平，带领学生齐声朗读船山学社"立天地心，辨人禽界"的文字，将探索精神、家国责任、为人的意义等核心价值观化入同学们的心灵，振聋发聩，点燃了同学们用手中笔书写青春的激情。我充分肯定了老师深厚的教学功底和有温度的教学影响力，赞赏课堂的思维含量和和谐的师生关系，由此鼓励教师要不断加强探索。写作的教学探索，是一种很有意义的探索，写作的根本是一种思维、一种情感、一种生活积累的综合表达。写作教学须注意以下三个关系：一是思想和思维的关系，注意引领学生的思想境界、理论高度，同时训练提升学生的思考路径和方法；二是个性和共性的关系，注意写作方法指导的共性部分，可相互借鉴，但更要鼓励学生发挥自己的优势，要有个性表达；三是构思和成篇的关系，注意意在笔先，用思想思维引领全文。

点燃共情的火焰。一位老师通过《回忆我的母亲》一文，带着孩子们从回忆母亲的不畏困难、言传身教、勤劳一生，爱憎分明，到共情朱德总司令对母亲的赞颂之情、怀念之情、深沉之爱，以及以尽忠于民族和人民、尽忠于党来报答母亲深恩的决心。"母亲为人"到"朱总情深"，点燃了孩子们感受他人、理解他人的共情小火焰。我充分肯定了教师课堂教学思路清晰、紧扣文本，在引导中激发学生积极性，以及板书设计的独具匠心。同时指出，朱德写这篇文章时是真情流露，娓娓道来，语言质朴而真挚，这种真实的文化要在学生的学习过程中倡导，用质朴的语言实实在在地写作，而这就需要在教学上注意引起学生的共情，并有意地引导学生收获写作能力。

点燃想象的火焰。一位老师通过《精卫填海》这一传统神话，由单元导读页入手，经由生词注释，从读故事，到理故事，到借助想象讲故事。在孩子们的口中，女娃有了样貌，游玩有了方式，海水也有了变化。再乘着传统的翅膀展开联想，找到了福建填海造田、三峡大坝中精卫精神的身影。小小的故事，点燃了孩子们想象力与创造力的小火焰。我赞誉了本课的真实、丰实、朴实：一是真实。真，是说要通过课堂教学培养学生做真人的素质。实，实实在在，如"曰"字和"衔"字的教学，让学生在真正理解字本身意思的同时，把生字词记好。二是丰实。各种因素融为一体，成了一个很好的完整的作品。特别是在想象力的培养上，各个环节一层一层深入。三是课堂教学要有波澜，要有起承转合，高度是渗透在朴实的课堂中的，注重思维力的培养，读通——读懂——想象——体会人物形象，领会神话精神，回到当代，领悟神话精神的传承，创造了美的课堂。

保持对生命的热爱，共赴星辰大海！一个人的品质是什么样子的，这个人就会成为什么样的人，也会拥有什么样的领导力，所以我们要锤炼自己的品质，提升自己的人格，努力做一个有领导力的人。教育领导力是教师专业发展的必然要求，普适领导力也是一个人非常重要的根本性能力。领导力既是一种思想高度，也是一种实践智慧，决定了一个人发展的高度。教师领导力，是一个永恒的课题，值得深度思索，深入探讨，并为之行动！

九、归真与鼎新：人工智能时代的教育生态重建

随着科技的高速发展，真实世界与虚拟世界的边界模糊，教师的工作面临着怎么样的变化和挑战？在日新月异的社会进程中，未来会给予现在的孩子一个怎样的世界？我们应该培养怎样的孩子，如何培养孩子？

其一，不忘初心，回归本真——舒展生命的教育。我组织教师观看《立德树人　为国育才》的视频，探寻教育的终极方向。教育的首要任务是培养有道德、有品质的人。这不仅仅是为了满足社会的需求，更是为了每一个学生的全面发展。当今社会，随着科技的飞速发展和物质生活的日益丰富，人们往往容易忽视精神世界的充实和道德品质的培养。在这个全球化的时代，培养学生的国际视野和跨文化交流能力固然重要，但更不能忽视培养他们对于国家和民族的认同感和归属感。

一个追求卓越的人，对待任何事都要有崇高的追求！教育不仅仅是传授知识，更重要的是让学生过得幸福愉快，有时间和空间去做自己喜欢的事情，研究自己喜欢的学问。我一直倡导并长期深度探索舒展生命的教育，让每一个生命都得到和谐而又充分的发展。教育应该回归其初心，关注人的成长和发展。随着时代的进步，掌握知识不再是人类所面临的主要任务，因为很多工作可能会被智能化的科技所取代。但是，心灵的成长、精神的成长和灵魂的升华依然是教育关注的重点。

我在《心灵的教育》一书中写道："灵魂教育意味着将人类的精神内涵转化为生机勃勃的精神追求，对知识的好奇心，运用知识处理解决社会问题、人生问题的思维能力，这是智慧教育的价值所在。"这与教师领导力培养的内涵不谋而合。

其二、教师领导力——从现实出发把握未来的能力。领导力的本质是一个人的品质，领导力无关年龄大小、岗位高低，而在于自身内在的道德品行、职业素养、专业能力！领导力的拥有不是天生的，领导力也不是靠短时间可以构建起来的。但只要深刻领悟优秀领导力之"道（具备优秀领导力的信念）、法（内修外学，持续精深）、术（在每件事情上敢于领导、成就团队和他人）"，并持之以恒，定能逐步构建起优秀领导力。一个具备优秀领导力的人，职业发展必然会更顺畅，内心世界必然会更成熟，婚姻家庭必然会更和谐，人生必然更完美！

教师的课堂领导力，体现在理解教育本质、创新课堂新样态的能力上。为了引导教师将教育落实到学生的生命本真，我深入课堂进行指导，旨在实现小初高学科的深度融合，打破学段之间的隔阂，让教育真正成为一个连贯、系统的过程，提升学生的核心素养，培养出更具创新精神和实践能力的新时代学子。

于常态中洞见教育新样式。用智慧和经验为常态课注入新的活力。在课标指引下，教、学、评三位一体，形成独具特色的教育样态。一位教师的复习讲评课，立足学情，分析学生薄弱模块，确定重点落在小说和诗歌鉴赏上。本堂课以小说文本《锻炼》，通过诗歌《听筝》《高楼夜弹筝》对比联读为媒介，依据"教学评"一体化，勾连课内外知识。为学生创设情境，训练比较思维。力求通过学、讲、练结合，实现夯基固本。我点评时说：讲评课是非常考验教师功底的，"道"与"术"的结合，应更重"道"。须循循善诱，结合课内文本，搭建知识结构，努力引导学生知识迁移。以小先生制，主动析题讲题，留足内化的时间，相信课堂收效更佳。

问心中疑，表人生志。一位老师在整个课堂教学中，以读带品，带领学生以多种形式反复诵读诗词，感受诗歌所创造的意境及诗人所处的处境。以"问心中疑，表人生志"为主题，以诗歌中的"问"为抓手，探究诗词中问题的言外之意，以"寻问"和"解问"两个主要课堂环节串讲辛弃疾的《南乡子·京口北固亭有怀》和文天祥的《过零丁洋》，以此感悟作品内涵及诗人思想情感。并以"问"结尾，概括两位诗人共同的精神和气节："人生自古谁无死？留取丹心照汗青。"我点评道：课堂求实的风格，是高效率课堂的保障。梁启超先生总是"笔端常带情感"，作为老师，在课堂上"语言也要常带情感"，用语言带领学生进入诗文的情境，用朗读带领学生品味诗文的内涵。课堂要"活"，多种形式的合作、朗读、探究，最大限度地激发学生的学习热情，将主阵地真正还给学生。同时，教师保持自己独有的个人魅力，"上自己的课"。

关于人工智能科技新发展的交流，关于教师领导力的教育探讨，立足学生现实与未来的课堂。我认为，教育要将科技的发展与人的发展、社会的发展结合在一起，既要坚定地开拓创新，又要回到教育的本质，培养具有善言、善心、善行的新时代人才。教育是平凡的工作，但不能忘却理想、信仰与信念。去做摘星星的人吧，即便摘不到星星，也总能比别人站得更高！

其三，洞见发展大势——聚焦人工智能教育。 身处科技高速发展的时代，要密切关注教育对人应对未来世界的能力培养所能产生的效能。科学是一种在历史上起推动作用的革命领域，所以任何一项科学领域的新发现新发明，都应该被高度关注，并将其引用到教育实践中来。

教师研修活动要紧跟科技发展。走进 SORA（人工智能文生视频大模型）进行专题研究，未来的世界在人工智能的加持下将会变得前所未有的智能，这将对于现行的教育体系带来冲击。现行的教育模式其实在 19 世纪工业时代就已经以此模式执行了，现有的学校、教材、考试甚至人才的培养体系都是标准化，从教育发展的角度来讲，人工智能将为更多孩子个性化、多元化培养提供契机，真正实现个体化指导，而教师在教育教学过程中，更应该转变教育观念，培养孩子永不熄灭对未知世界探索的好奇心，培养孩子在探索过程中面对困难与挑战永不磨灭的坚强意志。教育要培养的是孩子应对未知世界的能力，教师则应该从新的技术的发展当中更好地提升自己，从而能够更好地引导学生走向未来的世界。

影响当今世界竞争的力量在于科技的创新。作为教育工作者，一定要密切关注最新科技的发展，拥抱挑战、拥抱科技。技术进步给整个教育系统都带来全新的挑战和机遇。人才培养是一个长周期的复杂过程，技术进步对教育教学自然有显著影响。深层次的冲击是智能技术对教育体系提出的新挑战。在新的挑战之下，我们应该思考的是新时代的人才需要什么样的能力。尼采曾说过："一个人的智慧，就是他所提出问题的深度"，不论技术如何发展，使用的效果都取决于指挥它的人。因而培养提出问题的能力，学会质疑、学会探究，是新时代人才所需具备的能力之一。并且在 AI 技术的发展下迎来的迅猛的社会变革，怎样才能不在技术浪潮中迷失，"让人成为自己"，将成为一个更为重要的论题。要让孩子更好地成为人，要培养人工智能代替不了的能力，要让他更好地成为自己。

将来的社会，我们要让人更好地成为人。教育要培养一个孩子有"面对一丛野菊花而怦然心动的能力"，教育要从幼儿园开始，启发学生用审美的眼光、儿童与生俱来的"神圣的好奇心"学会发现这个世界的美，激发他的善意。一个人对美有感受，就不会对这个世界彻底失望。

2024 年开启了 AI 元年，新技术的每次问世，都在重塑社会结构和生活方式，影响着人们的需求，而教育界要准备好迎接新一轮的变革。未来的 AI 世界或许正如乔布斯所说："当下一个亚里士多德在世时，我们可以从计算机中捕捉他的潜在世界观，学生们不仅能够阅读亚里士多德所写的文字，还能向他提问，并得到回答。"这段关于"AI 如何改变教育"的惊人预言，让我们看到，学生在未来学习的过程中，理解知识的手段和方式就变得更加多元、更加鲜活有趣，我们可以利用 AI 技术，编辑恰当的提示词，帮助学习者沉浸在历史重现或虚拟旅行等体验中，这种情境化的学习，无疑是从书本走向实际的一种探索方式。基于时代趋势，教学需要结合新课标设计合理的学习任务群，让学生在解决问题中理解并掌握知识，不断完善自身的思维和探究能力，从而应对各种实际情况，并在应对的过程中可以创造性地提升技术，找到新的方向。用技术改变世界，用创新引领未来。路虽远，但行则必至。

当今时代处于新科技文明时代，影响世界进程的重要力量是科技创新。科技与创新的力量越来越凸显。我们要培养的是什么样的人？要有好的价值观、人生观、世界观，培养一种健康的情感，更重要的是培养想象力。想到说到才能做到，人才有个性，每个人都能创造，这个世界就充满奇迹。科技创新是创造造福全人类的安全通用的 AI。为人类进步服务，教育亦是如此，人类一定要有崇高的愿景和追求。教育要以促进人的发展、国家的发展、人类的进步为使命，一个人的理想、信念、信仰决定一个人的高度，也决定一个人领导力的高度。

进入人工智能时代，作为教师，应该与时俱进，在日常教学活动中培养学生创新思维，培养学生自主学习的能力、人机协同发展的能力，落实立德树人的根本任务，在培养学生能力的同时，培养其形成正确的世界观、人生观、价值观。在这个变革的时代，要保护好孩子，保护好他对感兴趣事物的专注，保护好他身心健康的长大……在 AI 一定会代替人类做多个领域工作的未来，拥有更多的想象力，更明白自己的热爱，明白前行的方向，这样的人，对自己的生活就会有更多的掌控力，才能活得不茫然，充实而有幸福感。何为"巨婴"？其最大特点是对自己的生活没有掌控力，即使他拥有再多的知识，也不能成为可用的人才。这引导我们从另一个角度来思考，人工智能时代应如何面向未来。作为一名教育工作者，要有自己的坚守，更要有创新，坚守与创新结合在一起，才是一个完整的生活状态。没有创新精神，就会失去未来。

人工智能时代，一要鼎新，二要归真。既要面向未来培养创新人才，同时要回归教育的本质培养善良的人。佛家思想最重要的就是慈爱。正如《西游记》所昭示的：唐僧代表人的精神高度，是一种坚定不移的信念，这使他成为团队中的领袖，是思想的领导者、信仰的领导者，这种信仰使孙悟空的神通有了价值，使猪八戒脱离了动物属性。教育要特别注重道德的培养。一个有慈爱心灵的人，才会真正幸福；只有善良的人掌握科技、创造科技，人类才有更美好的未来。

十、领导力的理想境界：点燃人的潜能之火

最好的教育创造未来，直抵灵魂，是文化的传承与精神的自由交往，是促成人的觉醒，是促进人的自主成长，是达成每个人的自我实

现，从而实现世界的重建、推动人类的进步。

在 DeepSeek、宇树机器人等人工智能技术飞速发展的背景下，教育生态正在经历深刻变革。这一变革不仅涉及技术工具的应用，更关乎人才培养目标、教育体系重构以及教育领导力的全面升级。其要点有三：

一是教育生态的革命性变化。从"知识传授"到"能力激发"的范式转移。传统以知识记忆为核心的教育模式将被淘汰，取而代之的是以批判性思维、跨学科整合能力、人机协同创新能力为核心的培养体系。例如，DeepSeek 等 AI 工具已能辅助完成基础编程、翻译、数据分析等任务，未来人才需具备"提出问题的能力"和"驾驭 AI 解决问题的能力"。教育场景将更加多元化，AI 驱动的个性化学习平台（如 DeepSeek 本地化模型支持的 AI 助手）将打破时空限制，实现"因材施教"的精准化教学，同时降低教育资源的城乡差距。

教育评价体系的根本性重构。传统分数导向的评价体系将转向以实践能力和创新成果为核心的综合评估。例如，人机协同解决实际问题的能力可能成为未来人才选拔的重要标准，而非单纯依赖学历或考试成绩。教育数据治理成为关键，AI 技术（如学情分析系统）通过实时反馈优化教学策略，但也需警惕技术依赖导致的学生自主思考能力退化。

教育资源的开放与共享。以英特尔与 DeepSeek 合作为代表的开放生态模式，将推动教育资源的全球共享。例如，跨校、跨国的优质课程与实验资源可通过 AI 平台无缝对接，形成"无边界课堂"。技术赋能下，教师角色从"知识权威"转变为"学习引导者"，更多承担激发创造力、培养情感与价值观的职能。

二是面向未来的创新人才培养路径。核心能力培养，要注重批判性思维与跨学科整合能力：通过项目制学习（PBL）和真实问题场景模拟，培养学生在 AI 辅助下突破学科壁垒的综合能力。例如，清华大学提出"人机协同创新能力"是未来竞争的关键。二要注重构建型实践能力：强调从理论到实际应用的转化，如利用 DeepSeek 模型进行编程实践或数据分析，同时结合宇树机器人等硬件平台开展人机协作实验。

终身学习机制的构建。教育将贯穿个体一生，AI 驱动的学习平台（如 DeepSeek 支持的本地化模型）可提供实时更新的知识库与个性化学习路径，支持职业转型与技能升级。学校需与企业深度合作，建立"学习—实践—再学习"的闭环，例如通过 AI 模拟真实产业场景，缩短知识应用的时间差。

人文与技术融合的教育设计。在技术狂潮中强化人文教育，培养同理心、伦理判断力与艺术创造力。例如，西湖大学提出"越是 AI 无处不在，越需关注人的独特性"，倡导将文化、心理诉求与 AI 技术结合。

三是教育领导力的重塑与提升。战略前瞻性与敏捷决策。教育领导者需预判技术趋势，如评估通用 AI 模型（如 DeepSeek）对专业教育的冲击，及时调整课程设置与培养目标，避免教育资源浪费。建立快速响应机制，例如通过数据驱动的决策支持系统优化资源配置，平衡技术赋能与教育本质的冲突。

开放生态的构建能力。推动跨领域合作，如借鉴英特尔"AI PC 加速计划"模式，联合科技企业、研究机构打造教育技术生态圈，实现技术适配与场景创新。鼓励学校与企业共建实验室，引入宇树机器人等先进设备，形成"产教融合"的实践平台。

价值观引领与文化重塑。在教育中强化"以人为本"的核心理念，避免技术工具化倾向。例如，通过 AI 伦理课程培养学生对技术边界的认知，同时保护学生心理健康。领导者需成为首席学习者，倡导开放、包容的组织文化，鼓励教师探索 AI 与教学的创新结合，同时提供持续的专业发展支持。

总之，人工智能时代的教育变革是一场"技术赋能"与"人性回归"的双向奔赴。通过重构教育生态、聚焦核心能力、提升领导力，未来教育将更注重培养能够驾驭 AI、兼具人文情怀的创新者。这一过程中，技术是工具，而教育的终极目标始终是"点燃人的潜能之火"。

生命的意义在于圆满觉悟。在这样一个伟大的变革时代，领导力的培养要从理论出发，闻思践行，知行合一。撑一支长篙，向领导力修炼的更深处漫溯。未来的领导力修炼之路，一定要向内挖掘自身潜能，向外借力发展大势，内外兼修，形神兼备，德能具足，德艺双馨。

相遇即永恒，瞬间即永恒。道在术之上。无论做什么探究，都要有第一性原理——最本真的道理、最终极的目标。路虽远，行则将至，事虽难，做则必成。出来做事，最重要的首先是"出来"。不经事，不长智。历事炼心，任何经历都是财富。有人扔来烂泥巴，正好种朵金莲花。有德而厚道，方为大德；有才而性缓，当属大才；有爱而涵容，斯为大爱；有智而心和，定为大智。

舒展生命，解放心灵。放下执念，从实际出发，尊重个性化理解与创造，唤醒自我发展的力量。教育即促进觉醒和觉悟，最终内化于自我教育，见贤思齐，成为最好的自己。教育就是唤醒，唤醒人与生俱来的良知与能力。

努力做一个因我们的存在而让别人感到幸福的人。善能激发善，要明德至善。播种真、善、美，生长真、善、美。眼中有人，心中有爱，愿我们都能够成为孩子生命中那位手中有力量，眼中有远方，心中有大爱的老师。在教育过程中，要用力、用脑、用心——用力工作，用脑思考，用心去爱。教师最大的力量是爱与智慧的力量。教师要有长远的眼光和包容的智慧，不要计较眼前的得失，做一个能够看得到学生未来的教师。温暖和爱也需要等待质变。教育就是点燃学生向上的力量，这个力量来自孩子自主成长的意识。舒展心灵，向上生长，获得的将是滋养终生的生命力量。每一位学生都是一粒藏在贝壳里的透亮的珍珠，每一位教师都应做打开贝壳让珍珠发光的人。教育是生命对生命的影响，心灵与心灵的对话，灵魂对灵魂的唤醒。

生命的意义在于圆满觉悟，这一目的可以通过心智的修炼、道德的修行、智慧的精进，从而实现生命的不断超越来完成。卓越的人生和觉悟的心灵包含了和谐与大爱，蕴含着真、善、美和思想智慧。

领导力的高阶思维是哲学思维，领导力的智慧境界来自信仰的力量。每个人心中都有太阳，点燃心中光明的火种，使生命发光。一花一菩提，一叶一世界。心有多大，世界就有多大。拓开心量，天人合一，智开慧朗，心即宇宙！

后　记

　　领导力不是少数人的专利，而是人人必备的能力。凡是有人的地方，就需要领导力。人首先要做自己的领导者。无论何时何地，无论从事何种工作，无论处于何种境况，无论遇见什么样的人、事物，都能够时时发出正心正愿，秉持正言正行，以正念而走好人生正道，调试自己的情绪，驾驭自己的身心，主导自己的人生，掌握自己的命运，这本身就是最本真的领导力。以此为根基，如果能够通过修炼而不断提升自己的广域领导力，则可以更加有利于家庭、社会、国家乃至人类，从而为家国天下作出自己应有的贡献，更好地实现自己的人生价值。所以，领导力是人人必备的关键能力！

　　领导力是一个人先天与后天因素的集成，是综合素质的体现。领导力可以通过学习而获得，可以通过淬炼而修成。本书是我长期以来对领导力进行思考、探索、实践和研究的结晶，现将这本浸透着心血和智慧的著作献给您，真诚地希望能对您有所加持和帮助！

　　衷心感谢我的家人给予的大力支持和深情厚爱！家人的真挚关怀和勉励相助，使我能够凝心聚力、聚精会神地从事所热爱的事业与学术研究，是我强大的精神动力！

　　本书的出版，得到了新华出版社领导的大力支持，得到了金牌编辑徐光副总编的鼎力相助。她勤奋敬业、精益求精的精神，令我深受感动，深致谢忱！广大读者朋友和各位同人一直以来的大力支持和帮助，我心中感念至深，在此一并表示诚挚的感谢！

敬请广大读者朋友不吝赐教！

翟小宁

2024 年 12 月 12 日于北京